Die Bayerischen Ertragssteuergesetze

Band II

Gewerbsteuergesetz

mit den Vollzugsvorschriften

Erläutert von

Dr. Rudolf Wassermann
Rechtsanwalt und Syndikus in München.

1922
München, Berlin und Leipzig
J. Schweitzer Verlag (Arthur Sellier).

Junge & Sohn, Univ.-Buchdruckerei, Erlangen

Vorwort.

Die vorliegende Handausgabe will das Gesetz auf knappstem Raum erläutern. Die Vollzugsvorschriften zu den einzelnen Artikeln des Gesetzes sind in Anschluß an diese abgedruckt, so daß sich ihre nochmalige Wiedergabe in Form von Erläuterungen erübrigt. Soweit das Gewerbesteuergesetz auf Reichssteuergesetze Bezug nimmt (Einkommensteuergesetz, Reichsabgabenordnung), ist eine Erläuterung der angezogenen Bestimmungen nicht erfolgt, da vorausgesetzt werden muß, daß die Benützer dieser Ausgabe auch über erläuterte Ausgaben dieser Gesetze verfügen. Die keineswegs vorbildliche Technik des Gesetzgebers auf noch dazu „sinngemäße" Anwendung der Vollzugsvorschriften eines Gesetzes zu verweisen, das außer Kraft getreten ist (des alten Bayerischen GStG.) nötigte dazu, auch diese teilweise in Anmerkungen wiederzugeben. Besonderer Wert wurde darauf gelegt, die Rechtsprechung der Oberberufungskommission, die zum alten Bayerischen Gewerbesteuergesetz ergangen ist, soweit sie noch verwertbar erschien, kurz wiederzugeben.

Ich widme dieses Buch meinem Freund, dem Oberamtmann im Ministerium für Soziale Fürsorge, Dr. Georg Ziegler.

München, Ende 1922.

Rechtsanwalt Dr. Rudolf Wassermann.

Inhaltsübersicht.

Abkürzungs- und Literaturverzeichnis.

Bek.	= Vollzugs-Bekanntmachung vom 18. Januar 1922 zum Gewerbsteuergesetz.
Breunig.	= G. v. Breunig, Die bayer. Staats- und Gemeindesteuerges. vom 14. Aug. 1910. Erläutert. München 1912. (Ohne bes. Zusatz: Bd. 2.)
DoppelstG.	= Reichs-Doppelsteuergesetz vom 22. März 1909.
EG.	= Einführungsgesetz.
ESt(G)	= Einkommensteuer (Einkommensteuergesetz).
GewSt(G)	= Gewerbsteuer (Gewerbsteuergesetz).
GewO.	= Gewerbeordnung.
Hammer	= Bayer. Vollzugsgesetz zum Landessteuergesetz. Erläutert. München 1922.
KörpschStG.	= Körperschaftssteuergesetz.
LStG.	= Landessteuergesetz.
Mrozek	= Kommentar zur RAO. von — Köln 1921.
OBK.	= Oberberufungskommission in Steuersachen.
RAO.	= Reichsabgabenordnung.
REStG.	= Reichseinkommensteuergesetz.
Ringelmannn-Mühlfeld	= Bayrisches Gewerbesteuergesetz vom 27. Juli 1921 erläutert von — München 1922.
OVG.	= Preuß. Oberverwaltungsgericht.
Staub	= Kommentar zum Handelsgesetzbuch von Staub. 11. Aufl. Berlin 1922.
StB.	= Stenogr. Berichte.
VollzG.	= Vollzugsgesetz zum Landessteuergesetz.
VV.	= Vollzugsvorschriften (ohne Zusatz: des GewStG.).

Einleitung.

I.

Im Königreich Bayern waren die veranlagten Landessteuern zuletzt durch die folgenden Gesetze geregelt:

1. das Einkommensteuergesetz vom 14. August 1910 in der Fassung der Abänderungsgesetze vom 17. August 1918 und 16. August 1919;
2. das Kapitalrentensteuergesetz vom 14. August 1910 in der Fassung der Abänderungsgesetze vom 17. August 1918 und 16. August 1919;
3. das Gewerbesteuergesetz vom 14. August 1910 in der Fassung des Abänderungsgesetzes vom 17. August 1918;
4. das Grundsteuergesetz vom 4. November 1910;
5. das Haussteuergesetz vom 17. August 1918 in der Fassung des Gesetzes vom 16. August 1919.
6. das Gesetz über die Besteuerung des Gewerbebetriebs im Umherziehen vom 10. März 1879/20. Dezember 1897.
7. das Vermögenssteuergesetz vom 17. August 1918 in der Fassung des Abänderungsgesetzes vom 16. August 1919.

Von diesen Gesetzen sind die zu 1., 2. und 7. genannten vollständig aufgehoben. (Gewerbesteuergesetz vom 27. Juli 1921, Art. 66 Abs. I Z. 1., 2. und 3.) Das Gesetz zu 3. ist auch aufgehoben (Gewerbesteuergesetz Art. 66 Z. 4), aber durch das erwähnte Gewerbesteuergesetz vom 27. Juli 1921 ersetzt worden[1]), das Grundsteuergesetz, das Haussteuergesetz und das Gesetz über die Besteuerung des Gewerbebetriebes im Umherziehen haben durch die Änderungsgesetze vom 27. Juli 1921 lediglich Abänderungen erfahren.

1) Über die Entstehungsgesch. d. einzelnen neuen Gesetze werden bei diesem nähere Ausführungen gemacht. S. ferner II. Hier seien nur über das GewStG. folgende Ausführungen gemacht. Der Gesetzentwurf, den der Staatsminister der Finanzen Dr. Krausneck unterm 31. Mai 1921 dem Landtag zugehen ließ Nr. 28887 Beil. 1417, wurde im Staatshaushaltsausschuß des Landtags in den Sitzungen vom 13., 14., 19., 20. und 22. Juli 1921 in erster und zweiter Lesung beraten; Berichterstatter war der Abg. Haeberlein (D.D.P.), Mitberichterstatter der Abg. Donderer (B.V.P.). Ein amtlicher Bericht über die Ausschußverhandlungen, die zur einstimmigen Annahme des Entwurfes führten — die vorgenommenen Änderungen sind in den Vorbemerkungen zu den Erläuterungen der Gesetzesartikel angegeben — wurde nicht veröffentlicht. In der 74. öffentlichen Vollsitzung des Landtags vom 27. Juli 1921 fand der Entwurf nach Maßgabe der Ausschußbeschlüsse unverändert Annahme (Stenogr. Ber. über die Verhandl. des Landtags Nr. 74, Bd. III S. 468 ff.). Ausführungsvorschr.: Vgl Art. 68.

II.

Die Reform der bayerischen Ertragssteuergesetze wird im Entwurf eines GewStG. (Beilage 1417 zu den Drucksachen des Bayerischen Landtages I. Tagung 1920/21) wie folgt geschildert und begründet:

„Die große Reichssteuer- und Finanzreform, mit der das Reich das gesamte Gebiet der Einkommen-, Kapitalien- und Vermögensbesteuerung an sich gerissen und den Ländern in §§ 8 und 9 LStG. vom 30. März 1920 als spärlichen Rest der Steuerhoheit nur mehr die Erhebung von Extrasteuern vom Grundvermögen und Gewerbebetriebe zurückgelassen hat, macht es notwendig, die bestehenden Ertragssteuergesetze auf die Möglichkeit ihres unveränderten Fortbestandes oder aber auf das Erfordernis einer Umarbeitung einer Nachprüfung zu unterziehen.

Die Bayerische Staatsregierung stand von Anfang an und steht auch heute noch auf dem Standpunkte, daß es gleichmäßig im Interesse des Staates, wie auch der Steuerpflichtigen und insbesondere auch der nunmehr Reichsbehörden gewordenen Veranlagungsämter gelegen ist, in einem Zeitpunkt, in dem infolge Eingreifen des Reichs die gesamte Finanzorganisation in Fluß geraten ist, während gleichzeitig eine Flut neuer, umfangreicher und schwieriger Gesetze auf Aemter und Pflichtige einstürmt, die bestehenden Gesetze, soweit als nur irgend tunlich, unverändert zu erhalten und nur die notwendigsten Abänderungen zu treffen. Dabei muß aber zugleich im Auge behalten werden, daß nicht nur in § 7 LStG. den Ländern nahegelegt ist, die ihnen zur Verfügung stehenden Steuern nach Maßgabe ihres Steuerbedarfs auszunutzen, sondern daß eben dieser Steuerbedarf dazu zwingt, die Steuerkraft der Pflichtigen in einem bis in die neueste Zeit nicht gekannten und nicht einmal geahntem Maße in Anspruch zu nehmen.

Die Prüfung an der Hand dieser Grundsätze ergibt, daß die Grund- und Haussteuer im allgemeinen unverändert belassen werden kann und daß es nur nötig ist, die Erträgnisse dieser Steuern mindestens durch Stabilisierung der letztmals beschlossenen finanzgesetzlichen Zuschläge, d. i. durch eine dementsprechende Erhöhung des Steuerfußes dauernd zu heben.

Auch die Gewerbesteuer soll ihrem Wesen nach unverändert bleiben Der GewSt. ist durch das Gesetz vom 14. August 1910 eine moderne Gestaltung gegeben worden, die sich seither durchaus bewährt hat. Insbesondere ist es allseits begrüßt worden, daß das Gesetz vom 14 August 1910 die GewSt. auch als Nebensteuer zur ESt. als eine Ertragssteuer vom Reinertrag aufrecht erhalten hat und daß demgemäß auch für die Ertragsteuer der Abzug der gewerblichen Schuldzinsen als Betriebsausgabe möglich blieb. Den Unterschied zwischen gewerblichen Schuldzinsen und sonstigen Schuldzinsen hat die bayerische Gesetzgebung von jeher festgehalten und im Gesetzgebungswerke von 1910 scharf herausgearbeitet dadurch, daß in Art. 12 Abs. I Ziff. 3 EStG. die „Schuldzinsen, die in einem Gewerbebetriebe anfallen“, ausdrücklich als Betriebsausgaben d. i. als zur Erwerbung, Sicherung und Erhaltung der Roheinkünfte gemachte Aufwendungen anerkannt wurden, während die übrigen Schuldzinsen gemäß Art. 12 Abs. II Ziff. 1 a. a. O. lediglich als Verbrauchsausgaben zum Abzug an den gesamten Reineinkünften zugelassen wurden. Diese Unterscheidung hatte gemäß Art. 10 Abs. I GewStG. ohne weiteres ihre Rückwirkung auf die Feststellung des gewerblichen Ertrags.

Gemäß § 9 des Landessteuergesetzes vom 30. März 1920 dürfen die Ertragssteuern nicht wie Einkommensteuern ausgestaltet werden. Besteuerungsmerkmale, die auf die Berücksichtigung der persönlichen Leistungsfähigkeit des Steuerpflichtigen abzielen, sollen nicht zugrunde gelegt werden. Die bayerische

Staatsregierung ist der Anschauung, daß der Abzug der gewerblichen Schuldzinsen gegen diese Bestimmung des Landessteuergesetzes nicht verstößt. Denn die Zulassung des Schuldzinsenabzugs ist noch keineswegs eine einkommensteuerartige Ausgestaltung der GewSt. und bedeutet auch — abgesehen davon, daß der Satz 2 des § 9 nur eine Sollvorschrift darstellt — keine Berücksichtigung der persönlichen Leistungsfähigkeit, sondern lediglich eine Berücksichtigung der gewerblichen Leistungsfähigkeit des Gewerbebetriebs, der nach dem obersten Grundsatz in Art. 1 GewStG. den Gegenstand der Besteuerung bildet. Die bayerische Staatsregierung ist daher entschlossen, an dem Abzug der gewerblichen Schuldzinsen festzuhalten, wenn auch dieser Standpunkt seitens des Reichsfinanzministeriums im Hinblick auf die Verhandlungen bei der II. Lesung des LStG. in der Nationalversammlung (Nationalversammlung 1919/20 Sten. Ber. Seite 4736) nicht ohne Bedenken gelassen worden ist. Die erwähnten Verhandlungen sind nach Anschauung der bayerischen Staatsregierung nicht klar genug, die gesetzliche Unzulässigkeit des Schuldzinsenabzugs zu beweisen und es besteht daher keine zwingende Veranlassung, den Schuldzinsenabzug fallen zu lassen und eine Besteuerung nach dem Rohertrag anstelle des bisherigen Systems zu setzen, die ganz zweifellos einen bedauerlichen Rückschritt in der Entwicklung der gewerblichen Ertragsteuer in Bayern bedeuten würde.

Wenn demnach auch, wie erwähnt, an dem Wesen der bayerischen GewSt. eine Änderung nicht veranlaßt ist, so werden doch die sachlichen Bestimmungen des bisherigen GewStG. ebenso wie die formellen Bestimmungen über die Veranlagung nicht in allen Punkten unverändert bleiben können und zwar aus folgenden Gründen:

Die Bayerische Finanzverwaltung ist durch den Übergang der bisherigen Rentämter an das Reich der Veranlagungsbehörden beraubt worden und es wird — schon aus finanziellen Gründen — nicht möglich sein, neue Landesveranlagungsorgane zu schaffen; es muß vielmehr die Veranlagung der Ertragsteuern gemäß § 19 RAO. den Finanzämtern als den Veranlagungsorganen für die Reichssteuern übertragen werden. Daraus ergibt sich schon aus praktischen Gründen die notwendige Folge, die Gewerbesteuer zunächst in sachlicher Beziehung so zu gestalten, daß sie — wie bisher gleichzeitig mit der bayerischen ESt. — tunlichst gleichzeitig und ohne besondere Mühewaltung für Steuerpflichtige und Veranlagungsorgane mit der REStG. und der KörpschSt. veranlagt werden kann. Insbesondere müssen Veranlagungsgrundlage und Veranlagungsmaßstab tunlichst einheitlich sein. Die einzelnen hierdurch gebotenen Änderungen werden im besonderen Teil hervorgehoben werden. Aber auch die formellen Veranlagungsvorschriften müssen, soll eine gleichzeitige Veranlagung mit den Reichssteuern möglich sein, den für letztere geltenden Veranlagungsvorschriften angepaßt werden; daraus ergibt sich von selbst die Notwendigkeit, die einschlägigen Bestimmungen der RAO. auch für die Veranlagung der GewSt. als maßgebend zu erklären.

Da es sich nach den vorstehenden Darlegungen nicht um ein neues Gesetz, sondern nur um die Anpassung des bisherigen Gewerbesteuergesetzes an die neuen Verhältnisse handelt, ergab sich von selbst das Bestreben, soweit nur immer tunlich die Fassung des bisherigen Gesetzes aufrecht zu erhalten. Wenn gleichwohl der gegenwärtige Entwurf an Umfang gegenüber dem bisherigen GewStG. erheblich zugenommen hat, so ist dies darauf zurückzuführen, daß die Bestimmungen über die Veranlagung, über die Rechtsmittel, die Steueränderungen, Steuernachholungen, dann die Strafbestimmungen und Kostenvorschriften, die in dem bisherigen GewStG. zumeist durch kurze Verweisungen auf das REStG. abgetan waren, nunmehr aus dem durch das REStG. gegenstandslos gewordenen baye=

rischen EStG. in den Entwurf — mit den veranlaßt erscheinenden Änderungen — herüber genommen werden mußten.

Was speziell das Rechtsmittelverfahren anlangt, so erscheint es der bayerischen Staatsregierung als geboten, schon im Interesse der Betonung der Landessteuerhoheit, aber auch aus materiellen Gründen nicht bloß die Oberberufungskommission als höchste Instanz in Landessteuersachen beizubehalten, sondern auch für das Berufungsverfahren wie bisher eigene Landesinstanzen in den bei der bayerischen Landesmittelstellen zu bildenden Berufungskommissionen aufrecht zu erhalten und von einer Übertragung des Rechtsmittelverfahrens an die bei den Landesfianzämtern zu bildenden Finanzgerichte und an den Reichsfinanzhof Abstand zu nehmen."

III.

Die Steuerquellen, die durch die sämtlichen Ertragsteuern erfaßt werden, unterliegen teilweise auch noch dem Zugriff der Gemeinden, Ortschaften, Bezirke, Kreise.

a) **Grund und Boden:** 1. Vgl. Bay. VollzG. zum LStG. vom 30. Juni 1921 (GVBl. S. 361) **Art. 5** mit Art. 48 III (Zuwachssteuer) und **Art. 6** (Grundwertabgabe); **zu Art. 5** auch noch Bekanntm. vom 17. Sept. 1921 (GVBl. S. 468) und die Ausführungsanw. des VollzG. z. LStG. vom 5. April 1922, § 5 (GVBl. S. 228); **zu Art. 6** Bek. vom 17. Sept. 1921 (GVBl. S. 468, 477) und Ausführungsanw. § 6 (GVBl. S. 229).

2. Umlagen zur Grundsteuer (VollzG. zu LStG. Art. 9 ff. mit Art. 48 II).

b) **Häuser:** Umlagen zur Haussteuer (VollzG. zum LStG. Art. 9 ff. mit Art. 48 II).

c) **Gewerbebetrieb:**

1. Das Warenhaussteuergesetz vom 14. August 1910 GVBl. S. 597 ist, da es den Umsatz der Warenhäuser besteuerte, in Hinblick auf § 44 Reichsumsatzsteuergesetz vom 24. Dezember 19 mit Wirkung vom 1. Januar 1920 außer Kraft getreten. (Ausf.Anw. zum VollzG. z. LStG. § 7). An seine Stelle ist getreten Art. 7 des VollzG. z. LStG. in Verbindung mit AusfAnw. § 7. Wegen d. Best. d. Filialen s. Anm. 3 zu Art. 6 GwStG.

2. Umlagen zur Gewerbesteuer (VollzG. z. LStG. Art. 9 ff. mit Art. 48 II).

d) **Hausiersteuer:** Umlagen hiezu (VollzG. zum LStG. Art. 9 ff. mit Art. 48 II).

Gewerbsteuergesetz

vom 27. Juli 1921 (GVBl. S. 413).

Der Landtag des Freistaates Bayern hat folgendes Gesetz beschlossen:

I. Steuerobjekt und Steuerpflicht.

Art. 1.

I Der Gewerbesteuer unterliegen die in Bayern[1]) betriebenen Gewerbe[2]) einschließlich des Bergbaues und der auf Ausbeutung von Steinbrüchen und Gewinnung von Kalk, Zement, Ton und dergl. gerichteten Unternehmungen[3]).

II Unter dieses Gesetz fallen nicht:

1. die Land- und die Forstwirtschaft, die Jagd, die Fischerei, der Obst-, der Wein- und der Gartenbau mit Ausnahme der Kunst- und Handelsgärtnerei, soweit sich diese Erwerbszweige auf die Gewinnung der Erzeugnisse und deren Verwertung in rohem Zustand oder nach einer Verarbeitung beschränken, die in dem Bereiche solcher Wirtschaftsbetriebe liegt, ferner die Branntweinbrennerei im Nebenbetriebe der Landwirtschaft[4]).
2. die im Umherziehen betriebenen Gewerbe und die Wanderlagerbetriebe, soweit deren Besteuerung gesondert geregelt ist[5]),
3. die vom Reich und vom Staate betriebenen Verkehrsanstalten[6]).

Steuerobjekt. *Bek. § 1.**

I *Die Bestimmungen in Art. 1 haben gegenüber jenen des Gesetzes vom 14. August 1910/17. August 1918 eine Änderung nicht erfahren mit der einzigen Ausnahme, daß im Abs. II Ziff. 3 als nicht unter das Gewerbsteuergesetz fallend nunmehr auch die vom Reich betriebenen Verkehrsanstalten aufgeführt sind. Diese Ergänzung ergab sich aus dem Übergang der bayerischen Verkehrsanstalten auf das Reich und zwar hinsichtlich des Post-, Telegraphen- und Fernsprechbetriebs aus § 8 des*

---

* Die Abkürzungen bedeuten:
Art. ohne Beisatz: die Artikel des Gewerbesteuergesetz vom 27. Juli 1921.
§ ohne Beisatz: die Bestimmungen dieser Bekanntmachung.

Staatsvertrages über den Übergang der Post- und Telegraphenverwaltung an das Reich (Gesetz vom 19. März 1920, GVBl. S. 152 ff.), hinsichtlich des Eisenbahnbetriebs aus § 15 des Staatsvertrages über den Übergang der Staatseisenbahnen auf das Reich (Gesetz vom 30. März 1920, GVBl S 173 ff.). Nach § 10 des Staatsvertrages über den Übergang der Wasserstraßen von den Ländern auf das Reich (Gesetz vom 23. September 1921, GVBl S. 489 ff.) werden die Länder auch von den Reichswasserstraßen keine Staatssteuern erheben. Der Betrieb der Reichswasserstraßen als solcher, d h. die Darbietung der Wasserstraßen zur Benutzung durch Dritte fällt daher gleichfalls nicht unter das Gewerbsteuergesetz. Bezüglich der gewerblichen Nebenbetriebe des Reichswasserstraßenbetriebs, insbesondere der gewerblichen Ausnutzung der aus den Wasserstraßen zu erzielenden Wasserkräfte durch das Reich siehe Art 3 Abs. I Ziff 1 des Gesetzes in Verbindung mit § 3 Abs. I und § 5 Abs I dieser Bekanntmachung. Als „vom Staate betriebene Verkehrsanstalten" bestehen zur Zeit, nachdem der Ludwig-Donau-Main-Kanal durch den letzterwähnten Staatsvertrag mit Wirkung vom 1 April 1921 gleichfalls auf das Reich übergegangen ist, nur mehr der Frankenthaler Kanal, die staatliche Dampfschiffahrt auf dem Würmsee und dem Ammersee und die staatliche Schiffahrt auf der Amper (zu vgl. Verordnung vom 7. August 1920, GVBl. S. 403).

„in Bayern"

II *Der Gewerbsteuer unterliegen gemäß Art. 1 Abs. I wie bisher auch fernerhin nur die in Bayern betriebenen Gewerbe. Erträge aus Gewerben, die nicht in Bayern betrieben werden, sowie gewerbliches Betriebskapital, das nicht einer in Bayern gelegenen Betriebsstätte gewidmet ist, unterliegen nicht der Gewerbsteuer Die Frage, ob ein Gewerbe in Bayern betrieben wird oder nicht, ist nach der Gewerbeordnung und insbesondere, soweit es sich um die Abgrenzung gegenüber anderen deutschen Ländern handelt, nach § 10 des Landessteuergesetzes vom 30. März 1920 (RGBl. S. 404) zu beurteilen. Dortselbst (§ 10 Abs. 2) ist auch der Begriff der Betriebsstätte des näheren umschrieben. Die Begriffsbestimmung ist, wie in der Begründung des Entwurfs zum Landessteuergesetz (Reichsratsdrucksache Nr. 233 Tagung 1919 S. 28) bemerkt ist, „der bewährten Vorschrift des Doppelsteuergesetzes vom 22. März 1909 entnommen". Der Umstand, daß in § 10 Abs. 2 des Landessteuergesetzes die „Niederlagen" nicht mehr unter den Betriebsstätten ausdrücklich erwähnt sind, berechtigt daher noch nicht zu dem Schlusse, daß sie nicht als Betriebsstätten zu gelten hätten. Das Maß, in dem Gewerbe, die teils in Bayern, teils außerhalb Bayerns betrieben werden, in Bayern besteuert werden dürfen, ist in § 10 Abs. 3 des Landessteuergesetzes bezeichnet. Die Bemessung der Anteile der einzelnen Länder am Ertrag richtet sich nach den Grundsätzen der §§ 21 und 24 des Landessteuergesetzes über die Ausscheidung der Anteile des gewerblichen Einkommens auf mehrere beteiligte Gemeinden. Hierbei ist zu beachten, daß nach § 24 Abs. 2 die in Abs. 1 vorgesehenen Verteilungsgrundsätze unter den daselbst gegebenen Voraussetzungen auch durch einen anderen geeigneten Maßstab ersetzt werden können. Für die Ausscheidung des gewerblichen Betriebskapitals auf die einzelnen beteiligten Länder ist entscheidend, ob der Gegenstand einem Gewerbebetrieb in Bayern gewidmet ist (zu vgl. Mitteilungen der Oberberufungskommission Band XV S. 210). Hierwegen sind die Ausführungen im § 1 Abs. I der Vollzugsvorschriften vom 28. Mai 1911 zum Gewerbsteuergesetz vom 14. August 1910 (GVBl. 1911 S. 673) auch fernerhin anwendbar*[1]). *Gleiches gilt von den dortigen Erläuterungen bezüglich der Betriebsstätten.*

„Gewerbe“

III *Das gegenwärtige Gesetz hat sich ebenso wie das frühere und wie außerbayerische und Reichsgesetze einer Begriffsbestimmung für den Gewerbebetrieb enthalten. Der Begriff des Gewerbes ist daher aus der Entwicklung der Steuergesetzgebung in Bayern und der sonst gebräuchlichen, insbesondere aus der Gewerbeordnung und dem Handelsgesetzbuch sich ergebenden Auffassung zu entnehmen. Darnach ist „Gewerbe“ jede erlaubte, selbständige Berufs- oder Erwerbsart, die eine Beteiligung am allgemeinen wirtschaftlichen Verkehr darstellt, soweit nicht das Gesetz selbst Ausnahmen aufstellt und soweit nicht Erwerbsarten in Frage kommen, die im öffentlichen Dienst und in den sogenannten freien Berufen ausgeübt werden. Die hierbei vorkommenden Grenzfälle und Besonderheiten sind im § 1 Abs II der V.V. z GewStG. vom 28. Mai 1911 beispielsweise aufgezählt. Die diesbezüglichen Ausführungen sind auch fernerhin anwendbar*[2]). — *Der objektive Begriff des „Gewerbes“ bedingt aber noch nicht immer im Einzelfalle das Vorhandensein eines „Gewerbebetriebs“. Für ihn muß noch subjektiv die Voraussetzung hinzutreten, daß die ihrer Natur nach gewerbliche Tätigkeit auch gewerbsmäßig, d. h. fortgesetzt und mit der Absicht des Erwerbs (Gewinnerzielung) ausgeübt wird. Eine solche Erwerbsabsicht besteht nicht bei den staatlichen Theaterbetrieben, die in der Begründung des Gesetzentwurfs (Verhandlungen des bayer. Landtags 1920/21 Beilage 1417 S. 14) als der Gewinnabsicht entbehrend besonders hervorgehoben worden sind unter dem Beifügen, daß lediglich mit Rücksicht auf die klare Sach- und Rechtslage der Gesetzgeber davon Abstand genommen habe, die staatlichen Theaterbetriebe im Art 1 Abs. II ausdrücklich als nicht unter das Gewerbsteuergesetz fallend aufzuführen. Folge dieses Rechtsstandpunkts ist, daß die staatlichen Theaterbetriebe auch keiner vormerkungsweisen Veranlagung zum Zweck der Umlagenerhebung nach Art. 3 Abs. II des Gewerbsteuergesetzes unterliegen.*

Art. 1 Abs. II.

IV *Die Bestimmung im Art. 1 Abs. II Ziff. 1, welche die land- und forstwirtschaftlichen und verwandte Betriebe — mit Ausnahme der Kunst- und Handelsgärtnerei — als nicht unter das Gewerbsteuergesetz fallend bezeichnet, ist unverändert aus dem bisherigen Gewerbsteuergesetz übernommen. In dieser Richtung sind die Erläuterungen im § 2 Abs. I bis III der V.V. z. GewStG. vom 28. Mai 1911 auch fernerhin anwendbar, mit der Maßgabe, daß die Frage, ob eine Branntweinbrennerei im Nebenbetrieb der Landwirtschaft vorliegt oder nicht, zur Zeit nach § 2 des Branntweinmonopol-Gesetzes vom 26. Juli 1918 (RGBl. S. 887) zu beurteilen ist*[3]).

V *Zu Art. 1 Abs. II Ziff. 2: Die der Wandergewerbsteuer nicht unterliegenden im Umherziehen betriebenen Gewerbe, z. B. die sogenannten Stadthausierer, sowie seßhafte Gewerbetreibende, die ihre selbst gefertigten, zu den Gegenständen des Wochenmarkt-Verkehrs gehörenden Waren in*

1) S. unten Anm. 1.
2) S. unten Anm. 2 Buchst. a.
3) S. unten Anm. 4.

nicht größerer Entfernung als 15 km vom Wohnort feilbieten, dann sogenannte Saisonbetriebe, wie sie an Badeorten häufig sind, unterliegen der Gewerbsteuer. Bezüglich der Gewerbsteuerpflicht der sogenannten Großhausierer sind die maßgebenden Grundsätze in den Entscheidungen der Oberberufungskommission vom 17. Januar und 7. Februar 1913 (Mitteilungen d. ObBK. Band XIII S. 26 und 42) festgelegt. Darnach sind die Großhausierer, die ihre Waren an andere (selbständige) Händler verkaufen, die diese Waren dann für ihre eigene Rechnung auf dem Hausierwege veräußern, der Gewerbsteuerpflicht in Bayern insoweit unterworfen, als sich in Bayern eine Betriebsstätte befindet. Dagegen ist für Großhausierer, die ihre Waren im Hausierwege für eigene Rechnung verkaufen, oder durch Angestellte feilbieten lassen, eine Gewerbsteuerpflicht in Bayern nicht gegeben und zwar, soweit der Hausierbetrieb außerhalb Bayerns erfolgt, auf Grund der Bestimmung im Art. 10 Abs. 4 des Landessteuergesetzes, soweit der Hausierbetrieb in Bayern erfolgt, auf Grund des Art. 1 Abs. II Ziff. 2 des Gewerbsteuergesetzes.

Unverändert gegenüber dem Art. 1 RGStG. Änderung gegenüber Art. 1 GewStG. 1910 18 VV. § 1 Abs. I.

1. in Bayern: Bek. § 1 II. DoppelstG. § 3 II und III durch § 62 IV des LStG. aufgehoben, stimmen mit Ausnahme der Weglassung des Wortlautes „Niederlagen“ wörtlich überein mit § 10 LStG. Die Weglassung dieses Wortes ist wahrscheinlich nur deshalb erfolgt, weil sich keine „Niederlagen“ denken lassen, die über die Bedeutung von bloßen „Umschlageplätzen“ hinausgehen (vgl. § 1 I der unten abgedruckten VollzBek. zum Bay. GewStG. von 1910) und nicht unter eine der dort aufgeführten verschiedenen Kategorien von „Betriebsstätten“ fallen.

Die einschlägigen Bestimmungen des LStG. lauten:

§ 10.

Steuern vom Grundvermögen und Gewerbebetriebe dürfen nur in dem Lande erhoben werden, in dessen Gebiete der Grund- und Gebäudebesitz liegt oder eine Betriebsstätte zur Ausübung des bestehenden Gewerbes unterhalten wird.

Betriebsstätte im Sinne dieses Gesetzes ist jede feste örtliche Anlage oder Einrichtung, die der Ausübung des Betriebes eines stehenden Gewerbes dient. Außer dem Hauptsitz eines Betriebes gelten hiernach als Betriebsstätten: Zweigniederlassungen, Fabrikationsstätten, Ein- und Verkaufsstellen, Kontore und sonstige zur Ausübung des Gewerbes durch den Unternehmer selbst, dessen Geschäftsteilhaber, Prokuristen oder andere ständige Vertreter unterhaltenen Geschäftseinrichtungen. Als Betriebsstätten gelten auch Bauausführungen, die die Dauer von zwölf Monaten überschreiten.

Befinden sich Betriebsstätten desselben gewerblichen Unternehmens in mehreren Ländern, so darf die Heranziehung in jedem Lande nur anteilig erfolgen.

Der Gewerbebetrieb im Umherziehen einschließlich des Wanderlagerbetriebes darf nur in den Ländern besteuert werden, in deren Gebiete der Betrieb stattfindet oder stattfinden soll.

§ 21.

Der Anspruch auf einen Anteil besteht hinsichtlich des Einkommens aus Handel und Gewerbe nur in denjenigen Gemeinden, in denen sich eine Betriebsstätte im Sinne des § 10 dieses Gesetzes befindet. Der Eisenbahnbetrieb begründet einen Anspruch auf einen Anteil für diejenigen Gemeinden, in denen sich der Sitz der Verwaltung oder einer staatlichen Eisenbahnverwaltungsbehörde, eine Station oder eine für sich bestehende Betriebs oder Werkstätte oder eine sonstige gewerbliche Anlage befindet. Die Bestimmung für den Eisenbahnbetrieb findet auf den staatlichen Schiffahrtsbetrieb mit der Maßgabe Anwendung, daß an Stelle der Station die Zahlstelle tritt.

Hinsichtlich des Einkommens aus dem nicht mit eigenem Betriebe verbundenen Besitze von Handels- und gewerblichen Anlagen einschließlich der Bergwerke sind dieselben Gemeinden anteilberechtigt wie hinsichtlich des Einkommens aus dem Betriebe.

§ 24.

Erstreckt sich eine Gewerbe- oder Bergbauunternehmung über mehrere anteilberechtigte Gemeinden, so erfolgt die Zerlegung des Gemeindeanteils derart, daß der Gemeinde, in der die Leitung des Gesamtbetriebes stattfindet, der zehnte Teil des Gesamtanteils zugewiesen wird und der verbleibende Teil

1. bei Versicherungs-, Bank-, Kredit und Warenhandelsunternehmungen nach Verhältnis der in den einzelnen Gemeinden erzielten Roheinnahme,
2. in den übrigen Fällen nach Verhältnis der in den einzelnen Gemeinden erwachsenen Ausgaben an Gehältern und Löhnen, jedoch ausschließlich der von dem Gesamtüberschusse berechneten Tantiemen des Verwaltungs- und Betriebspersonals, verteilt wird. Bei Eisenbahnen kommen die Gehälter und Löhne desjenigen Personals, das in der allgemeinen Verwaltung beschäftigt ist, nur mit der Hälfte, das in der Werkstättenverwaltung und im Fahrdienste beschäftigten Personals nur mit zwei Dritteln ihrer Beträge in Ansatz.

Wenn in einzelnen Fällen aus der Anwendung dieser Verteilungssätze besondere Härten für eine beteiligte Gemeinde oder mehrere Gemeinden sich ergeben, kann dem Verteilungsplan ein anderer Maßstab zugrunde gelegt werden.

Erstreckt sich eine Betriebsstätte im Sinne des § 21, innerhalb deren Ausgaben an Gehältern und Löhnen erwachsen, über den Bezirk mehrerer Gemeinden, so hat die Verteilung nach der Lage der örtlichen Verhältnisse unter Berücksichtigung des Flächenverhältnisses und der in den beteiligten Gemeinden durch das Vorhandensein der Betriebsstätte erwachsenen Kommunallasten zu erfolgen.

Vgl. im übrigen die Erläuterungen Breunigs zu § 3 DoppelstG. (2. Bd. S. 361 ff.), sowie die Kommentare zum LStG. und Ringelmann-Mühlfeld S. 27 ff. Umlagen-Berechn. bei Betriebst. in mehr. Gem.: Art. 16 d. b. VollzG. z. LStG.

VB. v. 28. Mai 1911 zum bayerischen Gewerbesteuergesetz von 1910. (GVBl. 1911 S. 673)[1]).

Aus § 1

...... Hiernach ist die Voraussetzung für die Gewerbesteuerpflicht in Bayern die Ausübung eines stehenden Gewerbes und zwar von einer in

1) S. oben Bek. § 1 II.

Bayern gelegenen Betriebsstätte aus. Dies gilt indessen unter dem selbstverständlichen Vorbehalte, daß für den Betrieb seinem Wesen nach eine Betriebsstätte überhaupt erforderlich ist. Vereinzelt ist ein Gewerbebetrieb in Bayern auch ohne Betriebsstätte denkbar, so, wenn z. B. ein Gewerbetreibender lediglich im Rahmen des Marktverkehrs Geschäfte abschließt. Die Tatsache, daß ein nichtbayerisches Geschäft in Bayern Geschäfte abschließt ohne in Bayern eine Betriebsstätte zu haben, genügt in der Regel noch nicht zur Annahme der Gewerbesteuerpflicht. . . . . . . Bloße Umschlagplätze, die nur Transportzwecken dienen, werden nicht als Betriebsstätten zu betrachten sein; ebensowenig werden . . . . . . vereinzelt aufgestellte Automaten die Eigenschaft von Betriebsstätten haben. Im § 3 Abs. III d. Doppelstg.[1]) ist das Maß bezeichnet, in dem Gewerbe, die teils in Bayern, teils außerhalb Bayerns betrieben werden, in Bayern besteuert werden dürfen (vgl. § 34 Abs. II bis IV d. VollzVorsch. z. EStG.)[2]). Die daselbst erwähnte Abgrenzung findet entsprechende Anwendung sowohl auf die Ertrags= als auch auf die Betriebskapitalsanlage und gilt nicht nur im Verhältnisse von Bayern zu anderen deutschen Bundesstaaten, sondern soll auch im Verhältnisse von Bayern zum Auslande zur Richtschnur dienen. Es dürfen also in einem solchen Falle in Bayern nur der Ertrag, soweit er auf die bayerische Betriebsstätte trifft, und nur die Bestandteile des Betriebskapitals mit Gewerbesteuer veranlagt werden, die der bayerischen Betriebsstätte gewidmet sind. Daß die in Bayern bei der Betriebskapitalsanlage zu berücksichtigenden Bestandteile des Betriebskapitals sämtlich in Bayern gelegen sind, ist nicht unbedingt notwendig. Ein in Bayern errichtetes Geschäft, das z. B. im Auslande zur Ermöglichung seiner Handelsbeziehungen zwischen der bayerischen Betriebsstätte und dem Ausland eine Kaution in Wertpapieren bestellen muß, ist hinsichtlich dieser Wertpapiere nicht von der Betriebskapitalsanlage frei. Betriebskapitalsbestandteile, die sowohl der bayerischen Betriebsstätte, als auch der nichtbayerischen Betriebsstätte gewidmet sind, sind entsprechend anteilig auszuscheiden. Dies gilt insbesondere von Fonds (Betriebs= und Reservefonds), die zur Verfügung einer nicht in Bayern befindlichen Geschäftsleitung stehen. Als Ausscheidungsmaßstab können die Ertrags=, Produktions= und Umsatzverhältnisse, der Zweck, dem die Reserven vorwiegend dienen, die Bedeutung der in Bayern und außerhalb Bayerns gelegenen Betriebsstätten für den gesamten Geschäftsbetrieb, bei Versicherungsgesellschaften etwa die Prämieneinnahme und anderes mehr einen Anhalt bieten.

2. Gewerbe[3]): Bek. § 1 III und Ringelmann=Mühlfeld S. 4—12. **Agent:** OVG. XIII, 202, XIV, 239; **Kommissionär:** XVII, 13.

a) Amt und freier Beruf. Die in der Bek. erwähnte Aufzählung in den V.B. zum alten bayerischen GewStG. § 1 Abs. II, die noch anwendbar ist, lautet:

II Die im Art. 16 EStG.[4]) bezeichneten Erwerbsarten insbesondere also der öffentliche Dienst, die wissenschaftliche, künstlerische, schrift-

---

1) Nunmehr in § 10 d. LStG.

2) Gemeint ist das bayerische vom 14. August 1910.

3) An sich unerlaubte Tätigkeit (§ 180, 259 ff., 284, 302 a, 361 Z. 6 StGB.) kein Gewerbe. Dagegen bewirken (besond., insbes. persönl.) Umstände, die eine an sich erlaubte Tätigkeit strafbar machen, keine Steuerfreiheit. (OVG. XVI S. 13 a. A. maßg. Kommentare z. d. Reichssteuergesetz z. B. Popitz z. UStG.).

4) Gemeint ist das bayerische vom 14. August 1910.

stellerische, unterrichtende und erziehende Tätigkeit, die Tätigkeit der Aerzte, Rechtsanwälte, Architekten, Ingenieure, auch der nicht auf eigene Rechnung arbeitenden Agenten, fallen nicht unter das Gewerbesteuergesetz, es sei denn, daß sie mit einer gewerblichen Tätigkeit verbunden sind und bei dieser Verbindung eine einheitliche Tätigkeit vorliegt, bei der die gewerbliche Seite der Tätigkeit vorwiegt. Dies kann z. B. der Fall sein, wenn ein Arzt seine wissenschaftlichen Kenntnisse im Betrieb eines ihm gehörigen Sanatoriums, eine im Lehrberuf ausgebildete Person ihre Fachkenntnisse im selbständigen Betrieb einer Erziehungsanstalt, ein Chemiker seine wissenschaftlichen Kenntnisse in der selbständigen Fabrikation von Heilmitteln, ein Journalist seine schriftstellerischen Kenntnisse im Betrieb eines ihm gehörigen Zeitungsunternehmens, ein Künstler seine Kunstwerke durch mechanische Vervielfältigung, ein Architekt seine Fachkenntnisse in der selbständigen Ausführung von Bauten verwertet und dergl. Liegt in den Fällen der gleichzeitigen Ausübung einer gewerblichen Tätigkeit mit einer Tätigkeit im Sinne des Art. 16 EStG.[1]) überhaupt keine einheitliche Tätigkeit vor, so unterliegt nur der gewerbliche Teil der Tätigkeit der Gewerbesteuer. Ein solcher Fall wäre z. B. die Ausübung der ärztlichen Praxis und der gleichzeitige Betrieb einer Warenhandlung, die der Arzt etwa infolge eines Erbanfalles weiterzuführen genötigt ist. Der Eintrag ins Handelsregister begründet in solchen Fällen stets die Annahme eines Gewerbebetriebes. Das Apothekergewerbe, die Tätigkeit der sog. Rechtskonsulenten (in der Pfalz Geschäftsmänner), die Ausübung der Heilkunde ohne wissenschaftliche Vorbildung hiefür (Zahntechniker, Heilgehilfen sog. Naturheilkundige), sind als Gewerbebetriebe zu behandeln. Die sog. Hausgewerbetreibenden sind selbständige Gewerbetreibende, nicht aber die sog. Heimarbeiter, bei denen lediglich die einem anderen Gewerbetreibenden zur Verfügung gestellte persönliche Arbeitskraft die Einkommensquelle bildet[2]). Eine Tätigkeit, die lediglich der Ausübung von Sport dient oder ausschließlich der Liebhaberei entspringt, ist keine gewerliche Tätigkeit. Die Versicherungsgesellschaften auf Gegenseitigkeit betreiben kein Gewerbe.

Vgl. hiezu Entsch. d. OVG. XIII 90 (Zahntechniker), XV, 173 (Musik-Impresario), XIII, 84 (gewerbsmäßige Bauausführung durch Architekten), XIII, 215 (Baubüro eines Unternehmers ohne höhere wissenschaftliche Vorbildung), in welchem Falle die Gewerbesteuerpflicht bejaht wird, während XV, 200 dies hinsichtlich der Hebammen verneint. (Ebenso Ringelmann-Mühlfeld S. 8.) Diese auch von Breunig vertretene Ansicht (S. 171 Nr. 11) steht in Widerspruch mit dem sonst von Breunig und auch der bayerischen Steuerpraxis vertretenen Grundsatz, wonach auch amtlich geprüfte und vereidigte Personen, selbst wenn sie öffentlich angestellt sind, gewerbesteuerpflichtig sind, wenn sie ihr Gewerbe für jedermann ausüben und ihre Anstellung dem Publikum dienen soll (a. a. O. S. 170 Nr. 8).

b) Gemeindebetriebe und gemeinnützige Betriebe: Vgl. auch Bek. § 5 V abgedr. zu Art. 3 und Entscheidung d. OVG. XIII, 33, XIV, 255, XVI, 191 (Elektrizitätswerk) und Breunig S. 165 ff.

„Bei Unternehmungen, die einen gemeinnützigen Zweck verfolgen und zugleich einen über die Deckung der Selbstkosten hinausgehenden Gewinn anstreben, ist für die Frage ob ein steuerpflichtiger Gewerbebetrieb oder ein steuer-

1) Gemeint ist das bayerische vom August 1910.
2) Näheres OVG. XIV, 212, XVI, 277.

frei gemeinnütziges Unternehmen vorliegt, entscheidend welcher von beiden Zwecken überwiegt" (OVG. XIV, 255). Kein Gewerbebetrieb liegt ferner vor, wenn Staat und Gemeinde lediglich ihren Eigenbedarf produzieren. Soweit daneben noch ein Verkauf an Dritte stattfindet, liegt insoweit Gewerbetrieb vor, der zu versteuern ist. (Ausscheidung!)

c) Kein Gewerbe, auch bei gewerbeähnlichen Betrieben, wenn Vereine oder Private lediglich **ideale Zweke** verfolgen. Vgl. OVG. XVI, 173 und Breunig S. 169 Nr. 6. Den dort als gewerbesteuerpflichtig erwähnten Arbeitgeber-, Arbeitnehmerverbänden, Berufsgenossenschaften usw. wird meist im übrigen auch die objektive Voraussetzung (Gewerbebetrieb) fehlen.

d) **Holz- und Güterhandel** s. Anm. 4 am Schluß.

3. **Bergbau usw.** aber nur dann, wenn sie gewerbsmäßig betrieben werden, nicht auch dann, wenn sie im land- und forstwirtschaftlichen Betriebe Nebenbetrieb sind oder für eigenen Bedarf dienen. (Ebenso Breunig S. 165 und § 2 der VV. zum alten GewStG.)

4. **Landwirtschaft usw.:** Bek. § 1 IV. Die dort als weiter anwendbar erklärten § 2 I bis III VV. zum alten bayerischen GewStG. lauten:

I Die Vorschrift in der Ziff. 1 dient der Verdeutlichung der Abgrenzung der Steuerpflicht gegenüber der Land- und Forstwirtschaft .... Die weitere Anführung des Obst-, Wein- und Gartenbaues — unter Ausschluß der Kunst- und Handelsgärtnerei — soll nur zur Erläuterung dienen und entspricht der bisherigen Praxis. In der Ausnahme ist auch der in Weinbaugegenden übliche Ausschank des eigenen Gewächses der Weinbauer inbegriffen, soweit nicht aus den begleitenden Umständen zu folgern wäre, daß ein, wenn auch auf bestimmte Zeit während des Jahres beschränktes Wirtsgewerbe betrieben wird. Die Ausnahme hat sich deshalb nur auf den zurzeit nach der GewO. nicht konzessionspflichtigen Ausschank der eigenen Erzeugnisse, darunter auch Obstwein, wo solcher Ausschank bisher üblich war, zu erstrecken.

II Land- und forstwirtschaftliche Nebenbetriebe, wie Geflügel- und Bienenzucht, Molkereien, Käsereien usw. können als gewerbesteuerfrei dann gelten, wenn sie grundsätzlich nur die selbstgewonnenen Erzeugnisse in der im Art. 1 Abs. II Ziff. 1 bezeichneten Weise verwerten, in unmittelbarer Verbindung mit dem land- und forstwirtschaftlichen Hauptbetriebe stehen und im Verhältnisse zu diesem nur eine nebensächliche untergeordnete Bedeutung haben. Gleiches soll auch für die Bodenbestandsnutzung an Steinen, Zement, Kalk, Ton, Sand, Lehm, Kies, Torf, usw. in land- und forstwirtschaftlichen Betrieben, ferner für die Verwertung des landwirtschaftlichen Betriebsinventars z. B. des Gespanns gelten. Diese Art von Nebenbetrieben fällt auch dann nicht unter das GewStG., wenn sie von mehreren Land- und Forstwirten gemeinschaftlich betrieben werden, z. B. die gemeinschaftlichen Käseküchenbetriebe im Allgäu. Der Anwendung der Ausnahmevorschrift soll es nicht im Wege stehen, wenn ausnahmsweise in dem zur Aufrechterhaltung des normalen Betriebs notwendigen Umfange nicht selbstgewonnene Erzeugnisse zur Verarbeitung oder zur Verfütterung usw. oder landwirtschaftliche Gespanne zu Lohnfuhren verwendet werden. Vom Betrieb einer Forstwirtschaft kann nicht mehr die Rede sein, wenn ein Holzhändler Holzbestände auf einem ihm nicht gehörigen Waldgrundstücke schlagen läßt.

III Die Tierzucht im Betriebe der Landwirtschaft gilt einschließlich der Tierverwertung als zur Landwirtschaft gehörig; dagegen würde die Tierzucht oder Tierhaltung außerhalb eines landwirtschaftlichen Betriebs oder mit erkauften Futtermitteln, wenn überhaupt die sonstigen begriffsmäßigen Voraussetzungen für die Annahme eines Gewerbes gegeben sind, ebenso gewerbesteuerpflichtig sein wie selbstverständlich eine Unternehmung, die sich nur mit der Verwertung land- und forstwirtschaftlicher Erzeugnisse (Vieh-, Früchte- und Obsthandel) befaßt. Entstehen Zweifel, ob eine vor dem Verkauf eigener landwirtschaftlicher Erzeugnisse stattgehabte Verarbeitung noch im Bereiche des Landwirtschaftsbetriebs liegt oder nicht, so ist mit der zuständigen Distriktsverwaltungsbehörde hierüber ins Benehmen zu treten. Die Fischerei, die nur in der im Art. 1 Abs. II Ziff. 1 bezeichneten Weise ausgeübt wird, unterliegt nicht der Gewerbesteuer, gleichviel ob sie auf eigenen oder gepachteten Gewässern betrieben wird. Ob Branntweinbrennereien im Nebenbetriebe der Landwirtschaft vorliegen oder nicht, ist nach § 10 des Branntweinsteuergesetzes von 15. Juli 1909 (RGBl. S. 661 ff.) zu beurteilen [1]. Im Zweifel ist die Äußerung des zuständigen Hauptzollamtes zu erholen.

a) Vgl. Breunig S. 172 ff Entsch. d. OVG. XVII, 68 (Schafzucht) und XIII, 197 (Tierzucht und Fischerei). In letzter Entscheidung wird das entscheidende Merkmal der Gewerbsmäßigkeit darin gefunden, wenn Tiere (Fische) nicht nur zu Zuchtzwecken, zur Verwertung ihres Erzeugnisses, Mastzwecken, sondern zu gewerbsmäßiger Verwertung der Tiere selbst und ihrer Erzeugnisse angekauft werden. Ein offener Laden wird dabei stets einen Gewerbebetrieb begründen. Während die Reinigung der ländlichen Produkte mittels Maschinen noch keinen Gewerbebetrieb begründet, liegt ein solcher vor, wenn die selbstgewonnenen Erzeugnisse, zumal Brot, Zucker, Stärke usw. verarbeitet werden (OVG. IV, 6, 21). Bei landwirtschaftlichem Betriebe von Handelsgesellschaften, der gemeinsam mit gewerblichem Betriebe erfolgt, spricht die Vermutung dafür, daß der landwirtschaftliche Gewerbebetrieb nur einen Teil des Handelsbetriebes bildet. Vgl. OVG. XV, 81 (83) und Anm. 2 zu Art. 2. Holzhandel: OVG. XV, 81 und die Bem. im § 2 II d. alten VV. Güterhandel: OVG XIII, 141, XIV, 40, 49, 261, 263.

b) **Kunst- und Handelsgärtnerei** liegt nach Breunig S. 176 vor, wenn die gesamte Art des Betriebes durch besondere Vor- und Einrichtungen (Treibhäuser, Heizanlagen, Warmhäuser zum Ersatze der natürlichen Einflüsse der Jahreszeiten), durch die Auswahl in den Erzeugnissen (Spezialitäten), durch die Produktion für Jahreszeiten, in denen die Erzeugnisse unter den natürlichen Witterungseinflüssen nicht zu gewärtigen sind, durch kaufmännisch-gewerbliche Gestaltung des Absatzes der Erzeugnisse, durch den von der normalen Bodennutzung erheblich abweichenden Ertrag usw., sich von der gewöhnlichen, etwa nur intensiveren Bodenbenützung durch Gartenbau (statt durch Feld-, Wiesen-, Weide- oder Waldwirtschaft) unterscheidet. Es ist nicht erforderlich, daß die beispielsweise angeführten Merkmale alle zusammentreffen; schon einzelne dieser Merkmale können genügen, nach der gesamten Lage der Verhältnisse einen Gewerbebetrieb anzunehmen.

Wegen Obstbaumschulen s. OVG. IV, 6, Entsch. d. Preuß. OVG. Bd. 3 S. 324, Bd. 6 S. 445, Bd. 11 S. 390, Bd. 14 S. 430; Ringelmann-Mühlfeld S. 23.

Champignonzucht ist (unter den sonstigen Voraussetzungen für den Begriff des Gewerbebetriebs) als ein Gewerbe zu erachten.

---

1) Nunmehr nach § 2 d. Branntweinmonopolges. s. u.

c) **Branntweinbrennerei** im Nebenbetrieb der Landwirtschaft: Die Darlegung der Bekanntmachung § 1 IV ist nicht ganz erschöpfend. Die Begründung zum GewStGEntw. des Gesetzes von 1910 bemerkte im Anschluß an die für die Gewerbesteuer hergebrachte Praxis, nicht unter das Gesetz solle auch die Branntweinbrennerei im Nebenbetriebe der Landwirtschaft fallen. Es seien das zunächst jene Brennereien, die im branntweinsteuertechnischen Sinne (RGes. vom 7. Juli 1902 Art. I Ziff. 3 § 41 RGBl. S. 243) als landwirtschaftliche Brennereien gelten; es sollten darunter aber auch inbegriffen sein jene Materialbrennereien, die sich auf die Verarbeitung von selbsterzeugtem Obst oder selbsterzeugten Weintrebern beschränken. Bei beiden Arten von Brennereien werde aber, wenn sie unter die Ausnahme fallen sollen, vorausgesetzt, daß sie nur einen Nebenbetrieb zum landwirtschaftlichen Hauptbetriebe darstellen.

Demgemäß erstreckte die Praxis — auch Breunig S. 177 — die Befreiung auf die landwirtschaftlichen Brennereien (§ 10), die den landwirtschaftlichen Brennereien gleichgestellten Brennereien (§ 10) und mit der oben erwähnten, in der Begründung zum Gesetz von 1910 gegebenen Einschränkung auf die Obstbrennereien (§ 12 des Branntweinsteuergesetzes vom 15. Juli 1909 [RGBl. S. 661]). Von den genannten 3 Kategorien von Brennereien handeln jetzt die §§ 2, 3, 4 und 6 II des Branntweinmonopolgesetzes. Soweit Brennereien mit den erwähnten Einschränkungen unter diese §§ fallen, dürften sie auch gewerbesteuerfrei sein. Über die landwirtschaftlichen Genossenschaftsbrennereien s. OVG. XVI. 281 ff.

5. **Wandergewerbe:** Bek. § 1 V s. f. unten.

6. **Verkehrsanstalten:** Bek. § 1 I.

Art. 2.

I Steuerpflichtig für das Gewerbe ist derjenige, auf dessen Rechnung das Gewerbe betrieben wird (Unternehmer)[1]).

II Für das erpachtete Gewerbe gilt der Pächter als der Unternehmer[2]).

III Für Gewerbebetriebe, deren Unternehmer außerhalb Bayerns ihren Wohnsitz oder Sitz haben und die wegen Bestehens einer Betriebsstätte zur Ausübung des Gewerbes in Bayern gemäß Art. 1 Abs. I der bayerischen Gewerbsteuer unterliegen, gilt der nach Maßgabe der Reichsgabenordnung bestellte Vertreter auch als Vertreter für die Erfüllung aller durch dieses Gesetz und seine Vollzugsvorschriften auferlegten Verpflichtungen. Für die Erfüllung dieser Verpflichtungen ist der Vertreter neben dem Steuerpflichtigen haftbar. Ist ein Vertreter nach Maßgabe der Reichsabgabenordnung nicht bestellt, so ist der Steuerpflichtige verbunden, auf Verlangen der Steuerverwaltung einen in Bayern wohnhaften Vertreter für den Vollzug dieses Gesetzes zu bestellen[3]).

Bek. § 2.

*I **Art. 2 hat im Abs. I und II gegenüber dem Gesetz vom 14. August 1910/17. August 1918 eine Änderung nicht erfahren. Subjektiv steuerpflichtig ist somit, während als Objekt der Besteuerung das Gewerbe*** *in Frage kommt (Art. 1) gemäß Art. 2 Abs. 1 der Unternehmer. Wer der Unternehmer eines Gewerbes ist, beurteilt sich nach dem bestehenden rechtlichen Verhältnis. Die Tatsache etwaiger finanzieller Abhängigkeit des Unternehmers von einem anderen macht den letzteren noch nicht zum Unternehmer im Sinne des Art. 2 Abs. I.*

II *Die Einkünfte aus der Verpachtung von Gewerben gehören regelmäßig als Einkünfte aus Rechten nicht zum gewerblichen Ertrag. Nach der Rechtsprechung können indessen je nach Umständen die Einnahmen aus der Verpachtung von Gewerben auch dem gewerblichen Ertrag zuzurechnen sein (zu vgl. Mitteilungen der ObBK. Band XIII S. 137, auch XII S. 77, XV S. 77, 83, 243). Die Vermietung von Geschäftsräumen begründet für sich allein noch nicht die Annahme eines Pachtverhältnisses.*

III *Art. 2 Abs. III sorgt für das Vorhandensein eines geeigneten Vertreters des Steuerpflichtigen zur Erleichterung der Steuerveranlagung in Fällen, in denen wegen des Wohnsitzes oder Sitzes des Unternehmers der Verkehr mit dem Vertreter sich einfacher gestaltet. Wenn ein gemäß § 71 RAO. bestellter Vertreter bereits vorhanden ist, soll dieser auch als Vertreter für den Vollzug des Gewerbsteuergesetzes gelten. Er hat aber als Vertreter im Sinne des Art. 2 Abs. III gegenüber der im § 71 festgelegten Befugnis zur Empfangnahme von Schriftstücken erweiterte Befugnisse und Verpflichtungen. Wenn ein Vertreter nach § 71 nicht bestellt ist, hat die Bestellung eines eigenen Vertreters für den Vollzug des Gewerbsteuergesetzes auf Verlangen der Steuerverwaltung (Finanzamt) zu erfolgen; der Vertreter muß in Bayern wohnhaft sein. Da nunmehr die Steuerpflichtigen mit Wohnsitz oder Sitz im deutschen Reich außerhalb Bayerns und Filialen in Bayern zur Einkommen- oder Körperschaftssteuer für ihren gesamten Betrieb beim Finanzamt des Wohnsitzes oder Sitzes (Ort der Geschäftsleitung) ausschließlich zu veranlagen sind (§§ 51 ff. RAO.), während die Gewerbsteuer nach wie vor in jedem einzelnen Lande für die treffenden Filialen zu veranlagen ist, wird sich die Bestellung eines eigenen Vertreters für den Vollzug des Gewerbsteuergesetzes künftig nicht selten als erforderlich erweisen.*

IV *Der Vertreter im Sinne des Art. 2 Abs. III hat in der Regel im Veranlagungs- und Rechtsmittelverfahren zunächst mitzuwirken. Zustellungen sind an ihn zu machen. Der Steuerpflichtige selbst ist jedoch seiner Obliegenheiten nicht enthoben, wenn er hiefür in Anspruch genommen wird. Die Haftung des Vertreters erstreckt sich auch auf die Steuer seines Auftraggebers; die Anforderung ist jedoch zunächst gegen den Pflichtigen selbst zu richten, wenn nicht der Auftraggeber den Vertreter auch zur Entrichtung der Steuer besonders beauftragt hat.*

V *Wer dem Verlangen nach Aufstellung eines Vertreters nach Art. 2 Abs. III nicht rechtzeitig genügt, ist nach Art. 50 Ziff. 1 strafbar.*

Auf Antrag des Mitberichterstatters wurden in Abs. III Satz 3 zwischen „einen" und „Vertreter" die Worte „in Bayern wohnhaften" eingesetzt. Im übrigen unverändert gegenüber dem Regierungsentwurf (StB. S. 469).

Abs. I u. II stimmen mit Art. 2 Abs. I u. II GwStG. 1910/18 überein; Abs. III des bisherigen Gesetzes erklärte Art. 2 Abs. III des bayerischen Einkommensteuergesetzes (Aufstellung eines Steuerbevollmächtigten) für entsprechend anwendbar.

1. Unternehmer: Bek. § 2 I. Der in den VB. zum alten GewStG. (§ 3) noch enthaltene Satz, daß der stille Gesellschafter nicht gewerbe-

sondern kapitalrentensteuerpflichtig sei, ist wohl nur deshalb weggeblieben, weil über die Frage der Kapitalrentensteuerpflicht nunmehr Reichsrecht entscheidet. Soweit die Verneinung der Gewerbesteuerpflicht des stillen Gesellschafters ausgesprochen wird, besteht der Satz nach wir vor zweifellos zu Recht, wie auch seine Fortsetzung: „die in ihr angeführten Teile des gewerblichen Ertrags sind auch kein Teil der gewerblichen Einkünfte dessen, der das Gewerbe betreibt. (Komplementär.)". Vgl. auch OVK. XV, 77. Ebenso Ringelmann-Mühlfeld S. 36.

2. Pacht: Bek. § 2 II. Die Einnahmen aus Verpachtung gehören dann zum gewerblichen Ertrag „wenn die Gewerbeverpachtung mit dem Gewerbebetrieb des Verpächters in einem solchen wirtschaftlichen Zusammenhang steht, daß sie nicht bloß als zur Gewinnung einer Pachteinnahme an sich, sondern auch zugleich als im Interesse des Gewerbebetriebes des Verpächters und zur Erhöhung des Erträgnisses dieses Gewerbes erfolgt, erkennbar ist." (OVK. XIII, 137.) Vgl. auch OVK. XIII, 168 (Aktienges.), XV, 17 (G. m. b. H.). Bei A.G. und G. m. b H., die ein Gewerbe betreiben, spricht die Vermutung dafür, daß auch die nicht im Betriebe des Gewerbes im engeren Sinne abgeschlossenen Geschäfte mit dem Gewerbebetrieb in Zusammenhang stehen und daß daher auch die Einkünfte aus solchen Geschäften als gewerbliche Einnahmen zu betrachten sind. (OVK. XVI, S. 219 und XV, S. 17). Ob diese Grundsätze — wie offenbar die Vollzugsvorschriften und mit ihnen Ringelmann-Mühlfeld S. 37 (ohne die Streitfrage zu berühren) meinen — in Einklang stehen mit § 8 und 9 des LStG. und mit Art. 10 I dieses Gesetzes, erscheint nicht ganz zweifellos. In einem ähnlich gelagerten Falle — § 2 des REStG., der die Einnahmen aus dem Gewerbebetriebe ohne Rücksicht auf die Staatsangehörigkeit der Reichseinkommensteuer unterwirft — hegen die Kommentatoren Zweifel, ob hiezu auch die Einnahmen aus Verpachtung gehören. Vgl. Mirre S. 42 und Strutz Anm. 34 S. 31. Für die Verneinung spricht die Wortfassung des § 33 des REStG, der offenbar nur das Einkommen dessen auf dessen Rechnung der Betrieb geht (also des Pächters), als solches aus dem Gewerbebetriebe ansieht.

3. Vertreter: Der bisherige Abs. III regelte die Aufstellung eines Vertreters im Einklang mit dem nunmehr in Wegfall gekommenen bayerischen EStG.

Art. 3.

I Gewerbsteuerfrei sind:

1. das Reich [1]), der Staat [2]),
2. die Reichsbank und ihre Zweiganstalten [3]),
3. die bayerische Landwirtschaftsbank, solange sie Unterstützungen aus Staatsmitteln erhält [4]),
4. [5]) a) die Genossenschaften und Wirtschaftsverbände einschließlich der Vorschuß- und Kreditgenossenschaften, wenn sie ausschließlich und unmittelbar der land- und forstwirtschaftlichen oder der gewerblichen Produktion oder der besseren Verwertung der eigenen Erzeugnisse ihrer Mitglieder dienen, sofern sie die ihrem Zwecke entsprechende Tätigkeit auf den Kreis ihrer Mitglieder beschränken,

b) die übergeordneten Verbände solcher Genossenschaften,

c) die gemeinnützigen Baugenossenschaften. Nicht als gemeinnützig gelten Baugenossenschaften, die satzungsgemäß die Einzahlungen der Mitglieder mit mehr als fünf vom Hundert verzinsen oder den Mitgliedern mehr als die Einzahlungen ausantworten.

Genossenschaften und übergeordnete Verbände, die einen gewerblichen Gewinn anstreben, fallen nicht unter die Befreiung.

6) II Für die vom Staate betriebenen Gewerbe und für die Reichsbank und ihre Zweiganstalten ist die Gewerbsteuer zur Begründung der Umlagenpflicht vormerkungsweise zu veranlagen. Hierbei sind die einer besonderen Betriebsleitung unterstehenden Unternehmungen des Staates getrennt zu veranlagen.

Bek. § 3.

(Zu Abs. I Ziff. 1—3.)

I *Die Gewerbsteuerfreiheit des **Reichs** gründet sich auf § 2 des Reichsbesteuerungsgesetzes vom 15. April 1911 (RGB. S. 187, zu vgl. auch § 4 desselben Gesetzes).*

II *Die Gewerbsteuerfreiheit des bayerischen **Staates** — nicht auch anderer Länder — erstreckt sich auf alle Staatsbetriebe nebst den ihren Zwecken dienenden Einrichtungen.*

III *Bei **gemischtwirtschaftlichen Unternehmungen** ist von der Rechtsform des Unternehmens auszugehen. Wenn der bayerische Staat oder Reich und Staat sämtliche Anteile eines in Gesellschaftsform betriebenen Unternehmens in Händen haben, wird sich die Steuerfreiheit nach Art. 3 Abs. I Ziff. 1 rechtfertigen lassen. Im übrigen werden gemischtwirtschaftliche Unternehmungen gemäß Art. 4 einheitlich zu veranlagen sein.*

IV *Die bayerische **Landwirtschaftsbank**, der bisher nach Art. 4 Abs. I Ziff. 8 des bayerischen Einkommensteuergesetzes Freiheit von der Einkommensteuer, nicht aber von der Gewerbsteuer zustand (zu vgl. § 4 Abs. I der VV. z. GewStG. vom 28. Mai 1911), ist nunmehr als gewerbsteuerfrei erklärt, solange sie Unterstützungen aus Staatsmitteln erhält.*

Bek. § 4.

(Zu Abs. I Ziff. 4.)

I *Die Bestimmung über die Steuerbefreiung der Genossenschaften hat gegenüber der Fassung im Art. 3 Abs. I Ziff. 3 des **bisherigen Gewerbsteuergesetzes** eine Änderung erfahren, die indessen in der Hauptsache lediglich redaktioneller Natur ist. Sie weicht bewußt ab von der im Körperschaftssteuergesetz (§ 4) getroffenen Regelung der Steuerpflicht und Steuerbefreiung der Erwerbs- und Wirtschafts-Genossenschaften, wonach ein — die Steuerpflicht begründender — Gewerbebetrieb bei den Genossenschaften nicht vorliegt, wenn der Geschäftsbetrieb sich auf den Kreis der Mitglieder beschränkt. Die Befreiung der Genossenschaften von der Körperschaftssteuer erstreckt sich demgemäß bei Beschränkung des Geschäftsbetriebs auf den Kreis der Mitglieder auch auf die soge-*

nannten Konsumvereine, d. h. Vereine zum gemeinsamen Ankauf von Lebens- und hauswirtschaftlichen Bedürfnissen im Großen und Ablaß im Kleinen. Für die Landesertragsteuer (Gewerbsteuer) soll es beim bisherigen Rechte verbleiben, wonach die Steuerbefreiung nur den Genossenschaften, die die ausschließliche und unmittelbare Förderung des Erwerbs (nicht der Hauswirtschaft) ihrer Mitglieder durch gemeinschaftlichen Geschäftsbetrieb bezwecken, zustehen soll. Die Konsumvereine fallen daher nach wie vor nicht unter die Befreiungsbestimmung des Art. 3 Abs. I Ziff. 4.

II *Unter den Genossenschaften im Sinne des Gesetzes waren schon bisher alle Gesellschaften von nicht geschlossener Mitgliederzahl zu verstehen, die nach ihrem Zwecke der Begriffsbestimmung im § 1 Abs. I des Gesetzes über die Erwerbs- und Wirtschafts-Genossenschaften vom 20. Mai 1898 — mit Ausschluß der hauswirtschaftlichen Zwecke — entsprechen, ohne Rücksicht darauf, ob sie durch Eintragung Rechtsfähigkeit erworben haben oder nicht. Diese Absicht des Gesetzes noch zu verdeutlichen, bezweckt die Einfügung der Worte „und Wirtschaftsverbände" im Eingang der Ziffer 4 des Art. 3 Abs. I.*

III *Unter die Genossenschaften und Wirtschaftsverbände im vorstehenden Sinne werden in der Regel fallen: Rohstoff-, Einkaufs-, Vorschuß- und Kredit-, Absatz-, Magazin-, Lagerhaus-, Winzer-, Tabakbau-, Obstverwertungs-, Molkerei-, Werkgenossenschaften; letztere sind Genossenschaften zur gemeinschaftlichen Anschaffung und Benützung landwirtschaftlicher und gewerblicher Maschinen, Geräte usw. Auch die Handwerker-Wirtschaftsverbände werden in der Regel hierher gehören. Die Befreiung solcher Genossenschaften und Wirtschaftsverbände ist aber dadurch bedingt, daß sie keinen gewerblichen Gewinn anstreben — hierüber zu vgl. Abs. VII — und daß sie die ihrem besonderen Genossenschaftszweck entsprechende Tätigkeit auf den Kreis ihrer Mitglieder beschränken. Eine geringfügige, eine zufällige oder nur durch außerordentliche Verhältnisse veranlaßte Ausdehnung der dem besonderen Genossenschaftszweck entsprechenden Tätigkeit über den Kreis der Mitglieder hinaus, z. B. einer Obstverwertungsgenossenschaft durch Einkäufe bei Nichtmitgliedern im Falle einer Mißernte, einer Molkereigenossenschaft durch Ankauf von Milch im Falle verminderten Viehstandes infolge Futtermangels oder Viehseuchen, einer Rohstoffgenossenschaft durch Abgabe der Waren an Nichtmitglieder wegen zufällig drohenden Verderbens der Waren, soll für sich allein noch nicht die Steuerbefreiung aufheben.*

IV *Bezüglich der übergeordneten Verbände von Genossenschaften der im Art. 3 Ziff. 4a bezeichneten Art gelten an sich für die Steuerbefreiung die gleichen Grundsätze wie für die Genossenschaften selbst. Es ist aber zu beachten, daß die übergeordneten Verbände zur Erfüllung ihres Zweckes vielfach über den Kreis ihrer Mitglieder hinausgreifen müssen. Insoweit sich dies Hinausgreifen im Rahmen des Genossenschaftszwecks hält, steht es der Steuerbefreiung nicht entgegen.*

V *Den gemeinnützigen Baugenossenschaften sind die rechtsfähigen gemeinnützigen Bauvereinigungen (§ 33 Abs. III des Haussteuergesetzes) gleich zu erachten und zu behandeln. Der Geschäftsbetrieb soll zwar grundsätzlich auf die Herstellung von Wohnungen für Mitglieder der Genossenschaft beschränkt sein, doch soll die Ausdehnung auf Nichtmitglieder, soweit dadurch nicht das Vorliegen spekulativer Absichten erwiesen wird, die Steuerbefreiung nicht ausschließen.*

VI *Für die Beurteilung der Steuerbefreiung ist, wie schon bisher, der tatsächliche Betrieb der Genossenschaft und des übergeordneten Verbands maßgebend; die Firmenbezeichnung und der Inhalt der Satzungen haben nur als Anhaltspunkte zu dienen.*

VII *Im Absatz II der Ziffer 4 des Art. 3 Abs. I ist nunmehr zur Beseitigung von Zweifeln ausdrücklich bemerkt, daß nicht bloß die Genossenschaften, sondern auch die übergeordneten Verbände, die einen gewerblichen Gewinn anstreben, von der Gewerbsteuer nicht befreit sind. Ein gewerblicher Gewinn ist anzunehmen, wenn er bei einer auf dem Grundsatze der gegenseitigen Hilfe beruhenden Genossenschaft durch Geschäfte erzielt wird, die über diesen Zweck hinausgreifen, oder durch Geschäfte, die, abgesehen von den durch die Verwaltung bedingten Vorbereitungs- oder Vermittelungshandlungen, bei übergeordneten Verbänden in einer über den Verbandszweck hinausgreifenden Weise (zu vgl. Abs. IV oben) mit Nichtmitgliedern der Genossenschaft abgeschlossen werden, oder wenn es überhaupt in dem Zwecke der Genossenschaft liegt, ein Gewerbe zu treiben. Die Verteilung eines Gewinns, der einer nur mäßigen Verzinsung der Einzahlungen der Mitglieder auf ihre Geschäftsanteile entspricht, rechtfertigt bei den im Art. 3 Abs. I Ziff. 4 aufgeführten Genossenschaften für sich allein noch nicht die Annahme, daß sie gewerblichen Gewinn anstreben. Hiernach ist insbesondere auch die Steuerpflicht der Vorschuß- und Kreditvereine zu beurteilen; diese werden namentlich bei ausgedehntem bankähnlichen Betriebe steuerpflichtig sein.*

Bek. § 5.

(Zu Abs. II.)

I *Die im bisherigen Gewerbsteuergesetz im Art. 3 Abs. III vorgesehene vormerkungsweise Veranlagung der vom Reiche betriebenen Gewerbe ist im Hinblick auf §§ 3 und 6 des Reichsbesteuerungsgesetzes vom 15. April 1911 (RGBl. S. 187) niemals praktisch geworden. Die Bestimmung ist daher in dem gegenwärtigen Gesetz gestrichen worden. Dagegen ist zur Aufrechterhaltung der Umlagenpflicht des Staates für die von ihm betriebenen Gewerbe zugunsten der Gemeinden und Gemeindeverbände (zu vgl. Art. 9, 10 Abs. I und II, Art. 26 Abs. II und Art. 30 Abs. II des Gesetzes vom 30. Juni 1921 zum Vollzuge des Landessteuergesetzes vom 30. März 1920, GVBl. S. 361) die vormerkungsweise Veranlagung der Steuer für die vom Staate betriebenen Gewerbe beibehalten worden.*

II *Die vom Staate betriebenen Verkehrsanstalten (zu vgl. § 1 Abs. I oben) fallen im Hinblick auf Art. 1 Abs. II Ziff. 3 nicht unter Art. 3 Abs. II.*

III *Die bayerische Staatsbank und die übrigen gewerblichen Staatsbetriebe sind zwar gemäß Art. 3 Abs. I Ziff. 1 gewerbsteuerfrei, jedoch gemäß Art. 3 Abs. II zur Begründung der Umlagenpflicht vormerkungsweise und zwar sowohl mit Betriebskapitalsanlage als auch mit Ertragsanlage zu veranlagen. Gleiches gilt von der Reichsbank und ihren Zweiganstalten. Eine sachliche Änderung ist hinsichtlich der vormerkungsweisen Veranlagung der Gewerbsteuer gegen bisher nicht eingetreten.*

IV *Als besondere Betriebsleitungen des Staates im Sinne des Art. 3 Abs. II gelten z. B. das Hofbrauamt, im Bergbau- und Hüttenbetriebe die Berg- und Hüttenämter, in der Salinenverwaltung die einzelnen Salinenämter und das Berg- und Salinenamt, die Staatsbank, nicht aber die einzelnen Bankniederlassungen.*

V *Für die Gemeinden hat das Gesetz, wie auch nach bisherigem Recht, eine Gewerbsteuerfreiheit nicht eingeräumt. Ob ein gewerbsteuerpflichtiger Betrieb vorliegt oder nicht, ist nach den Verhältnissen des einzelnen Falles zu beurteilen. Nicht gewerbsteuerpflichtig sind alle gemeindlichen Unternehmungen, die nicht auf einen gewerblichen Gewinn abzielen, sondern vorwiegend öffentlichen, gemeinnützigen oder wohltätigen Zwecken unmittelbar zu dienen bestimmt sind. Dazu werden in der Regel gehören: Volksbäder, Asyle, Schlachthäuser, Viehhöfe, Markthallen, Vernichtungsanstalten, Anstalten für Beerdigungswesen, Stellenvermittelung, gemeindliche Straßenreinigung, Unratabfuhr, Volksküchen, Suppenanstalten, Sparkassen, Pfand- und Leihhausbetriebe, gemeindliche Lotterieunternehmungen bei Volksfesten, Wasserleitungs- und Kanalisationsunternehmungen. Dagegen wird es bei gemeindlichen Beleuchtungs-, Krafterzeugungs- oder Verkehrsunternehmungen darauf anzukommen haben, ob die Gemeinnützigkeit oder der Erwerbszweck vorwiegt. Soweit Gemeinden durch ihre gewerblichen Unternehmungen die Deckung des eigenen Bedarfs besorgen, gelten diese Unternehmungen nicht als Gewerbebetriebe, da die Beschaffung des eigenen Bedarfs begriffsmäßig kein Gewerbebetrieb ist. Trambahnunternehmungen, Kuranstalten werden regelmäßig gewerbsteuerpflichtig sein.*

Abs. I Ziff. 1 u. 2 unverändert gegenüber dem RE. und dem Ges. von 1910/18; ein im Ausschuß gestellter Antrag „Dr. Hiller", Ziff. 2 zu streichen, wurde zurückgezogen. Ziff. 3 unverändert gegenüber dem RE., neu gegenüber dem bish. Gesetz.

In Ziff. 4 hielt der RE. die Ziff. 3 des bish. Ges. mit einer mehr redaktionellen Änderung hinsichtlich der übergeordneten Verbände aufrecht; auf Antrag „Donderer" erhielt die Ziffer die nunmehrige Fassung. Ein Antrag „Dr. Hiller" (Mitt.-P.), auch die Handwerkerwirtschaftsvereine als gewerbsteuerfrei aufzunehmen und die GewStPflicht der Konsumvereine ausdrücklich auszusprechen, wurde abgelehnt, ebenso ein Antrag „Ackermann" (M. S. P.) auf Steuerfreilassung der Konsumvereine.

Abs. II unverändert gegenüber dem RE.; die im bish. Ges. (Abs. III) vorgesehene Einbeziehung der Betriebe des Reiches unter die vormerkungsweise Veranlagung wurde aufgegeben (StB. S. 469, 473).

1. Reich: Bek. § 3 I Ringelmann-Mühlfeld S. 41 Z. 2.

2. Staat: Bek. § 3 II Ringelmann-Mühlfeld S. 42 Z. 3.

3. Reichsbank: § 21 des Bankges. vom 14 März 1875 (RGBl. S. 177). Heranziehung zu den Gemeindesteuern statthaft. Ebenso Ringelmann-Mühlfeld S 43 Z. 4.

Sonstige gemischtwirtschaftliche Unternehmungen: Bek. § 3 III.

4. Landwirtschaftsbank: Bek. § 3 IV Ringelmann-Mühlfeld S. 43 Z. 5.

5. Genossenschaften: Bek. § 4. Die Gewerbesteuerfreiheit der Genossenschaften, Wirtschaftsverbände (Bek. § 4 II und III) und ihr übergeordneten Verbände erstreckte sich — und erstreckt sich auch jetzt — soweit wie deren Einkommensteuerfreiheit nach dem alten bayerischen EStG. von 1910 (Art. 4 Ziff. 9). Sachlich geändert von Bedeutung ist nur, daß der steuerrechtlich unschädliche Zinsfuß der Baugenossenschaften auf 5% erhöht wurde und ausdrücklich betont ist, daß auch bei den „übergeordneten Verbänden" das Anstreben eines gewerblichen Gewinnes die Befreiung ausschließt, ferner, daß bei diesen nunmehr ebenfalls Voraussetzung der Steuerfreiheit ist, daß sich ihre Tätigkeit auf den Kreis ihrer Mitglieder beschränkt (vgl. jedoch hiezu Bek. § 4 IV). Die umfangreichen Erläuterungen Breunigs in seinem Kommentar zum EStG., die auch eine eingehende Darlegung der historischen Entwicklung geben (S. 39—53 Anm. 13 bis 24) bleiben daher nach wie vor verwertbar. Aus der Rechtsprechung der OVG., die Breunig noch nicht verwerten konnte, seien folgende Leitsätze nachgetragen:

a) **„Förderung des Erwerbs** (nicht der Hauswirtschaft)“ (Bek. § 4 I): erfüllt, auch wenn für die Genossen Kohlen und Mehl beschafft werden, wenn die beschafften Mengen sich nur im Rahmen des Bedarfs der Betriebe halten. OVG. XIII, 204, XV, 85. a. M. (allerdings ohne nähere Begründung) Ringelmann-Mühlfeld S. 47 unter Bezugnahme auf OVG. X, 85.

b) **„Ausdehnung über den Kreis der Mitglieder“** (Bek. § 3 III): als unschädlich wurde erachtet von Seiten eines Kreditvereins die Hereinnahme von Geldern von Nichtgenossen insoweit, als diese nötig waren, um das Kreditbedürfnis der Mitglieder zu befriedigen, ferner die Einlegung überflüssiger Mittel bei Bankanstalten und vereinzelte Darlehensgabe an Nichtgenossen (OVG. XV, 207), ferner Rohstoffbezug bei Mißernten OVG. XX, 115. Dagegen wurde die Steuerpflicht bejaht bei einer Lieferungsgenossenschaft von Schneidern, die während des Krieges längere Zeit Nichtgenossen fast in demselben Umfang wie ihren Genossen Heereslieferungen vermittelte (OVG. XX, 15).

c) **„Übergeordnete Verbände“** (Bek. § 4 IV): die eingeräumte Vergünstigung ist zwar von einer „bestimmten“ rechtlichen Form nicht abhängig (sie kann auch einem rechtsfähigen Verein zustehen: OVG. XIV, 41) aber die Form muß derart sein, daß sie kein wesentliches Begriffsmerkmal einer Genossenschaft (z. B.: unbegrenzte Zahl der Mitglieder) vermissen läßt. Aktiengesellschaften entsprechen dieser Begriffsbestimmung nicht (OVG. XIV, 151). Kein Verlust der Vergünstigung für den übergeordneten Verband, weil entgegen seiner Absicht eine angeschlossene Genossenschaft durch Gestaltung ihres Betriebes gewerbesteuerpflichtig wird (OVG. XVI, 92).

d) **Baugenossenschaften** (Bek § 4 V und VI): Voraussetzung der steuerlichen Begünstigung ist, daß der satzungsgemäß festgelegte Zinsfuß (jetzt 5 %) auch tatsächlich innegehalten wird (OVG. XVIII, 18 (vgl. auch e). Über den Begriff „gemeinnützig“ vgl. d. Gesetzes. dahin, in Art. 16 d. G. d. Landeskulturrentenanstalt betr. v. 31. März 1908 (GVBl. S. 235).

e) **„Anstreben eines gewerblichen Gewinnes“** (Bek. § 4 VII mit III): Verneint: bei Baugenossenschaften das bloße Vermieten von Gebäuden zu Wohn- und Betriebszwecken (OVG. XVIII, 18); bei Vorschußvereinen Ausführung vereinzelter Effekten und allgemeiner Geldgeschäfte (XV, 98), bei landwirtschaftlichen Genossenschaften der im Rahmen ihrer Aufgabe sich haltende Güterhandel (XIV, 201). Dagegen: gewerbsmäßiger Betrieb eines Bankgeschäftes durch einen Kreditverein (XV, 243). Siehe auch XVI, 281 (landwirtschaftliche Genossenschaftsbrennerei) XVIII, 18 (Betrieb einer Bierwirtschaft durch eine Baugenossenschaft).

Wird bei einer Genossenschaft das Vorliegen eines Gewerbebetriebes bejaht (wie z. B. bei dem Kreditverein, der ein Bankgeschäft betreibt), dann sind auch solche Teile der Einkünfte als gewerbliche Einkünfte und Erträge steuerbar, die wie das bei Einnahmen aus Hausbesitz der Fall ist, mit dem Gewerbebetrieb nicht in unmittelbarem Zusammenhang stehen (XV, 243). Dagegen begründet, wenn sonst die Voraussetzungen der Steuerfreiheit erfüllt sind, ein gewerblicher Nebenbetrieb von nebensächlicher Bedeutung noch nicht die Steuerpflicht der Genossenschaft (XVIII, 18). Vgl. auch Anm. 4 a zu Art. 1 und Anm. 2 zu Art. 2.

6. **Vormerkungsweise Veranlagung:** Bek. § 5 vgl. ferner Hammer (München J. Schweitzer Verlag 1921).

Art. 4.[1][2])

I Das Gewerbe ist, auch wenn es von mehreren Personen gemeinschaftlich betrieben wird, einheitlich als ein einziges Gewerbe zu veranlagen; die Unternehmer gelten als Gesamtschuldner der Steuer [3]).

II Mehrere Gewerbe desselben Unternehmers werden einheitlich wie ein einziges Gewerbe veranlagt [4]).

Bek. § 6.

I *Die Bestimmung ist unverändert aus dem bisherigen Gewerbsteuergesetz übernommen. Sachliche Änderungen haben sich nicht ergeben. Insbesondere verbleibt es auch für die offenen Handelsgesellschaften und die einfachen Kommanditgesellschaften bei der einheitlichen Veranlagung der Gesellschaft zur Gewerbsteuer. Einheitlich zu veranlagen sind auch offene Handelsgesellschaften, die sich in Liquidation befinden, so lange sie noch ein Gewerbe betreiben. Eine einheitliche Veranlagung kann aber auch z. B. dadurch veranlaßt sein, daß etwa mehrere Ärzte als Unternehmer gemeinschaftlich ein Sanatorium gewerbsmäßig betreiben.*

II *Art. 4 Abs. II ist auch dann anzuwenden, wenn mehrere Gewerbe von einem und demselben Unternehmer unter verschiedenen Firmen betrieben werden.*

Unverändert gegenüber dem RE. und Art. 4 des bisher. Ges. (StB. S. 469, 473).

1. **Wirkung des Eintritts oder Ausscheidens von Teilhabern der offenen Handelsgesellschaft auf den Stand der Einkommens- oder Ertragsquelle** OBK XVIII, 136, XIX, 24.

2. Kuxe einer Gewerkschaft als gewerbliches Betriebskapital einer A.G., die sämtliche Kuxen der Gewerkschaft besitzt. OVK. XX, 134.

3. **Gesamtschuldner:** Abweichung v. § 80 II AO Ringelmann-Mühlfeld S. 53 Z. 3.

4. Zu Abs. II. Verstoß gegen § 9 LStG. und unbeachtlich. A. M. Ringelmann-Mühlfeld S. 54 Z. 4.

Art. 5.

[1]) I Mit dem Gewerbe des Ehemanns ist ein von dessen Ehefrau selbständig betriebenes Gewerbe ohne Rücksicht auf den ehelichen Güterstand einheitlich zu veranlagen.

II Im Falle einheitlicher Veranlagung gelten die Ehegatten als Gesamtschuldner der Steuer, wenn nicht nachgewiesen wird, welches Betriebskapital und welcher Ertrag auf das Gewerbe der Ehefrau treffen; in diesem Falle haftet die Ehefrau nur für den hierauf entfallenden Teil der Steuer.

III Die einheitliche Veranlagung hat zu unterbleiben, wenn die Ehegatten dauernd getrennt leben.

IV Beginn und Dauer der einheitlichen Veranlagung bemessen sich nach dem Reichseinkommensteuergesetz²).

Bek. § 7.

I Ohne Änderung der bisherigen Gesetzesbestimmung im Art. 5 Abs. I—III. Die Ehefrau ist bei bestehender Ehe für ein von ihr selbständig betriebenes Gewerbe nur dann selbständig zu veranlagen, wenn sie dauernd vom Ehemann getrennt lebt. Eine dauernde Trennung ist anzunehmen, wenn die Ehegatten die häusliche Gemeinschaft aufgegeben haben und wenn nach den Umständen zu folgern ist, daß sie nicht die Absicht haben, sie wiederherzustellen. Als solche Trennung gilt für sich allein nicht die Abwesenheit des einen Ehegatten auf einer längeren Reise oder in einer Pflegeanstalt u. dgl.

II Der Abs. IV des Art. 5 dient der dem ganzen Gesetz zu Grunde liegenden tunlichsten Angleichung an die Bestimmungen des Reichseinkommensteuergesetzes zur Vereinfachung der Steuerveranlagung. (Zu vgl. § 16 Abs. 1 des Reichseinkommensteuergesetzes vom 29. März 1920 / 24. März 1921).

Unverändert gegenüber dem RE. (StB S. 469, 473); Abs. I—III unverändert gegenüber Art. 5 des bisher. Ges. Abs. IV ist neu.

1. Vgl. Breunig zu Art. 9 des BEStG. und die Kommentare zu 16 I REStG.

2. Die Regelung des Art. 5 ist nicht vollkommen kongruent mit der des § 16 REStG.

a) Bleibt die getrenntlebende Ehefrau Mitinhaberin des Gewerbebetriebes des Ehemanns, so bewendet es nach Gewerbesteuerrecht bei der einheitlichen Veranlagung nach Art. 5 I (so auch schon hinsichtlich des bisherigen Rechts Breunig S. 185 Anm. 3). Nach Reichsrecht ist sie zur ESt. gesondert auch für ihr Gewerbeeinkommen zu veranlagen

b) Es lassen sich Fälle denken, in denen eine nicht im Gewerbe des Mannes tätige, aber sonst nicht getrennt von ihm lebende Frau Arbeitseinkommen aus einem diesem fremden Geschäftsbetriebe bezieht, das zwar gesondert als Einkommen im Sinne des REStG. (§ 16 Abs. I letzter Satz REStG.) aber gemeinsam als Einkommen aus dem Gewerbebetriebe nach Art. 5 des bayer. Gesetzes zu veranlagen ist, z. B.: die Frau ist Gehaltsempfängerin und Gesellschafterin einer offenen Handelsgesellschaft, an der ihr Mann nicht beteiligt ist.

c) Dagegen nötigt der Wortlaut der Definition des „Getrenntlebens“ der Bekanntmachung, der sich wörtlich mit der Definition des § 13 der VB. zum bayer. EStG. 1910 deckt nicht dazu, diesen Begriff anders zu verstehen als er von der Rechtsprechung zum preußischen EStG., dem die Fassung des REStG. nachgebildet ist, verstanden wurde. Insbesondere wird man davon ausgehen dürfen, daß wenn auch „für sich allein“ die Abwesenheit eines Ehegatten in einer Pflegeanstalt noch nicht genügt, um ein Getrenntleben zu begründen, wohl aber den Aufenthalt, der sich etwa wegen unhaltbarer Geisteskrankheit auf Lebensdauer oder doch mindestens auf viele Jahre (unbestimmter Zeitraum) erstrecken wird, hiezu ausreicht.

II. Veranlagungsmaßstab, Steuertarif und Steuerermäßigungen.

Art. 6.

I Die Gewerbsteuer setzt sich aus einer Betriebskapitalsanlage und einer Ertragsanlage zusammen.

II Den Maßstab für die Betriebskapitalsanlage bildet der Wert des Betriebskapitals (des Betriebskapitals im engeren Sinne und des Anlagekapitals, Art. 8, 9).

III Den Maßstab für die Ertragsanlage bildet der gewerbliche Reinertrag (Art. 10).

IV Werden von einem Gewerbtreibenden zum Zwecke des Absatzes der Erzeugnisse des eigenen Geschäftsbetriebs oder zur Ausdehnung eines Handelsgewerbes mehr als ein Verkaufsladen oder mehr als eine ständige Niederlage zum Warenverkaufe gehalten, so ist für jeden weiteren Verkaufsladen und jede weitere ständige Niederlage die Betriebskapitalsanlage um einen Zuschlag von fünf vom Hundert zu erhöhen. Auf Konsumvereine und auf die im Art. 3 Abs. I Ziff. 4 aufgeführten Genossenschaften und übergeordneten Verbände findet diese Vorschrift keine Anwendung.

Art. 7.

I Die Betriebskapitalsanlage beträgt

für die ersten	3,000 ℳ	des Wertes des steuerbaren gewerblichen Betriebskapitals	0,75	vom Tausend
" " folgenden	5,000 "		0,80	" "
" " weiteren	10,000 "		0,85	" "
" " "	10,000 "		0,90	" "
" " "	10,000 "		0,95	" "
" " "	Beträge "		1,00	" "

II Die Ertragsanlage beträgt

für die ersten	3,000 ℳ	des steuerbaren gewerblichen Reinertrags	0,25	vom Hundert
" " folgenden	2,000 "		0,50	" "
" " weiteren	2,000 "		0,75	" "
" " "	1,000 "		1,00	" "
" " "	1,000 "		1,10	" "
" " "	1,000 "		1,20	" "
" " "	1,000 "		1,30	" "
" " "	1,000 "		1,40	" "
" " "	18,000 "		1,50	" "
" die weiteren	Beträge		1,55	" "

III Das steuerbare gewerbliche Betriebskapital ist auf volle Tausend, der steuerbare gewerbliche Reinertrag auf volle Hundert nach unten abzurunden. Die hiernach sich berechnende Betriebskapitalsanlage und Ertragsanlage sind ebenfalls auf volle Mark nach unten abzurunden.

2) IV Betriebskapitals- und Ertragsanlage dürfen — von den Zuschlägen nach Art. 6 Abs. IV und Art. 19 abgesehen — zusammen bei den natürlichen Personen zwei vom Hundert, bei den juristischen Personen und nichtrechtsfähigen Vereinen zweieinhalb vom Hundert des steuerbaren Reinertrags nicht übersteigen.

Bek. § 8.

(Zu Art. 6 und 7.)

I *Die Zusammensetzung der Gewerbsteuer nach dem doppelten Maßstab des Wertes des Betriebskapitals einerseits und des gewerblichen Reinertrags andererseits wurde beibehalten. Dagegen haben die Steuersätze — abgesehen von der Einbeziehung der zuletzt erhobenen 100%igen Zuschläge in den normalen Steuersatz — durch Einführung der Staffelung sowohl bei der Betriebskapitalsanlage als auch bei der Ertragsanlage eine wesentliche Umgestaltung erfahren. Zur Vereinfachung der Steuerberechnung sind Hilfstafeln für die Betriebskapitalsanlage und für die Ertragsanlage als Anlagen 1 und 2 angefügt.*

II *Die bisherige erhöhte Betriebskapitalsanlage zur Bemessung der Umlagenpflicht bei den sogenannten ertragsschwachen Betrieben (Art. 6 Abs. II mit Tarif 3 des Gesetzes vom 14. August 1910 / 17. August 1918) ist in Wegfall gekommen.*

III *Aufrecht erhalten ist gemäß Art. 6 Abs. IV der sogenannte Filialenzuschlag (Art. 6 Abs. III des bisherigen Gesetzes), jedoch ist die bisher zugunsten der Konsumvereine vorgesehene Ausnahme von der Erhöhung der Betriebskapitalsanlage um den 5%igen Zuschlag nunmehr auch auf die im Art. 3 Abs. I Ziff. 4 aufgeführten Genossenschaften und übergeordneten Verbände, soweit sie überhaupt zu besteuern sind, ausgedehnt.*

IV *Die Vorschrift im Art. 6 Abs. IV (Filialenzuschlag) bezieht sich nicht auf jede Art von Betriebsstätten, sondern nur auf Verkaufsläden und ständige Niederlagen zum Warenverkaufe. Dazu gehören auch die Schank- und Bierverkaufsstellen der Bierbrauereien. Niederlagen, die lediglich der Lagerung von Waren, nicht aber dem Warenverkaufe zu dienen bestimmt sind, ebenso Verkaufsläden und ständige Niederlagen zum Warenverkaufe, bezüglich deren nicht der Gewerbetreibende selbst als Unternehmer im Sinne des Art. 2 Abs. I in Betracht kommt, sondern die von anderen Personen auf eigene Rechnung, etwa infolge eines Pachtverhältnisses, gehalten werden, ferner Filialen, die außerhalb Bayerns gelegen sind, fallen nicht unter Art. 6 Abs. IV; ebenso nicht vereinzelt aufgestellte Automaten. Art. 6 Abs. IV bezieht sich im Hinblick auf Art. 1 Abs. II Ziff. 2 auch nicht auf Wanderlager. Der Filialenzuschlag ist aus dem Gesamtbetrage der Betriebskapitalsanlage, nicht bloß aus dem auf den Filialbetrieb entfallenden Teilbetrage der Betriebskapitalsanlage zu berechnen; er wird auch der Umlagenberechnung zugrunde gelegt, auch wenn die Gemeinde noch eine besondere Filialsteuer gemäß Art. 7 Abs. III des Vollzugsgesetzes vom 30. Juni 1921 zum Landessteuergesetz (GVBl. S. 361 ff.) erhebt. Bei der nach Art. 7 Abs. IV des Gewerbsteuergesetzes vorzunehmenden Berechnung (s. § 9) bleiben die Zuschläge nach Art. 6 Abs. IV außer Berücksichtigung. Der Filialenzuschlag gilt für die Behandlung in der Steuerliste usw. als Teil der Betriebskapitalsanlage, er ist jedoch im Hinblick auf Art. 7 Abs. IV ziffermäßig ausgeschieden von der normalen Betriebskapitalsanlage vorzutragen.*

Bek. § 9.

(Zu Art. 7 Abs. IV.)

I *Die Bestimmung im Art. 7 Abs. IV sieht ein Höchstmaß der Steuer (Betriebskapitalsanlage und Ertragsanlage zusammengenommen) vor; sie ist als Schutzmaßnahme für die ertragsschwachen Betriebe gedacht, die bei verhältnismäßig hohem Betriebskapital nur einen geringen Ertrag erzielen. Zu beachten ist, daß das Höchstmaß der Steuer für die natürlichen Personen (mit 2 v. Hundert des steuerbaren Reinertrags) und für die juristischen Personen und nicht rechtsfähigen Vereine (mit $2^1/_2$ v. Hundert des steuerbaren Reinertrags) verschieden festgesetzt ist, ferner, daß ebenso wie die Zuschläge nach Art. 6 Abs. IV (§ 8 Abs. IV oben) auch allenfallsige Zuschläge nach Art. 19 bei der Berechnung des Steuerhöchstmaßes nicht mit einzurechnen sind.*

II *Gewerbebetriebe, bei denen ein steuerbarer Reinertrag sich nicht ergibt, werden zufolge der Bestimmung im Art. 7 Abs. IV auch mit einer Betriebskapitalsanlage nicht mehr besteuert werden können, also vollständige Steuerfreiheit genießen.*

III *Auf die Kürzung der Gesamtsteuer nach Art. 7 Abs. IV besteht für die Steuerpflichtigen ein Rechtsanspruch, der gegebenenfalls auch im Rechtsmittelverfahren verfolgbar sein muß. Die Gesetzesbestimmung stellt sich daher nicht als eine bloße Steuerberechnungsvorschrift dar, sondern als eine Steuerermäßigungsbestimmung, über deren Anwendung gemäß Art. 21 Abs. II der Ausschuß Beschluß zu fassen hat.*

IV *Die nach Art. 7 Abs. IV sich ergebende Kürzung der Steuer hat zunächst an der Ertragsanlage und, soweit diese hiefür nicht zureicht, an der Betriebskapitalsanlage zu erfolgen. In der Steuerliste usw. ist die Kürzung ziffermäßig geeignet auszuzeigen.*

V *Beim Zusammentreffen der Voraussetzungen des Art. 7 Abs. IV und des Art. 12 ist zunächst die Ermäßigung nach Art. 12 durchzuführen und sodann die Kürzung nach Art. 7 Abs. IV auf der Grundlage des steuerbaren Reinertrags, auch wenn für diesen die Ertragsanlage außer Ansatz zu bleiben hat, zu bewerkstelligen.*

Berechnungs-Beispiele:

a) Natürliche Personen:

1. Betriebskapital:	*150000 ℳ*	*= 145 ℳ*	*Betriebskapitalsanlage*
steuerbarer Reinertrag:	*11000 ℳ*	*= 78 ℳ*	*Ertragsanlage*
Gesamt-Gewerbsteuer:		*223 ℳ*	
Steuerhöchstmaß nach Art. 7 Abs. IV:		*220 ℳ*	*(= 2% des steuerbaren Reinertrags v. 11000 ℳ)*
Steuer zu kürzen um:		*3 ℳ*	

und zwar an der Ertragsanlage, somit Steuerschuldigkeit:
145 ℳ Betriebskapitalsanlage und 75 ℳ Ertragsanlage.

2. Betriebskapital: 1875000 ℳ = 1870 ℳ Betriebskapitalsanlage
steuerbarer Reinertrag: 75000 ℳ = 1059 ℳ Ertragsanlage
Gesamt-Gewerbsteuer: 2929 ℳ
Steuerhöchstmaß nach Art. 7 Abs. IV: 1500 ℳ (= 2% des steuerbaren Reinertrags v. 75000 ℳ)
Steuer zu kürzen um: 1429 ℳ

und zwar an der Ertragsanlage 1059 ℳ, Rest zu 370 ℳ an der Betriebskapitalsanlage, somit Steuerschuldigkeit 1500 ℳ Betriebskapitalsanlage — ℳ Ertragsanlage.

3. Betriebskapital: 11000000 ℳ = 10995 ℳ Betriebskapitalsanlage
steuerbarer Reinertrag: 10000 ℳ = 65 ℳ Ertragsanlage
Zuschlag für 20 Filialen (5 × 20 = 100%): 10995 ℳ
Gesamt-Gewerbsteuer: 22055 ℳ
Steuerhöchstmaß: 200 ℳ (= 2% des steuerb. Reinertrags von 10000 ℳ)
10995 ℳ (= Filialzuschlag)
11195 ℳ
Steuer zu kürzen um: 10860 ℳ

und zwar 65 ℳ an der Ertragsanlage, Rest zu 10795 ℳ an der Betriebskapitalsanlage, Gesamtsteuerschuldigkeit
200 ℳ Betriebskapitalsanlage
10995 ℳ Filialzuschlag
11195 ℳ wie oben.

b) Juristische Personen:

Betriebskapital: 1125000 ℳ = 1120 ℳ Betriebskapitalsanlage
Ertrag 75000 ℳ = 1059 ℳ Ertragsanlage
Gesamt-Gewerbsteuer: 2179 ℳ
Steuerhöchstmaß nach Art. 7 Abs. IV: 1875 ℳ (= 2,5 v. H. des steuerb. Ertrags von 75000 ℳ)
Steuer zu kürzen um: 304 ℳ

und zwar an der Ertragsanlage, Gesamtsteuerschuld 1120 ℳ Betriebskapitalsanlage und 755 ℳ Ertragsanlage.
X. X. im übrigen wie bei a.

c) Art. 7 Abs. IV und Art. 12:

1. Natürliche Personen:
Betriebskapital: 50000 ℳ = 45 ℳ Betriebskapitalsanlage
steuerbarer Reinertrag: 2000 ℳ = 5 ℳ Ertragsanlage
Gesamt-Gewerbsteuer: 50 ℳ
Steuerhöchstsatz nach Art. 7 Abs. IV: 40 ℳ (= 2% des steuerbaren Reinertrags v. 2000 ℳ)
Steuer zu kürzen um: 10 ℳ;

die Ertragsanlage fällt aus gemäß Art. 12; an der Betriebskapitalsanlage bleiben noch zu kürzen 5 ℳ; Steuerschuldigkeit 40 ℳ Betriebskapitalsanlage.

2. *Juristische Personen:*
Betriebskapital: 50000 M = 45 M Betriebskapitalsanlage
steuerbarer Reinertrag: 2000 M = 5 M Ertragsanlage
Gesamt-Gewerbsteuer: 50 M
Steuerhöchstmaß nach Art. 7 Abs. IV: 50 M (= 2,5 % des steuerb. Reinertrags v. 2000 M)
Steuer zu kürzen um: — M;
die Ertragsanlage zu 5 M fällt aus gemäß Art. 12; als Steuerschuldigkeit verbleibt die Betriebskapitalsanlage zu 45 M.

3. *Juristische Personen:*
Betriebskapital: 100000 M = 95 M Betriebskapitalsanlage
steuerbarer Reinertrag: 2000 M = 5 M Ertragsanlage
Gesamt-Gewerbsteuer: 100 M
Steuerhöchstmaß nach Art. 7 Abs. IV: 50 M (= 2,5 % des steuerb. Reinertrags v. 2000 M)
Steuer zu kürzen um: 50 M;
die Ertragsanlage zu 5 M fällt aus gemäß Art. 12; an der Betriebskapitalsanlage sind 45 M zu kürzen; Steuerschuldigkeit 50 M Betriebskapitalsanlage.

Der RE. schlug die Fassung des Art 6 des Ges. von 1910/1918 mit der Maßgabe vor, daß im letzten Satz des Abs. III nach „Auf Konsumvereine" eingesetzt werden solle „und auf die im Art. 3 Abs. I Ziff. 4 aufgeführten Genossenschaften und übergeordneten Verbände." Die als Anlagen 1 – 3 hiezu beigegebenen Tarife unterschieden sich von den nach dem bish. Gesetz — durch das Abänderungsgesetz vom 17. August 1918 (GVBl. S. 429) waren die Stufen 1 des Tarifs der Anlagen 1 und 2 des Ges. v. 1910 gestrichen worden — geltenden Tarifen zunächst insofern als sie den mit Ges. vom 16. August 1919 (GVBl. S. 566) bewilligten 100 %igen Zuschlag zur Betriebskapitals- und Ertragsanlage mit den entsprechenden Beträgen in die Steuersätze der Tarife einrechneten, die Steuersätze von 1910 mithin verdoppelten Außerdem sollte die Ertragsanlage, die nach dem Gesetz von 1910 (von den Erleichterungen für die Gewerbe mit Reinerträgen unter 14000 Mk. abgesehen) 0,7 % des Reinertrags und unter der Herrschaft der 100 %igen Zuschläge 1,4 % des Reinertrags wegsteuerte, bei Erträgen über 14000 Mk. auf 1,5 % des Reinertrags erhöht werden. (Bei der durch den 100 %igen Zuschlag von 0,7 vom Tausend auf 1,4 v. T. des Betriebskapitals erhöhten Betriebskapitalsanlage einschl. jener für die sog. ertragsschwachen Betriebe für Zwecke der Umlagenberechnung sollte es bei der Einrechnung des 100 %igen Zuschlags in den Normalsteuersatz sein Bewenden haben.)

Bei der Gesetzesberatung wurde ein Antrag „Häberlein-Dr. Dirr" (D.D.P.), der sich gegen die Einbeziehung des 100 %igen Zuschlags in den festen Steuersatz wandte, abgelehnt, dagegen ein Antrag „Donderer" (B.V.P.) angenommen, der den Art. 6. und 7 die nunmehrige Fassung gab.

Abs. I entspricht dem Art. 6 Abs. I, 1. Halbsatz des bish. Gesetzes; der 2. Halbsatz mit der Verweisung auf die Tarife als Gesetzesanlagen konnte, da die Tarife in Art. 7 hineingearbeitet wurden, wegfallen.

Abs. II und III ensprechen wörtlich dem Art. 7 des bish. Gesetzes, den der RE. gleichfalls als Art. 7 aufrecht erhalten wollte.

Abs. IV entspricht dem Art. 6 Abs. III bish. Gesetzes mit der Ergänzung nach Art. 6 Abs. III RE. (s. oben!).

Abgelehnt wurde u. A. auch ein Antrag „Dr. Hiller“, Warenhäuser als Gewerbebetriebe mit ebensovielen Verkaufsladen gelten zu lassen, als ihr Betrieb räumlich Stockwerke umfaßt (StB. S. 469/70, 473/74). [Ringelmann-Mühlfeld S. 59.]

1. **Filialenzuschlag:** Bek. § 8 IV. OVG. XV, 184; der Filialenzuschlag findet auf Betriebsstätten keine Anwendung, die Waren nur im Großen an Wiederverkäufer abgeben. Der Zuschlag entfällt auch bei Filialen, die von anderen Personen auf eigene Rechnung etwa auf Grund eines Pachtverhältnisses unterhalten werden. (Ebenso Ringelmann-Mühlfeld S. 63 Z. 5 b.) Es ist auch der Umlagenber. zugrunde zu legen: § 16 d. AusfAnw. z. G. v. 30. Juni 1921 (GVBl. 1922 S. 225 ff.), Hammer S. 155.

2. **Höchstbetrag der Steuer:** Bek. § 9.

3. **Gemeindliche Filialsteuer:** Art. 7 des VollzG. zum LStG. (GVBl. 1921 S. 361 ff.) s. o. S. 10, Hammer S. 56.

Darnach können die Gemeinden — nicht Bezirke und Kreise beschließen

a) daß gewerbliche Unternehmungen, deren Geschäftsbetrieb zur gewinnbringenden Verwertung größerer Betriebsmittel eine außergewöhnliche Ausdehnung hat und durch die Art des Geschäftsverfahrens von den Grundsätzen und Formen der üblichen Gewerbeausführung wesentlich abweicht, besondere Zuschläge zur Gewerbesteuer zu entrichten haben (Warenhaussteuer),

b) daß Gewerbetreibende, die im Gemeindebezirk, ohne in ihm ihren Wohnsitz oder Hauptbetriebssitz zu haben, Verkaufsstellen oder Lager unterhalten, von denen aus Waren zum Verkaufe abgegeben werden, zur Entrichtung besonderer Zuschläge zur GewSt. verpflichtet sind (Filialsteuer).

Die Zuschläge dürfen 200 %, im Falle b) für Gewerbebetriebe, die nicht unter a) fallen, 50 % der auf die Gemeinde treffenden Gewerbsteuer nicht übersteigen. Diese Zuschläge nach Art. 7 Vollz.G. werden neben der Gewerbsteuer und neben den hierauf nach dem VollzG. treffenden Umlagen erhoben; der Filialenzuschlag und die Umlagenerhebung hieraus wird durch sie gleichfalls nicht berührt (Ringelmann-Mühlfeld S. 64).

4. **Zu Art. 7 IV** und Bek. § 9: auch nach Ablauf der Rechtsmittelfrist Berichtigungsantrag möglich und gegen Ablehnung Beschwerde. (Art. 63 in Verb. mit § 74 RAO. Ringelmann-Mühlfeld S. 70 Z. 5).

Der Umlagenberechnung ist die nach Art. 7 Abs. IV gekürzte Gewerbsteuer zugrunde zu legen (Art. 10 Abs. III VollzG. z. LStG). Sind mehrere Gemeinden umlagenberechtigt, so werden die gekürzten Anlagen auf die anteilsberechtigten Gemeinden ausgeschieden (Art. 16 a. a. O.). Ist die Ertragsanlage vollständig weggekürzt, so hat es bei der Ausscheidung der (unter Umständen gleichfalls gekürzten) Betriebskapitalsanlage nach dem Werte der in den einzelnen Gemeinden befindlichen Bestandteile des Betriebskapitals sein Bewenden. Härten können sich hiebei durch den Fortfall des Voraus für jene Gemeinde, in der die Leitung des Gesamtbetriebes stattfindet, sowie infolge des Wegfalls der Härteausgleichsbestimmung nach § 24 Abs. 2 LStG. ergeben. (Ringelmann-Mühlfeld S. 70 Z. 6.)

Art. 8.[1])[2])

I Das Betriebskapital[3]) umfaßt sämtliche dem Gewerbebetriebe gewidmeten Gegenstände und Rechte mit Ausnahme jener, die der Grund- und Haussteuer unterliegen, sowie jener, aus deren Erträgnissen Kapitalertragsteuer an das Reich zu entrichten ist.

II Unter der Voraussetzung dieser Widmung sind insbesondere hierher zu rechnen:

1. benützbar gemachte Wasserkräfte nebst den zugehörigen Wasserbauten und Anlagen, Mineralquellen,
2. Maschinen, Werkzeuge, Gerätschaften, Vorräte an Kohlen, Holz, Petroleum usw.,
3. Tiere und Futtervorräte,
4. Realgewerbeberechtigungen, Urheber= und Patentrechte, Nießbrauchs=, Gebrauchs= und sonstige Nutzungsrechte,
5. Roh= und Hilfsstoffe einschließlich der in Bearbeitung befindlichen Stoffe und die zum Verkaufe bestimmten Vorräte an Erzeugnissen und Waren,
6. soweit nicht die Ausnahme nach Abs. I einschlägig ist, Vorräte an barem Gelde, Gold und Silber in Barren, Papiergeld, Banknoten, Wechseln, Wertpapieren, vom Gewerbebetriebe herrührende Ausstände einschließlich der Kontokorrentguthaben, Darlehensforderungen der Pfandbriefanstalten, der Darlehenskassen und der Kreditinstitute.

5) III An dem Werte der Gegenstände des umlaufenden Betriebskapitals (Abs. II Ziff. 5 und 6) dürfen die aus der Inanspruchnahme von Warenbezugskredit oder Bankkredit sowie alle sonstigen unmittelbar aus dem laufenden Geschäftsbetriebe herrührenden Kapitalsschulden abgezogen werden, insoweit sie nicht in Betriebskapitalbestandteilen ihre Deckung finden, aus deren Erträgnissen Kapitalertragsteuer an das Reich zu entrichten ist. Zu diesen Kapitalschulden zählen auch die Pfandbriefschulden der Pfandbriefanstalten, die solchen Pfandbriefschulden gleichstehenden Verbindlichkeiten der Darlehenskassen und Kreditinstitute und die Prämienreserven der Versicherungsanstalten. Im übrigen ist der Schuldenabzug an dem Werte des Betriebskapitals nicht gestattet.

6) IV Die Ausnahme des Abs. I gilt nicht, soweit Grundstücke und Gebäude wie Waren den Gegenstand des gewerbsmäßigen An= und Verkaufs bilden. In diesem Falle ist jedoch die Betriebskapitalsanlage um die Grund= und die Haussteuer zu kürzen, mit denen solche Grundstücke oder Gebäude veranlagt sind.

Bek. § 10.

I Der Grundsatz des bisherigen Rechts, daß das Betriebskapital sämtliche dem Gewerbebetrieb gewidmete Gegenstände und Rechte umfaßt, ist auch in das gegenwärtige Gewerbsteuergesetz unverändert übernommen worden. Die im Art. 8 Abs. I zur Vermeidung der Doppel-

besteuerung festgestellte Ausnahme, die sich auf die bereits der Grund- und Haussteuer unterliegenden Gegenstände und Rechte beschränkte, mußte jedoch im Hinblick auf die Reichsgesetzgebung eine wesentliche Erweiterung erfahren. Nach § 2 des Kapitalertragsteuergesetzes vom 29. März 1920 (RGBl. S. 345) sind die Kapitalerträge der Kapitalertragsteuer unterworfen ohne Rücksicht darauf, ob sie in einem land- oder forstwirtschaftlichen, oder gewerblichen Betriebe oder außerhalb eines solchen anfallen. Dem Umstande, daß die bisher von der bayerischen Kapitalrentensteuer befreiten, zum gewerblichen Ertrag gerechneten Erträgnisse aus gewerblichen Kapitalien nunmehr seitens des Reichs zum Besteuerungsobjekt gemacht worden sind, mußte im Hinblick auf § 2 des Landessteuergesetzes vom 30. März 1920 Rechnung getragen werden. Daher sind nunmehr auch jene Gegenstände und Rechte von der Einbeziehung in das gewerbliche Betriebskapital ausgenommen, aus deren Erträgnissen Kapitalertragsteuer an das Reich zu entrichten ist. Der Vorbehalt im Art. 8 Abs. II Ziff. 6 ist lediglich eine an sich selbstverständliche Folge der Ausnahme im Abs. I. Als weitere Folge dieser Ausnahme ergibt sich die Einschränkung im Art. 8 Abs. III bezüglich des Abzugs der abzugsfähigen Kapitalschulden, der nurmehr insoweit stattfinden darf, als diese Schulden nicht in Betriebskapitalbestandteilen ihre Deckung finden, aus deren Erträgnissen Kapitalertragsteuer an das Reich zu entrichten ist.

II *Durch die Fassung „aus deren Erträgnissen Kapitalertragsteuer an das Reich zu entrichten ist" im Abs. I und III des Art. 8 soll nicht etwa angedeutet sein, daß dem Gewerbebetrieb gewidmete Kapitalien dann zum gewerblichen Betriebkapital zahlen sollen, wenn zufällig in einem Jahr (z. B. wegen Ertraglosigkeit von Aktien) keine Kapitalertragsteuer zu entrichten ist, es soll vielmehr dadurch nur zum Ausdruck gebracht sein, daß nicht schlechthin alle an sich unter § 2 des Kapitalertragsteuergesetzes fallenden Kapitalanlagen nicht zum Gewerbebetriebskapital gehören, sondern daß von der Kapitalertragsteuer befreite Vermögensbestandteile (zu vgl. § 3 des Kapitalertragsteuergesetzes) der Einrechnung in das gewerbliche Betriebskapital unterliegen.*

III *Der in Abs. I oben erwähnten Einschränkung beim Schuldenabzug nach Art. 8 Abs. III steht eine sehr erhebliche Erweiterung gegenüber, die darin besteht, daß die aus der Inanspruchnahme von Warenbezugskredit oder Bankkredit sowie alle sonstigen unmittelbar aus dem laufenden Geschäftsbetrieb herrührenden Kapitalschulden nicht mehr wie bisher an dem Werte der in Ziff. 6 des Art. 8 Abs. II aufgeführten Bestandteile des Betriebskapitals und an der Hälfte des Wertes der Roh- und Hilfstoffe usw. (Ziff. 4 des bisherigen, Ziff. 5 des nunmehrigen Art. 8 Abs. II), sondern an dem vollen Werte der in Ziffer 5 und 6 aufgeführten Betriebskapitalsbestandteile abgezogen werden dürfen. Die Umstellung der bisherigen Ziffern 4 und 5 des Art. 8 Abs. II soll lediglich die Übersicht über die dem Schuldenabzug zugänglichen Gegenposten erleichtern; eine sachliche Bedeutung kommt der Umstellung nicht zu.*

IV *Die ausdrückliche Erwähnung der „Mineralquellen" unter den Bestandteilen des Betriebskapitals im Abs. II Ziff. 1 dient der Beseitigung in der Praxis beim Gesetzesvollzug aufgetretener Zweifel.*

V *Abgesehen von den vorstehenden Abweichungen sind die Grundsatze des Art. 8 unverändert geblieben. Es bleiben daher, soweit sich nicht aus dem Vorstehenden anderes ergibt, die Ausführungen in*

§§ 8—11 der VV. z. GewStG. vom 28. Mai 1911 und die hierzu ergangene Rechtsprechung auch fernerhin anwendbar. Ausdrücklich wird insbesondere bemerkt, daß an der Auslegung der Fassung im Art. 8 Abs. I „Gegenstände und Rechte mit Ausnahme jener, die der Grund- und Haussteuer unterliegen" in dem Sinne, daß im Einzelfalle auch befreite Gebäude (zu vgl. §§ 2 und 33 des Haussteuergesetzes) unter die Ausnahme fallen, eine Änderung nicht eingetreten ist.

Abs. I unverändert nach dem RE. Neu gegenüber dem Art 8 Abs. I GewStG. 1910/18 sind die Worte „sowie jener, aus deren Erträgnissen Kapitalertragsteuer an das Reich zu entrichten ist" Ein Antrag Tübel (U.S.P.), die Ausnahmen in Abs. I zu streichen, wurde abgelehnt.

Abs. II unverändert nach dem RE. Neu gegenüber dem bish. Gesetz ist in Ziff. 1 der Zusatz „Mineralquellen" und in Ziff. 6 der aus Abs. I sich ergebende Beisatz „soweit nicht die Ausnahme nach Abs. I einschlägig ist". Ferner wurden die Vorträge der Ziff. 4 und 5. umstellt.

Abs. III sollte nach dem RE. die Fassung gem. Art. 8 Abs III des bish. Ges. erhalten. Auf Antrag „Donderer" (B.V.P.) erhielt Satz 1 die nunmehrige Fassung. Satz 2 und 3 blieben unverändert.

Abs. IV unverändert nach dem RE. und gegenüber Art. 8 Abs. IV des bish. Ges. (StVS. 470, 474/5).

Die in § 10 V d. Bek. in Bezug genommenen § 8—11 d. VV. zum bayerischen GewStG. von 1919 lauten[1]):

§ 8.

(Art. 8 Abs. I.)

I Als Betriebskapital gelten — vorbehaltlich der Ausnahmevorschrift des Art. 8 Abs. I, § 8 Abs. IV — die sämtlichen dem Gewerbebetriebe gewidmeten Gegenstände und Rechte. Hierunter ist zu verstehen das gesamte in den einzelnen Betrieben werbende, zur Erzielung des gewerblichen Ertrags tatsächlich verwendete oder doch bestimmte Vermögen (das gewerbliche Vermögen), sonach das sog. stehende Betriebskapital (Anlagekapital, Gebrauchsgegenstände) und das umlaufende Betriebskapital (Betriebskapital im engeren Sinne, Veräußerungsgegenstände, Betriebsmittel).

II Als Gegenstände und Rechte im Sinne des Art. 8 Abs. I sind nur körperliche Sachen und verkehrsfähige Rechte zu betrachten. Wertanschläge für bloße Erwerbsmöglichkeiten und erwerbsfördernde Umstände, die nicht notwendig mit den Sachen und Rechten verbunden sind, wie z. B. die Lage eines Geschäfts, die Gewöhnung des Publikums, Verkehrszufälligkeiten, die Firma und die Kundschaft eines Geschäfts, eine persönliche Konzession, dann bloße Haftscheine, bedingte Berechtigungsurkunden für künftige Fälle, wie Urkunden über hypothekarische Kreditkautionen und Bürgschaftsurkunden, persönlicher Bankkredit und andere persönliche subjektive Momente, sind keine Betriebskapitalsbestandteile im Sinne des Abs. I und zwar auch dann nicht, wenn etwa ein Geschäfts-

---

1) Diejenigen Stellen der Vollzugsvorschriften, die infolge der Änderung des Gesetzes nicht mehr voll anwendbar erscheinen, sind durch Einklammerung gekennzeichnet. Im allgemeinen beruht die Nichtanwendbarkeit bezw. eingeschränkte Anwendbarkeit auf der in Abs. I vorgesehenen Ausnahme (Kapitalertragssteuer) und der sich demgemäß in Absatz III findenden Einschränkung hinsichtlich des Schuldenabzugs. Soweit die Nichtanwendbarkeit auch auf anderen Gründen beruht, ist in den Fußnoten kurz auf den Grund hingewiesen.

inhaber für Dinge solcher Art Aufwendungen gemacht hat, wie das beim Verkauf eines Geschäfts für die Überlassung der Kundschaft zu geschehen pflegt.

III Das Betriebskapital umfaßt sämtliche dem Gewerbebetriebe gewidmeten Gegegenstände und Rechte der im Art. 8 Abs. II erwähnten Art, also gleichviel ob diese dem Betrieb unmittelbar (oder, wie z. B. die von Geschäften bei der Verkehrs oder Zollverwaltung aufrecht gemachten Wertpapierkautionen, an andere Personen in Lombard gegebenen Wertpapiere, die in Wertpapieren angelegten Reserven usw., nur mittelbar gewidmet sind)[1]). Ohne Einfluß auf die Zugehörigkeit zum Betriebskapital ist es, ob die Betriebskapitalsbestandteile dem Unternehmer des Gewerbes eigentümlich gehören oder nicht. Es zählen daher zum Betriebskapital auch die gemieteten oder gepachteten Gegenstände oder Rechte und die (geliehenen Kapitalien). So gehört z. B. das Wirtschaftsinventar einer verpachteten Brauschankstelle zum Betriebskapitale des Pächters, nicht aber des Verpächters, dem das Inventar eigentümlich gehört. Die Gegenstände und Rechte müssen ferner, um als Bestandteile des Betriebskapitals gelten zu können, dem Betriebe tatsächlich gewidmet sein. Dies ist z. B. nicht der Fall bei dem Betriebskapitale des Verpächters bezüglich verpachteter Gewerbe, wie Brauschankstellen, (dann nicht bezüglich etwaiger aus den Betriebsmitteln ausgeschiedener Pensionsfonds und solcher Fonds für Wohlfahrtseinrichtungen)[2]), dann bezüglich der Maschinen, die dauernd außer Betrieb gesetzt sind, und sonstiger dem Betriebe dauernd entzogener Gegenstände. Zu den dem Betriebe tatsächlich nicht gewidmeten Gegenständen gehören auch die dem Unternehmer von Angestellten aufrecht gemachten Kautionen, es sei denn, daß die Kautionen vereinbarungsgemäß in das Vermögen des Unternehmens übergehen. In Pfand gegebene Wert papiere sind Betriebskapitalsbestandteile des Pfandgebers; die durch Pfand gesicherte Forderung, nicht also das Pfand, ist Betriebskapitalsbestandteil des Pfandnehmers. Sind aber die Gegenstände dem Betriebe tatsächlich gewidmet, dann ist es gleichgültig, ob sie an sich entbehrlich wären oder nicht, ob sie häufiger oder seltener benützt werden, ob sie den Ertrag des Gewerbes günstig beeinflussen oder nicht, ob sie in Bayern gelegen sind oder nicht usw. (vgl in letzterer Richtung § 1 Abs. I). Die Frage, ob hypothekarisch versicherte Darlehen an Geschäftskunden, wie sie im Brauerei- und Müllergewerbe sowie beim Hopfenhandel vorkommen, noch dem ge werblichen Betriebe des Darlehensgebers gewidmet sind, ist nach Lage des einzelnen Falles zu entscheiden. Anhaltspunkte für die Entscheidung hierüber werden in der Regel die Geschäftsbücher, insbesondere die Buchung der Zinsenanfälle durch den Darlehensgeber bieten. Werden von dem Darlehensgeber die Zinsenanfälle nicht unter den Einnahmen des gewerblichen Betriebs gebucht, so spricht jedenfalls die Vermutung dafür, daß die Darlehenszinsen und das Darlehen unter das KapStG. und nicht unter das GewStG. fallen. Die Widmung muß ferner wenigstens von gewisser Dauer sein. Dies wäre nicht der Fall bei einer nur einmaligen vorübergehenden Heranziehung fremder Betriebsmittel, die aus besonderen mit dem regelmäßigen Geschäftsbetriebe nicht zusammenhängenden Ursachen erfolgt. Das Merkmal einer Widmung von gewisser Dauer

1) Im Hinblick auf ihre Kapitalserträge. Dies scheinen Ringelmann-Mühlfeld S. 93 zu übersehen.

2) Wie in Fußnote 2, wenn sie Kapitalerträge. A. M. Ringelmann-Mühlfeld S. 79.

würde z. B. fehlen, wenn etwa anläßlich einer Wasserkatastrophe als Ersatz für eine unbenützbar gewordene Wasserkraft vorübergehend die Benützung anderer Triebkräfte notwendig geworden ist. Dies gilt auch von nur zeitweilig im Laufe des Geschäftsjahr in Anspruch genommenen Kreditmitteln, die im maßgebenden Zeitpunkt, etwa bei der Bilanzaufstellung nicht mehr dem Betriebe gewidmet sind, weil sie infolge Rückzahlung dem Betriebe wieder entzogen sind. Die Betriebskapitalbestandteile müssen weiter die Eigenschaft von Teilen des gewerblichen Vermögens haben. Zum gewerblichen Vermögen einer Bank gehören daher nicht die von ihr in geschlossenes oder offenes Depot genommenen Wertpapiere. Der unter den Aktiven einer Bilanz enthaltene Jahresgewinn — einschließlich der aus dem Gewinne des laufenden Jahres entnommenen Beträge, die für die erhöhten Dividendenansprüche der bei einer Versicherungsanstalt auf Gewinnanteil versicherten Personen bestimmt sind, — ist daher nicht Bestandteil des Betriebskapitals, (wohl aber der aus dem Vorjahr übergetragene Aktivrest)[1]. Bei Einzelkaufleuten sind öfters sämtliche Vermögensbestandteile des Unternehmers in die Bilanz aufgenommen. In solchen Fällen ist zu untersuchen, welche Gegenstände dem Gewerbebetriebe gewidmet sind und welche das am Gewerbebetrieb unbeteiligte Vermögen bilden. Bei Aktiengesellschaften, die ein Gewerbe betreiben, wird davon auszugehen sein, daß alle in den Aktiven ausgewiesenen Gegenstände und Rechte gewerbliches Vermögen sind[1]. Das Aktienkapital einer Aktiengesellschaft, das Kapitalkonto eines privaten Gewerbetreibenden u. dergl. können niemals Bestandteil des Betriebskapitals sein, sondern nur das, was mit dem einbezahlten Aktienkapital und dem vom privaten Gewerbetreibenden eingelegten Kapital angeschafft worden ist und auf der Aktivseite der Bilanz erscheint. Als Betriebskapital kommen die dem Gewerbebetriebe gewidmeten Gegenstände und Rechte mit ihrem wirklichen gemeinen Werte in Betracht. Es gehören deshalb auch stille Reserven, wie sie sich durch Abschreibungen über das Maß der eingetretenen Wertsminderungen hinaus ergeben. zum Betriebskapitale. Diese Vorschrift soll aber nicht zum Anlasse kleinlicher Beanstandungen genommen werden, es sollen vielmehr selbst reichliche Abschreibungen und Abschreibungen verhältnismäßig belangloser Bilanzposten auf 1 Mk., z. B. bei Bureauinventar, unbeanstandet bleiben. Werden die Wertsminderungen an den Aktiven nicht durch Abschreibungen an den Aktiven sondern durch Dotierung von sog. Delkredere- oder Erneuerungsfonds bei den Passiven (Wertberichtigungskonti) ausgeglichen, so sind die Aktiven nur mit dem um die Wertberichtigungskonti gekürzten Betrag als Betriebskapitalsbestandteile zu betrachten. Sind die Wertberichtigungskonti höher dotiert als zur Ausgleichung der Wertsminderungen erforderlich ist, so bildet der Mehrbetrag stille Reserven, für die das Gleiche gilt wie für die vorerwähnten durch Mehrabschreibung auf der Aktivseite entstandenen stillen Reserven[2]. (Stehen in einer Bilanz unter den Aktiven Zinsenguthaben für 12 Monate, während z. B. bis zur Aufstellung der Bilanz nur Zinsen für 8 Monate verdient und deshalb unter den Passiven wieder Zinsen für 4 Monate eingestellt sind, so sind nur die wirklich verdienten Zinsen für die 8 Monate Bestandteile des Betriebskapitals. Das Gleiche gilt für Versicherungsgesellschaften hinsichtlich

1) Soweit es sich nicht um Bestandteile handelt, aus deren Erträgnissen Kapitalertragsteuer zu entrichten ist.

2) Diese Ausführungen erfahren durch Art. 9 II d. Ges. eine gewisse Einschränkung („Abnutzung").

der vereinnahmten und noch nicht verdienten Prämien (Prämienüberträge)[3]).

IV Die Gegenstände und Rechte, die der Grund- und der Haussteuer unterliegen, zählen — vorbehaltlich der Vorschrift im Art. 8 Abs. IV — nicht zum Betriebskapitale. Solche sind der Grundbesitz, einschließlich der in ihm enthaltenen noch nicht geernteten Bodenfrüchte (Früchte auf dem Halme, Waldbestände). Fischwasser, der Hausbesitz. Auch die im § 36 des Grund- und in den §§ 2, 33 des HausStG. bezeichneten Objekte gehören nicht zum Betriebskapitale. Der Umstand, daß Steuernachlässe nach § 123 des Grund- und § 39 des HausStG. einzutreten haben, beseitigt die Gewerbsteuerfreiheit der Grundstücke und Gebäude nicht. Gegenstände, die nicht der Grund- und der Haussteuer unterliegen, sind dem Betriebskapitale zuzurechnen, auch dann, wenn sie unbewegliche Sachen sind, wie in Bergwerken zum Abbau eingebaute Vorrichtungen, Gleisanschlüsse einer Fabrik u. dgl.

§ 9.

(Art. 3 Abs. II)

I Die Aufführung im Art. 8 Abs. II ist nur eine beispielsweise. Unter Ziff. 1 fallen nicht etwa schon die in der Natur vorhandenen Wasserkräfte, die sich bei einem Gewerbebetriebe befinden, sondern nur die benützbar gemachten und zur Benützung bestimmten Wasserkräfte. Die Benützung eines natürlichen Wasserlaufs zu Reinigungszwecken u. dgl. ohne gleichzeitige technische und mechanische Vorrichtungen irgendwelcher Art fällt nicht unter Ziff. 1.

II Zu Ziff 2 gehören z. B. der Wagenpark sowie eine etwaige Schienenanlage, Laden- und Geschäftsinventar, Warenkataloge, Reklameutensilien. Die in der Ziff. 2 gemeinten Holz- und Kohlenvorräte sind nur die zum Betriebe, nicht auch die zum Handel und zur Verarbeitung bestimmten Vorräte.

III Sind die in der Ziff. 3 bezeichneten Tiere und Futtervorräte bestimmt, gleichzeitig einem landwirtschaftlichen Betriebe zu dienen, so darf nur ein entsprechender Teil des Wertes der Tiere und Vorräte als Bestandteil des gewerblichen Betriebskapitals gerechnet werden.

IV Zu Ziff. 4[1]) zählen auch die Halbfabrikate und das Verpackungsmaterial, ferner die in den Ziff. 1, 2, 3, 5 bezeichneten Betriebskapitalsbestandteile, soweit sie selbst den Gegenstand des Handels eines Gewerbebetriebs (Handelsware) bilden. Die Werkzeuge z. B., mit denen in einer Werkzeugfabrik zum Verkaufe bestimmte Werkzeuge hergestellt werden, fallen unter Ziff. 2; die hergestellten, zum Verkaufe bestimmten Werkzeuge aber fallen unter Ziff. 4[1]).

V Unter Ziff. 5[2]) fallen die Realgewerbeberechtigungen, Tafernrechte, Realapotheken, Kaminkehrerrealrechte usw. Bei der Bewertung dieser Realgewerbeberechtigungen ist darauf zu achten, daß in den Wert nicht etwa Anschläge für die nach § 8 Abs. II nicht zum Betriebskapitale zählenden Dinge, wie Bewertung der Kundschaft, Geschäftslage, Liebhaberwert u. dgl. eingerechnet werden dürfen. Zu Ziff. 5[2]) zählen auch die Verlagsrechte.

VI Ziff. 6. (Zu den Wechseln gehören auch Wechsel auf außerdeutsche Plätze, zu den Wertpapieren insbesondere Schuldverschreibungen des Reichs,

1) Jetzt 5.
2) Jetzt s. 4 Ringelmann-Mühlfeld S. 73 I und III.

des Staates, der Gemeinden, Schatzanweisungen, Pfandbriefe, Eisenbahn- und Industrieobligationen und Prioritäten, Bank-, Versicherungs-, Industrieaktien, Lotterie- und Prämienanleihen, Lose, Kuxe, Bohranteile und zwar samt den zahlbaren Zins- und Dividendenscheinen und gleichviel, ob es sich um inländische oder ausländische Wertpapiere handelt, ob sie auf den Namen oder auf den Inhaber lauten, ob sie vom Unternehmer selbst emittiert sind oder nicht. Ferner gehören unter Ziff. 6 Forderungen jeder Art, gleichviel ob sie Kapital- oder Zinsenforderungen sind, ob der Schuldner in Bayern wohnt oder nicht, ob die Forderungen durch Hypothekbestellung, lombardierte Wertpapiere, verpfändete Policen und Kautionen usw. versichert sind oder nicht, ob sie schon zahlbar sind oder nicht. Die in Lombard genommenen Wertpapiere und sonstige Pfandobjekte sind nicht Betriebskapitalsbestandteile des Geldgebers, bei dem schon die Forderung Betriebskapitalsbestandteil ist, sondern Betriebskapitalsbestandteile des Gewerbetreibenden, der sie in Pfand gegeben hat. Die in Ziff. 6 bezeichneten Betriebskapitalsbestandteile sind auch dann als unter Ziff. 6 fallend zu betrachten, wenn sie Handelsware sind. Es ist dies für den nachstehend behandelten Schuldenabzug von Bedeutung)[3]).

§ 10.

(Art. 8 Abs. III.)

I (Um den Abzug nach Art. 8 Abs. III vornehmen zu können, ist in dem Steuererklärungsformular (Anlage 12 zu den VollzVorschr. z. EinkStG.) besonders die Frage nach der Höhe der in der Ziff. 4, 6[1]), bezeichneten Betriebskapitalsbestandteile vorgesehen. Betragen z. B. das gesamte Betriebskapital 150000 Mk., die zum Verkaufe bestimmten Gegenstände (d. h. die Betriebskapitalsbestandteile nach Ziff. 4)[2]) 50000 Mk., Kasse, Effekten, Guthaben und Debitoren (d. h. die Betriebskapitalsbestandteile nach Ziff. 6) 35000 Mk., die abzugsfähigen Kapitalschulden 70000 Mk., so dürfen am Gesamtbetrage des Betriebskapitals zu 150000 Mk. nicht die vollen 70000 Mk.[3]) sondern nur $\frac{50\,000}{2}$ Mk. + 35000 Mk. = 60000 Mk. abgezogen werden.) Unter Kapitalschulden sind Schulden zu verstehen, die im maßgebenden Zeitpunkt auf Seiten einer anderen Person als des Unternehmers Kapitalforderungen, Vermögen darstellen; Zinsen- und Dividendenschuldigkeiten fallen in der Regel nicht unter die Kapitalschulden, es sei denn, daß sie durch Häufung infolge nicht rechtzeitiger Zahlung oder Erhebung die Eigenschaft von Kapitalschulden erhalten haben. Beim Vollzuge soll im Zweifel zur Abschneidung von Weitwendigkeiten der Abzug von Zinsenschuldigkeiten als Kapitalschulden nicht beanstandet werden. Rückständige Steuern und Abgaben, Passivreste aus dem Vorjahre sowie noch nicht fällige Zinsen sind keinesfalls Kapitalschulden. Ausgeschlossen vom Abzuge sind persönliche, nicht dem Geschäftsbetrieb usw. entsprungene Schulden. Aktienkapital und Reserven sind keine Schulden im Sinne des Art. 8 Abs. III; wegen der Prämienreserven der Versicherungsanstalten vgl. indes die Sondervorschrift im Art. 8 Abs. III, § 10 Abs. II. Nach Art. 8 Abs. III dürfen aber nicht alle Kapitalschulden, sondern nur die aus der Inanspruchnahme von Warenbezugskredit oder Bankkredit sowie alle sonstigen

1) Nunmehr 5 u. 6.

2) Nunmehr 5.

3) Nunmehr voll abziehbar, wobei aber die Ausnahme nach Abs. I d. Ges. und die ihr entspr. Best. in Abs. III zu beachten ist.

unmittelbar aus dem laufenden Geschäftsbetriebe herrührenden Kapitalschulden abgezogen werden. Zu den abzugsfähigen Schulden zählen die Schulden an die Lieferanten sowohl für die unter Ziff. 4 [1]) bezeichneten Betiebskapitalsbestandteile als auch für die bereits verkauften Waren und Vorräte (die Wechsel-, Lombard-, Bürgschaftsschulden, in der Regel auch Kontokorrentkreditschulden, wie überhaupt alle aus der Inanspruchnahme eines regelmäßigen d. h. eines bei der Art des fraglichen Betriebs üblichen, gleichviel ob häufiger oder seltener benützten Bankkredits herrührenden Kapitalschulden, bar empfangene Depositengelder, bei den Pfandbriefanstalten verloste unerhobene Pfandbriefe. Nicht abzugsfähig sind dagegen dem gewerblichen Stammvermögen zugeführte Gelder, wie z. B. Beteiligungsgelder, die Einlagen stiller Gesellschafter und Kommanditisten, Obligationenschulden, ferner nicht Schulden, die zur Gründung, Erwerbung, Erweiterung oder etwa anläßlich einer zur Sanierung des Betriebs durchgeführten Finanzoperation aufgenommen worden sind und zwar auch dann nicht, wenn der Kreditgeber eine Bank ist, da alle diese Posten nicht aus dem laufenden Geschäftsbetriebe herrühren).

II Ohne Rücksicht auf den Ursprung dürfen nach dem Gesetze die Pfandbriefanstalten ihre Pfandbriefschulden und Kommunalobligationen, die Darlehenskassen ihre Schuldigkeiten an die Mitglieder und die übergeordneten Verbände, die Bayerische Notenbank die von ihr emittierten und noch umlaufenden Noten, die Versicherungsanstalten ihre Prämien- und Schadensreserven (Reserven für schwebende Versicherungsfälle) abziehen. Auch außerordentliche Prämienreserven der Versicherungsanstalten sind ohne Rücksicht auf die ihnen bei der Bilanzaufstellung beigelegten Bezeichnungen abziehbar, wenn sie zur Ausgleichung des im Versicherungsgeschäfte selbst laufenden Risikos vom kaufmännisch-technischen Standpunkt aus sich als notwendig erweisen. Reserven der Versicherungsanstalten, die nicht diesem Zwecke dienen, insbesondere Gewinnreserven, sind nicht abziehbar.

§ 11.
(Art. 8 Abs. IV.)

Die Ausnahme im Art. 8 Abs. IV bezieht sich auf den gewerbsmäßigen An- und Verkauf von Grundstücken und Gebäuden (Terrain-, Häuser- und Güterhandel). Die Werte der den Gegenstand dieses Handels bildenden Grundstücke und Gebäude sind daher Bestandteile des steuerbaren Betriebskapitals, nicht aber die Werte jener Gebäude, die etwa nicht Handelsgegenstand, sondern Bestandteil des Anlagekapitals sind. Das einer Terraingesellschaft gehörige Gebäude, indem sich ihre Bureaus befinden und das nicht zum Verkaufe bestimmt ist, würde also nicht unter die steuerbaren Betriebskapitalsbestandteile fallen. Die zum Handel bestimmten Grundstücke und Gebäude fallen sonach in ihrer Eigenschaft als Handelsware unter Abs. II Ziff. 4 [1]) mit der Folge, das an der Hälfte ihres Wertes [2]) der im Abs. III bezeichnete Schuldkapitalienabzug zulässig ist. Die Eigenschaft solcher Grundstücke und Gebäude als Handelsware hat aber auch die weitere Folge, daß die auf den Grundstücken und Gebäuden ruhenden Hypothekschulden für die Erwerbung der Grundstücke und für sonstige mit dem Gewerbebetrieb unmittelbar zusammenhängende Zwecke, nicht auch für andere Zwecke, als abzugsfähige Warenschulden im Sinne des Art. 8 Abs. III zu

1) Jetzt Ziff. 5.
2) Nunmehr an ihrem ganzen Wert.

gelten haben. Die Grund- und die Haussteuer, um die nach dem Schlußsatze des Art. 8 Abs. IV die Betriebskapitalsanlage gekürzt wird, ist die im Steuervorjahre zur Erhebung gelangende Grund- und Haussteuer einschließlich etwaiger durch das Finanzgesetz bestimmter Zuschläge [1]), jedoch mit Ausschluß von Umlagen. Die einzelnen Grundstücke eines Güterhandelsunternehmens gelten nicht als Niederlagen zum Warenverkauf im Sinne des Art 6 Abs. III.

1—6 s. S. 48.

Art. 9 [7]).

I Der Wert des Betriebskapitals ist durch Berechnung und Schätzung [d]) seiner Bestandteile [e]) nach deren Stand und Wert am Schlusse des für die Veranlagung maßgebenden Kalenderjahrs, bei Steuerpflichtigen, die ein vom Kalenderjahr abweichendes Geschäfts-(Betriebs-)jahr angenommen haben, nach dem Stand und Wert am Schlusse des maßgebenden Geschäfts-(Betriebs-)jahrs zu ermitteln. Bei Steuerpflichtigen, die Handelsbücher nach den Vorschriften des Handelsgesetzbuchs führen, sind die Inventur- und Bilanzergebnisse nach der Inventur und der Bilanz vom Schlusse des maßgebenden Jahres zugrunde zu legen, soweit sie den Bewertungsgrundsätzen in Abs. II entsprechen [a]).

II Soweit für Gegenstände des Betriebsvermögens ein Anschaffungs- oder Herstellungspreis gegeben ist, gilt als Wert dieser Gegenstände der Anschaffungs- oder Herstellungspreis nach Abzug der zulässigen Absetzungen für Abnutzung. Übersteigt der Anschaffungs- oder Herstellungspreis eines Gegenstandes den gemeinen Wert, so ist der Steuerpflichtige berechtigt, diesen Wert an Stelle des Anschaffungs- oder Herstellungspreises anzusetzen. Im übrigen gelten die Bewertungsvorschriften der Reichsabgabenordnung [b]).

Bek. § 11.

I *Die Bestimmungen über die Wertermittlung für das Betriebskapital haben in zweifacher Richtung gegenüber den bisherigen Vorschriften eine Änderung erfahren:*

a) Das Gewerbsteuergesetz sucht zur Erleichterung der Veranlagung — wie das bisherige Gewerbsteuergesetz den engsten Anschluß an das bayerische Einkommensteuergesetz gesucht hat — einen möglichst engen Anschluß an die Vorschriften des Reichseinkommensteuergesetzes und des Körperschaftssteuergesetzes. Da diese beiden Gesetze auf dem Grundsatze der Nachveranlagung aufgebaut sind (zu vgl. § 29 EStG. in der Fassung des Gesetzes vom 24. März 1921 — RGBl. S. 313 — und §§ 20, 21 KStG.), mußte der gleiche Grundsatz auch für die Gewerbsteuer übernommen werden. Grundlage für die Wertbemessung des Betriebskapitals ist daher der Stand und Wert der nach Art. 8 in Betracht kommenden Bestandteile des Betriebskapitals am S c h l u s s e *des*

1) Gegenstandslos.

für die Veranlagung maßgebenden Kalenderjahrs, eventuell Geschäfts- oder Betriebsjahrs. Wie bisher ist auch fernerhin bei Steuerpflichtigen, die Handelsbücher nach den Vorschriften des Handelsgesetzbuchs führen, von den Inventur- und Bilanzergebnissen — aber wie bereits bemerkt, nach der Inventur und Bilanz vom Schlusse des maßgebenden Jahres — auszugehen. (Zu vgl. § 33 Abs. 2 EStG., § 9 KStG.); die Inventur- und Bilanzergebnisse bilden jedoch die Grundlage für die Wertbemessung nur insoweit, als sie den Bewertungsgrundsätzen nach Art. 9 Abs. II entsprechen.

b) Die Bewertungsgrundsätze sind aus den unter a) oben angegebenen Erwägungen den Grundsätzen des § 33a des Einkommensteuergesetzes mit § 9 des Körperschaftssteuergesetzes vollkommen angepaßt worden. Die Berechnung und Schätzung hat also nicht mehr wie bisher nach dem gemeinen Wert, sondern zunächst, soweit für Gegenstände des Betriebsvermögens ein Anschaffungs- oder Herstellungspreis gegeben ist, nach diesem — unter Abzug der zulässigen Absetzungen für Abnutzung — zu erfolgen. Die Bestimmung geht weiter als jene im § 139 Abs. 2 RAO., indem der dort bestehende Unterschied zwischen den dauernd dem Betrieb gewidmeten Gegenstanden (dem sogenannten Anlagekapital) und den übrigen Gegenständen des Betriebsvermögens hier nicht besteht. — Der gemeine Wert kann vom Steuerpflichtigen angesetzt werden, wenn der Anschaffungs- oder Herstellungspreis eines Gegenstandes den gemeinen Wert übersteigt. Für den Begriff des gemeinen Wertes sind, wie auch im übrigen, soweit Art. 9 Abs. II nicht anders bestimmt, die Vorschriften der Reichsabgabenordnung maßgebend. Hiernach wird der gemeine Wert durch den Preis bestimmt, der im gewöhnlichen Geschäftsverkehr nach der Beschaffenheit des Gegenstandes unter Berücksichtigung aller den Preis beeinflussenden Umstände bei einer Veräußerung unter Nichtberücksichtigung ungewöhnlicher oder lediglich persönlicher Verhältnisse zu erzielen ware (§ 138 Abs. 1 RAO.). — Zu den nach Art. 9 Abs. II Satz 3 geltenden Bewertungsvorschriften der Reichsabgabenordnung werden die besonderen Vorschriften für die Bewertung von Grundstücken (§ 152 a. a. O.) im Hinblick auf die Ausnahmebestimmung in Art. 8 Abs. I nicht zu rechnen sein. Soweit Grundstücke und Gebäude wie Waren den Gegenstand des gewerbsmäßigen An- und Verkaufs bilden (Terrain-, Häuser- und Güterhandel) und daher nicht unter die Ausnahmebestimmung des Abs. I fallen (Art. 8 Abs. IV), hat ihre Bewertung als Waren nach dem Anschaffungspreis (Art. 9 Abs. II Satz 1) eventuell nach dem gemeinen Wert (Art. 9 Abs. II Satz 2) zu erfolgen.

II Der Wert des Betriebskapitals ist durch Berechnung und Schätzung seiner Bestandteile zu ermitteln (Art. 9 Abs. I Satz 1). Aus dieser Gesetzesvorschrift ergibt sich, daß die Bestimmung des § 137 Abs. 2 RAO., wonach jede „wirtschaftliche Einheit“ für sich zu bewerten und ihr Wert im Ganzen festzustellen ist, für die Ermittlung des Betriebskapitalwertes nicht ohne weiteres angewendet werden kann. Nach der gemäß § 137 Abs. 2 Satz 2 a. a. O. maßgebenden Verkehrsanschauung bildet bei gewerblichen Unternehmungen wohl regelmäßig das gesamte Betriebsvermögen jedes selbständigen Betriebs eine wirtschaftliche Einheit. Es wäre aber schon im Hinblick auf die Bestimmung im Art. 8 Abs. III (hierwegen zu vgl. Abs. III unten) nicht angängig, den Wert des Betriebskapitals lediglich in einer Gesamtziffer für das gesamte steuerbare Betriebskapital festzustellen. Andererseits ist es auch nicht erforderlich, daß stets jeder einzelne Gegenstand für sich gezählt und bewertet werden muß. Bestimmte Gruppen des gewerblichen Betriebskapitals, wie z. B. die Werkzeuge, Gerätschaften u. dgl. lassen sich unschwer innerhalb der wirtschaftlichen Einheit des gesamten Betriebsvermögens wieder gewissermaßen zu einer wirtschaftlichen Einheit unter sich zusammenfassen. Bei solchen Gruppen wird vielfach eine ins einzelne gehende Berechnung oder Schätzung unmöglich und eine summarische Berechnung oder Schätzung genügend sein. Im wesentlichen wird wie bisher davon ausgegangen werden können, daß die im Art. 8 Abs. II Ziff. 1, 4 und 6 aufgeführten Gegenstände und Rechte ebenso wie die Kapitalschulden regelmäßig nur nach der Summe der Einzelwerte sich werden bewerten lassen, wogegen die im Art. 8 Abs. II Ziff. 2, 3 und 5 aufgezählten Gegenstände einer summarischen, je nach Lage der Verhältnisse überschlagweisen Berechnung und Schätzung werden unterzogen werden können (zu vgl. § 12 Abs I und § 14 Abs. I der VV. z. GewStG. vom 28. Mai 1911, GVBl. 1911 S. 687 und 690).

III *Wenn Kapitalschulden nach Maßgabe des Art. 8 Abs. III abgezogen werden sollen, müssen wenigstens die gesamten Werte der für den Abzug als Gegenposten in Frage kommenden Gegenstände und Rechte des umlaufenden Betriebskapitals (Art. 8 Abs. II Ziff. 5 und 6) getrennt von den übrigen Bestandteilen nicht bloß ermittelt, sondern auch in der Steuererklärung — ebenso wie die Kapitalschulden — ausgeschieden vorgetragen werden. Werte, die nicht unter Art. 8 Abs. II Ziff. 5 und 6 fallen, dürfen in diese beiden Wertziffern nicht eingerechnet werden. Die bloße Auszeigung der nach Abzug der abziehbaren Kapitalschulden verbleibenden Restwerte genügt nicht.*

IV *Wegen der Außerbetrachtlassung der Betriebskapitalbestandteile für außerbayerische Betriebsstätten und der Ausscheidung der Betriebskapitalbestandteile auf Betriebsstätten in mehreren bayerischen Gemeinden bleiben die Anordnungen im § 12 Abs. II und IV der VV. z. GewStG. vom 28. Mai 1911, GVBl. 1911 S. 687, auch fernerhin anwendbar (hieher zu vgl. Art. 17 Abs. I Ziff. 4, Art. 18 des Gewerbsteuergesetzes und Art. 14—16 des Gesetzes vom 30. Juni 1921 zum Vollzug des Landessteuergesetzes vom 30. März 1920 GVBl. S. 361 ff.).*

V *Eine Schätzung hat in entsprechender Anwendung des § 210 Abs. 1 und 2 RAO. einzutreten, wenn und soweit die Feststellung der Bestandteile des Betriebskapitals und die Berechnung ihres Wertes nach den gepflogenen Ermittlungen nicht möglich ist. Zu schätzen ist insbesondere dann, wenn der Steuerpflichtige über seine Angaben keine ausreichenden Aufklärungen zu geben vermag oder weitere Auskünfte oder eine Versicherung an Eidesstatt verweigert. Das gleiche gilt, wenn der Steuerpflichtige Bücher oder Aufzeichnungen im Sinne des § 163 RAO. nicht vorlegen kann (zu vgl. auch § 31 Abs. IV). Im Zweifel sind — ebenso wie veranlaßtenfalls bei der Berechnung — Auskunftspersonen und Sachverständige zu hören (zu vgl. §§ 206, 209 RAO.). Bei den veranlaßten Erhebungen sind kleinliche Beanstandungen zu vermeiden. Auch sind aus solchem Anlaß an die Steuerpflichtigen keine Anfragen zu richten, die ein zu weitgehendes Eindringen in innere Geschäftsverhältnisse zur Folge hätten. Damit soll indessen eine Erörterung etwaiger Bedenken gegen die Wertsangaben gegenüber dem Steuerpflichtigen zum Zwecke der gegenseitigen Aufklärung nicht ausgeschlossen sein.*

VI *Die bilanzrechtlichen Erörterungen, wie sie im § 15 der VV. z. GewStG. vom 28. Mai 1911 (GVBl. S. 691) nebst Anlagen 3, 4 und 5 hiezu wiedergegeben sind, dürfen nunmehr als längst eingelebt gelten, weshalb die Verweisung auf sie genügt mit dem Beifügen, daß die Abzugsfähigkeit des in der Bilanz ausgewiesenen Reingewinns des laufenden Jahres — nicht auch des aus dem Vorjahre übergetragenen Gewinnrestes — von der Summe der auf der Aktivseite der Bilanz ausgewiesenen Werte inzwischen von der Rechtsprechung ausdrücklich anerkannt worden ist (zu vgl. Mitteilungen der Oberberufungskommission Band XVI S. 207 und 225).*

VII *Schließlich wird noch darauf aufmerksam gemacht, daß die Verpflichtung zur Vorlage der Bilanzen durch Art. 17 Abs. III nicht unwesentlich ausgedehnt worden ist.*

Im RE. lautete der letzte Halbsatz des Abs. I „soweit sie den wirklichen Werten entsprechen". (Die aus dem Ref.Entwurf übernommenen Verweisung auf Abs. III wurde bei der Gesetzesberatung in Abs. II berichtigt — vergl. StB. S. 475 oben). Die nunmehrige Fassung wurde auf Antrag „Donderer" (B.V.P.) beschlossen.

Abs. II des RE. entsprach wörtlich dem Art. 9 Abs. III des bish. Gesetzes. Die abweichende Fassung ist gleichfalls auf einen Antrag „Donderer" zurückzuführen (StB. S. 470, 475).

Die in § 11 V der Bek. in Bezug genommenen Absätze II und IV der VV. zum bayer. GewStG. von 1910 lauten:

§ 12 Abs. II.

II Außer Betracht bleiben jene Bestandteile des Betriebskapitals, die ausschließlich dem Betrieb eines stehenden Gewerbes, einer Zweigniederlassung usw. außerhalb Bayerns gewidmet sind. Bestandteile, die dem Betrieb in Bayern und dem Betrieb außerhalb Bayerns gemeinschaftlich gewidmet sind und dem gesamten Betriebe dienen, sind angemessen auszuscheiden; hierüber vgl. § 1 Abs. I.

§ 12 Abs. IV.

IV Wenn zur Ausübung des stehenden Gewerbebetriebes Betriebsstätten in mehreren bayerischen Gemeinden oder auch in einem ausmärkischen Bezirk unterhalten werden, ist weiter zu beachten, daß die Betriebskapitalsanlage nach dem Werte der in den einzelnen Gemeinden oder in einem ausmärkischen Bezirke befindlichen Bestandteile des Betriebskapitals ausgeschieden werden muß. Die Frage, wo die einzelnen Bestandteile des Betriebskapitals befindlich sind, ist nach rein tatsächlichen Gesichtspunkten zu entscheiden; hierfür ist aber nicht die Widmung für die einzelne Betriebsstätte maßgebend. Es sind daher auch die Werte für derartig örtlich getrennte Bestandteile des Betriebskapitals eines Gesamtbetriebs tunlichst gesondert zu ermitteln und festzustellen. Der Steuerpflichtige ist nach Art. 16 Abs. 1 Ziff. 4, Art. 17[1]) gehalten, diese getrennten Werte oder die Unterlagen für deren Feststellung anzugeben. (Art. 10 d. UmlGes., §§ 29, 30 d. VollzAnw. hierzu[2]).)

---

1) Nunmehr Art. 17 u. 18.
2) Nunmehr Art. 14—16.

1. **Vorbemerkung.** Der in § 11 VI der Bek. in Bezug genommene § 15 der alten VV. und die als Anlage dazu wiedergegebenen Bilanzen müßten im Hinblick auf die im Gesetz vorgesehenen Änderungen (Berücksichtigung der Kapitalertragssteuer in A. 10) erhebliche Veränderungen erfahren, um vollständig verwertbar zu erscheinen, weshalb ihr Abdruck unterbleibt. Vgl. auch Ringelmann-Mühlfeld S. 100.

2. **Die bisherige Rechtsprechung** der OVK. zum alten bayr. GewStG., die in den Jahren 1912 bis Mai 1917 ergangen ist, findet sich zusammengestellt bei Breunig Vermögenssteuergesetz S. 256 ff., die später ergangene Rechtsprechung in den Mitteilungen der OVK. Bd. XVII systematische Inhaltsübersicht S. 73 ff., Bd. XVIII systematische Inhaltsübersicht S. 23, Bd. XX systematische Inhaltsübersicht S. 29. Sie ist, soweit Art. 8 in Frage kommt, unter Berücksichtigung der Änderungen des Gesetzes anwendbar, soweit Art. 9 in Frage kommt, wird sich die Rechtsprechung wohl in Zukunft der Rechtsprechung des Reichsfinanzhofes anpassen, weil es nicht denkbar erscheint, daß, nachdem die Bewertungsvorschriften vollständig den Reichsgesetzen angepaßt sind (ESt. und KörpschSt.) nunmehr die Rechtsprechung verschiedene Wege wandelt. So — hinsichtlich d. Entsch. z Art. 9 III d. bish. Ges. — auch ausdrücklich Ringelmann-Mühlfeld S. 108 Z 6 a. E.

3. **Betriebskapital:** Bek. § 10 I bis III VV. § 8. Kein Betriebskapital die sogenannten immateriellen Werte (Kundschaft, Ruf usw.) VV. § 8 II, Breunig S. 194. Ebenso auch die Rechtsprechung des RFH. soweit die immateriellen Werte nicht gegen Entgelt erworben. (RFH. I Senat vom 27. November 1919 = RStBl. 1920 S. 115 = Samml. Bd. 2 S. 118). S. auch die Kommentare zur RAO. zu § 137; Ausscheidung der Betriebskapitalbestandteile für außerbayerische Betriebsstätten und Betriebsstätten in mehreren Gemeinden: Bek. § 11 IV.

4. **Art. 8 Abs. II:** Bek. § 10 III und IV VV. § 9. Ringelmann-Mühlfeld S. 75 u. 88 ff.

5. **Art. 8 Abs. III:** Bek. § 10 III und IV VV. § 10 und Bek. § 11 III. Ringelmann-Mühlfeld S. 91 ff.

6. **Art. 8 Abs. IV:** Bek. § 10 VI. VV. § 11. Die Begründung verweist noch besonders auf Breunig Anm. 12 zu Art. 8 S. 201.

7. **Wert** des Betriebskapitals **(Art. 9):** Bek. § 11. § 9 II stimmt im Wortlaut vollständig mit § 33a RESt. überein, sodaß die Ausführungen der Kommentare zu dieser Bestimmung verwertbar erscheinen, desgl. der Kommentare des KörpschStG. zu § 9, soweit diese bereits den § 33a berücksichtigen. Während also die Frage, was zum Betriebskapital gehört und was hievon abgezogen werden darf, sich nach Art. 8 GewStG. bemißt, ist die Frage, wie die einzelnen Teile des Betriebskapitals zu bewerten sind, nach den Grundsätzen des REStG. und der RAO. zu lösen.

a) **Grundlage für die Wertbemessung:** Bek. § 11 Ia.

b) **Bewertungsgrundsätze:** Bek. § 11 Ib

c) **„seiner Bestandteile“:** Bek. § 11 II.

d) **Schätzung:** Bek. § 11 V

Art. 10[1]).

I Der gewerbliche Reinertrag[2]) ist unter Beachtung des Art. 4 Abs. I dieses Gesetzes[3]) nach den Grundsätzen zu ermitteln, die für die Ermittelung der Einkünfte aus Gewerbebetrieb bei natürlichen Personen nach dem Reichseinkommensteuergesetze und für die

Ermittelung dieser Einkünfte bei gewerbetreibenden juristischen Personen und nichtrechtsfähigen Vereinigungen nach dem Reichs-Körperschaftssteuergesetze maßgebend sind.

II Zu den Werbungskosten (Betriebsausgaben)[4]), d. i. den auf die Erwerbung, Sicherung und Erhaltung der Roheinkünfte aus dem Gewerbebetrieb gemachten Aufwendungen zählen insbesondere auch

1a. die Schuldzinsen, die im Gewerbebetrieb anfallen.

2b. die Ertragsteuern samt den hieraus zu entrichtenden Umlagen sowie den Umlagen der Religionsgesellschaften und Religionsgemeinden,

3c. die Umsatzsteuer,

4d. Mehraufwendungen im Haushalte, welche durch eine Erwerbstätigkeit der Ehefrau im Gewerbebetrieb erwachsen sind.

III Dagegen dürfen nicht abgezogen werden[5]) insbesondere

1a. die sämtlichen nicht im Gewerbebetrieb anfallenden Schuldzinsen,

2b. die auf die Person des Steuerpflichtigen und seiner Haushaltungsangehörigen bezüglichen Aufwendungen,

3c. die Einkommensteuer, die Körperschaftssteuer, sowie alle sonstigen Personalsteuern.

IV Unternehmer, welche den Geschäftsbetrieb in Räumen des eigenen Hauses[6]) ausüben, sind berechtigt, den mit der Haussteuer veranlagten Mietertragsanschlag dieser Räume den Betriebsausgaben zuzurechnen. Daneben dürfen Schuldzinsen, die auf die Erwerbung, Instandsetzung oder Erweiterung dieser Geschäftsräume zurückzuführen sind, nicht unter den Werbungskosten erscheinen.

Abs. I unverändert gegenüber dem RE., der sich an Art. 10 Abs. I des bish. Gesetz anlehnt.

In Abs. II erhielt die Ziff. 2, die im RE. „die Ertragssteuern samt den hieraus zu entrichtenden Umlagen und religionsgesellschaftlichen Abgaben" lautete, auf Antrag Haeberlein (D.D.P.) die Gesetz gewordene, die religionsgemeindlichen Umlagen ausdrücklich einbeziehende Fassung. Auf Antrag Donderer (B.V.P.) wurden außerdem die Ziff. 3 und 4 neu eingefügt.

In Abs. III wurde, gleichfalls auf Antrag Donderer, das Wort „alle auf die Person . . ." geändert in „die auf die Person . . .".

Abs. IV war im RE. nicht enthalten, sondern wurde auf Antrag Donderer angefügt. Sein wesentlicher Inhalt ist der hierdurch in Fortfall gekommenen Ziff. 1 des Art. 11 RE. entnommen. Die verbliebene Ziff. 2 des Art. 11 RE. wurde in der durch Antrag Donderer ausgebauten Fassung als Art. 11 Gesetz (StB. S. 470, 475/6).

Art. 11.

Vor Berechnung der Ertragsanlage dürfen aus dem gewerblichen Betriebsgewinne diejenigen Reinerträge ausgeschieden werden, die aus Grundbesitz und Hausbesitz geflossen sind, ferner die Reinerträge aus Kapitalbesitz, aus denen Kapitalertragsteuer an das Reich zu entrichten ist.

S. Art. 10.

Bek. § 12.

I *Das nunmehrige Gewerbsteuergesetz beruht ebenso wie das bisherige Gesetz auf dem Grundsatz der Besteuerung des gewerblichen Reinertrags. Zur Durchführung dieses Grundsatzes mußte nach Beseitigung der Landeseinkommensteuer der tunlichst enge Anschluß an die Reichsgesetzgebung über die Besteuerung der Einkünfte aus Gewerbebetrieb gesucht werden. Das Gesetz schreibt deshalb vor, daß für die Ermittlung des gewerblichen Reinertrags die für die Ermittlung der gewerblichen Einkünfte nach dem Reichseinkommensteuergesetz bei natürlichen Personen und nach dem Körperschaftssteuergesetz bei den gewerbetreibenden juristischen Personen und nichtrechtsfähigen Vereinigungen geltenden Grundsätze maßgebend sind. Die wichtigsten Grundsätze für die Ermittlung sind enthalten in § 13 Abs. 1 Nr. 1, §§ 15, 33, 33a, 59a EStG., §§ 5—8 KStG.*

II *Aus der veränderten Grundlage für die Ertragsermittlung ergeben sich gegenüber dem bisherigen Rechtszustand verschiedene bemerkenswerte Änderungen: Insbesondere sind nunmehr bei den Körperschaften*

a) nicht bloß die an Mitglieder des Vorstandes, sondern auch die an Mitglieder des Aufsichtsrats auf Grund der Jahresabschlüsse gezahlten Vergütungen jeder Art, also auch Tantiemen als nicht zum steuerbaren Einkommen gehörig, somit als abzugsfähig zu behandeln (§ 6 Nr. 6 KStG.).

b) Abzugsfähig sind bei den Körperschaften auch die zur Deckung von Unterbilanzen eingestellten Beträge (§ 7 Nr. 3 KStG.).

c) Die sogenannten Muttergesellschaften genießen zugunsten ihrer Gewinnanteile bei den Tochtergesellschaften eine steuerliche Begünstigung nach § 6 Nr. 8 KStG.

III *Dagegen ist die im Art. 14 Abs. V des bayerischen Einkommensteuergesetzes in der Fassung des Gesetzes vom 17. August 1918 den Erwerbsgesellschaften eingeräumte Vergünstigung der Absetzung der dort näher bezeichneten Teile des Reinertrags, welche Vergünstigung zufolge der Bestimmung im Art. 10 Abs. I des bisherigen Gewerbsteuergesetzes ohne weiteres auch für die Gewerbsteuer wirksam war, nunmehr in Wegfall gekommen, da das Körperschaftssteuergesetz eine derartige Vergünstigung nicht vorsieht.*

IV *Die Anlehnung an die nach dem Reichseinkommen- und dem Körperschaftssteuergesetz zu ermittelnden Einkünfte aus Gewerbebetrieb findet ihre Grenze in der Bestimmung des § 9 des Landessteuergesetzes vom 30. März 1920 (RGBl. S. 402 ff.), wonach die Ertragsteuern der Länder nicht wie Einkommensteuern ausgestaltet werden dürfen und Besteuerungsmerkmale, die auf die Berücksichtigung der persönlichen Leistungsfähigkeit des Steuerpflichtigen abzielen, nicht zugrunde gelegt werden sollen. Es liegt daher in der Absicht des Gesetzes und ist auch beim Vollzug streng darauf zu achten, daß bei der Ermittlung des gewerblichen Reinertrags sowohl bei den Einnahmen als auch insbesondere bei den Ausgaben alle Posten auszuscheiden haben, die sich nicht auf das Gewerbe, sondern auf den Unternehmer, auf die Person des Gewerbeinhabers beziehen (näheres hierüber siehe § 13).*

V *Eine weitere Abweichung von dem Grundsatze des engen Anschlusses an die Einkommensteuer ist begründet in dem im Art. 10 Abs. I enthaltenen Vorbehalt der Beachtung des Art. 4 Abs. I. Insoweit nicht juristische Personen und nichtrechtsfähige Vereinigungen in Frage stehen, die ohnehin für sich nach dem Körperschaftssteuergesetz einheitlich zu veranlagen sind, sondern Gewerbe, die von mehreren — je für sich nach dem Einkommensteuergesetz zu veranlagenden — Personen gemeinschaftlich betrieben werden, und die lediglich für die Gewerbsteuer nach Art. 4 Abs. I einheitlich zu veranlagen sind, ist der gewerbliche Reinertrag durch Zusammenrechnung der gewerblichen Ertragnisse der mehreren Unternehmer zu ermitteln, soferne es sich nicht in der Praxis empfiehlt, zunächst von den Ergebnissen des Gewerbebetriebs als ganzes auszugehen und erst dann das gesamte Ertragnis für die Einkommensteuer in die Anteile jedes einzelnen der mehreren Unternehmer zu zerlegen.*

Bek. § 13.

I *Der gewerbliche Reinertrag umfaßt den gesamten Ertrag (d. i. den von den abzugsfähigen Betriebsausgaben gereinigten Rohertrag) aus Gewerbe-, Handels-, Industrie- und Bergwerksunternehmungen, gleichviel ob sie in großem oder geringem Umfange, fabrik- oder handwerksmäßig betrieben werden. Dazu gehört — unbeschadet der nachträglichen Ausscheidung gemäß Art. 11 — auch der Ertrag von Grund- oder Kapitalvermögen, der im Gewerbebetrieb anfällt. Die Veranlagung hat einheitlich zu erfolgen, auch wenn in Bayern an verschiedenen Orten Betriebsstätten unterhalten werden. Wenn sich Betriebsstätten einer in Bayern gewerbsteuerpflichtigen Unternehmung auch außerhalb Bayerns im Deutschen Reich befinden, so darf der Ertrag der Unternehmung nur mit dem Anteil zur Gewerbsteuer herangezogen werden, der in Bayern erworben wird (§ 10 des Landessteuergesetzes, zu vgl. § 1 Abs. II dieser Bekanntmachung). Gleiches gilt, wenn sich Betriebsstätten einer bayerischen Unternehmung im Auslande befinden, sowie für Betriebsstätten außerbayerischer Unternehmungen in Bayern.*

II *Für die Ermittlung des gewerblichen Reinertrags sind die Bestimmungen des § 33 EStG. maßgebend, die gemäß § 9 KStG. auch für die Körperschaften Anwendung zu finden haben.*

III *Für die Bemessung der zur Ermittlung des Reinertrags vom Rohertrag abzuziehenden Betriebsausgaben, im Art. 10 Abs. II im Anschluß an den Sprachgebrauch des Reichseinkommensteuergesetzes als Werbungskosten bezeichnet, sind zunächst die Vorschriften des § 13 Abs. 1 Nr. 1 EStG. einschlägig, die nach § 5 KStG. auch für die Körperschaften gelten. Der im § 13 Abs. 1 Nr. 1 aufgestellte Begriff der Werbungskosten als zur Erwerbung, Sicherung und Erhaltung der Einkünfte gemachte Aufwendungen deckt sich vollkommen mit der Begriffsbestimmung der Betriebsausgaben in Art. 11 Abs. I des bisherigen bayerischen Einkommensteuergesetzes. Auch das Merkmal hat § 13 Abs. 1 Nr. 1 mit Art. 12 Abs. I des bisherigen bayerischen Einkommen-*

steuergesetzes gemein, daß die Aufzählung der „Werbungskosten“ in Buchstabe a—e keine erschöpfende, sondern nur eine beispielsweise ist. Wenn die Aufzählung im § 13 Abs. 1 Nr. 1 eine weniger umfassende ist, als jene im Art. 12 Abs. I, so kann mithin hieraus nicht geschlossen werden, daß das Reichseinkommensteuergesetz den Umfang der abziehbaren Werbungskosten gegenüber dem bisherigen bayerischen Einkommensteuergesetz beschränkt hat. Es sollte vielmehr nur für bestimmte Aufwendungen außer Zweifel gestellt werden, daß sie jedenfalls zu den Werbungskosten gerechnet werden.

IV *Die Vorschrift im* **Art. 10 Abs. II** *soll nicht etwa bezwecken, die Bestimmung im Art. 13 Abs. 1 Nr. 1 EStG. zu ersetzen, sondern nur sie zur Beseitigung von Zweifeln zu ergänzen durch besondere Erwähnung jener Aufwendungen, die vom Standpunkt des bayerischen Gewerbsteuergesetzes aus jedenfalls zu den Werbungskosten zu rechnen sind, wie auch durch Festlegung von Punkten, in denen bei Veranlaguug der Gewerbsteuer gewisse Abweichungen erforderlich sind. Hieher gehören vor allem*

1. die Schuldzinsen, die im Gewerbebetrieb anfallen. Das Reichseinkommensteuergesetz zählt die Schuldzinsen nicht unter den Werbungskosten, sondern in einer gesonderten Nummer 2 des § 13 Abs. 1 auf. Das bisherige bayerische Einkommensteuergesetz und mit ihm das Gewerbsteuergesetz hat den Unterschied zwischen gewerblichen und sonstigen Schuldzinsen dadurch scharf hervorgehoben, daß die gewerblichen Schuldzinsen im Art. 12 Abs. I Ziff. 3 des Einkommensteuergesetzes ausdrücklich als Betriebsausgaben anerkannt wurden, während die übrigen Schuldzinsen gemäß Art. 12 Abs. II Ziff. 1 lediglich als Verbrauchsausgaben zum Abzug an den gesamten Reineinkünften zugelassen wurden. Dieser Unterschied hat auch für das nunmehrige Gewerbsteuergesetz seine volle Bedeutung beibehalten. Es ist streng darauf zu achten, daß für die Ermittlung des gewerblichen Reinertrags nur solche Zinsen zum Abzug zugelassen werden, die auf Schulden entfallen, die im Gewerbebetrieb angefallen sind. Alle Schuldzinsen, die der Gewerbeinhaber aus Anlässen, die außerhalb des Gewerbebetriebs liegen, zu entrichten hat, sind vom Abzug umso zuverlässiger auszuschalten, als nach § 9 des Landessteuergesetzes die persönliche Leistungsfähigkeit des Steuerpflichtigen bei der Ertragsteuer außer Berücksichtigung gelassen werden soll. Sind die Schuldzinsen im Gewerbebetrieb angefallen, so macht es für die Abzugsfähigkeit wie bisher keinen Unterschied; ob sie unmittelbar aus dem laufenden Geschäftsbetrieb, insbesondere aus der Inanspruchnahme von Warenbezugs- oder Bankkredit herrühren oder ob sie vom Gewerbeinhaber infolge der Gründung, Erwerbung oder Erweiterung des Geschäfts oder für zum Geschäftsbetrieb geliehene und in ihm verwendete Kapitalien zu leisten sind. Daß es sich um gewerbliche Schuldzinsen handelt, ist im Zweifel von dem Steuerpflichtigen nachzuweisen. Gemeinsame Schuldzinsen, z. B. solche für ein Kapital, das zum Teil der Erwerbung der Geschäftseinrichtung oder für Warenbeschaffung, zum Teil für Erwerb eines Hauses aufgenommen wurde, das wiederum nur zum Teil für gewerbliche Zwecke verwendet wird, sind entsprechend auszuscheiden. — Nicht zu den abzugsfähigen Schuldzinsen gehören selbstverständlich Zinsen, die sich der Steuerpflichtige etwa zur Verzinsung seines eigenen im Gewerbebetrieb verwendeten Kapitals vorweg anrechnet. Solche Zinsen sind als Bestand-

teil des erzielten Gewinns dem Reinertrag zuzurechnen. (Zu vgl. § 15 Nr. 2 EStG.).

2. Die Ertragsteuern sind auch im § 13 Abs. 1 Nr. 1 EStG. unter Buchstabe a als abzugsfähige Werbungskosten benannt; sie wurden im Art. 10 Abs. II unter Ziff. 2 ausdrücklich aufgeführt, um Zweifel darüber auszuschließen, ob die Ertragsteuern und insbesondere die Gewerbsteuer auch bei der Feststellung des Reinertrags für die Ertragsteuer selbst abgezogen werden dürfen. Bei der Beratung des Gesetzes im Ausschuß für den Staatshaushalt des bayerischen Landtags bestand Übereinstimmung darüber, daß die Ertragsteuern mit jenem Betrag als Abzugsposten einzustellen sind, der in dem für die Steuerveranlagung maßgebenden Jahr tatsächlich verausgabt worden ist. Im übrigen besteht eine Abzugsfähigkeit für die Ertragsteuern selbstverständlich nur insoweit, als sie zu dem Gewerbebetrieb in wirtschaftlicher Beziehung stehen. (Zu vgl. auch § 15 unten.) Gleiches gilt für die aus der Ertragsteuer zu entrichtenden Umlagen und die Umlagen der Religionsgesellschaften und Religionsgemeinden. Zu den Ertragsteuern zählt auch die Kapitalertragsteuer.

3. Die Umsatzsteuer zählt zu den öffentlichen Abgaben, welche zu den Geschäftsunkosten zu rechnen sind, soweit sie nicht einen Teil der Haushaltungskosten des Steuerpflichtigen bildet. Sie ist daher schon nach § 13 Abs. 1 Nr. 1 a EStG. abzugsfähig. Die ausdrückliche Erwähnung im Art. 10 Abs. II Ziff. 3 dient lediglich der Verdeutlichung. Auch hier erstreckt sich die Abzugsfähigkeit, wie sich aus den Worten „aus dem Gewerbebetrieb" im Eingang des Abs. II ergibt, lediglich auf die Beträge, die im Gewerbebetrieb anfallen.

4. Mehraufwendungen im Haushalte, welche durch eine Erwerbstätigkeit der Ehefrau im Gewerbebetrieb erwachsen sind, wurden im Anschlusse an die Bestimmung im § 13 Abs. 1 Nr. 1 EStG. auch für die Gewerbsteuer ausdrücklich als abzugsfähig anerkannt. Es ist besonders zu beachten, daß eine Abzugsfähigkeit nur für solche Aufwendungen gegeben ist, die ausschließlich durch eine Erwerbstätigkeit der Ehefrau in dem zu besteuernden Gewerbebetrieb notwendig wurden. Die Bestimmung des Einkommensteuergesetzes, die den Abzug bei der Einkommensteuer für jede Erwerbstätigkeit der Ehefrau zuläßt, erfährt durch die Fassung des Art. 10 Abs. II Ziff. 4 die für die Gewerbsteuer der Natur der Sache nach gebotene Einschränkung. Im Zweifel hat der Steuerpflichtige die Notwendigkeit solcher Mehraufwendungen glaubhaft darzutun.

V *In Ansehung der Abschreibungen (Absetzungen) entspricht die Bestimmung im § 13 Abs. 1 Nr. 1 b und c EStG. inhaltlich im wesentlichen der Bestimmung im Art. 12 Abs. I Ziff. 4 des bisherigen bayerischen Einkommensteuergesetzes. Da die Bestimmungen des § 13 Abs. 1 Nr. 1 auch für die Gewerbsteuer gelten (siehe oben Abs. III und Abs. IV im Eingang), sind daher Abschreibungen für die Gewerbsteuer im gleichen Maße zugelassen, wie für die Einkommensteuer und es werden hiefür im wesentlichen die bisherigen Grundsätze und die einschlägige Rechtsprechung auch fernerhin anwendbar sein (zu vgl. § 18 Abs. IV und § 35 Abs. III der Vollzugsvorschriften vom 28. Mai 1911 zum Einkommensteuergesetz vom 14. August 1910, GVBl. 1911 S. 474/75 und 479). Einer auf Anfrage im Haushaltsausschuß des bayerischen Landtags bei der Beratung des Gewerbsteuergesetzes abgegebenen Erklärung der*

Staatsregierung entsprechend soll bei der Würdigung der Angemessenheit durchgeführter Abschreibungen auch fernerhin von wohlwollenden Gesichtspunkten ausgegangen und auf die Zeitverhältnisse entsprechend Rücksicht genommen werden.

VI *Gemäß Art. 10 Abs. I hat auch die Bestimmung im § 59 a EStG. für die Ermittlung des gewerblichen Reinertrags zur Gewerbsteuer gleichmäßig Anwendung zu finden (siehe § 12 Abs. I oben). Die Bestimmung gilt aber vorerst nur für die der Einkommensteuer, nicht auch für die der Körperschaftssteuer unterliegenden Pflichtigen, da der die Ausdehnung auf das Körperschaftssteuergesetz vorsehende Gesetzentwurf dermalen noch nicht Gesetz geworden ist.*

Bek. § 14.

(Zu Abs. III.)

I *Die nicht zum Abzug zugelassenen Ausgaben bemessen sich zunächst nach den Bestimmungen des § 15 EStG., die auch für die körperschaftssteuerpflichtigen Gesellschaften etc. sinngemäß Anwendung finden (§ 5 KStG.). Die Aufzählung im Art. 10 Abs. III hat gleich jener im Art. 10 Abs. II (siehe § 13 Abs. IV oben) nicht die Bedeutung einer Ausschaltung, sondern nur die einer Ergänzung der vorbezeichneten Bestimmung des Einkommensteuergesetzes. Im einzelnen wird*

1. bezüglich der nicht im Gewerbebetrieb anfallenden Schuldzinsen auf § 13 Abs. IV Ziff. 1 oben verwiesen.

2. Unter den auf die Person des Steuerpflichtigen und seiner Haushaltungsangehörigen bezüglichen Aufwendungen sind außer den im § 15 Nr. 3 EStG. erwähnten, zur Bestreitung des Haushalts des Steuerpflichtigen und zum Unterhalt seiner Familie aufgewendeten Beträgen insbesondere auch die im § 13 Abs. 1 Nr. 3—6 EStG. aufgezählten Aufwendungen zu verstehen. Zur Wahrung des Charakters der Gewerbsteuer als Ertragsteuer im Sinn des § 9 des Landessteuergesetzes ist sorgfältig auf die Fernehaltung aller persönlichen Aufwendungen aus dem gewerblichen Ertrag zu achten.

3. Einkommen- und Körperschaftssteuer sind gemäß § 15 Nr. 4 EStG. und § 8 Nr. 2 KStG. schon vom Abzug bei diesen beiden Steuern ausgeschlossen und um so weniger bei der Ertragsteuer abzugsfähig. Die Entscheidung, welche Steuern als Personalsteuern zu erachten sind, ist in der Begründung zum Entwurf eines Reichseinkommensteuergesetzes (Drucksachen der Nationalversammlung Nr. 1624 S. 49) der Rechtsprechung überlassen worden. Im 10. Ausschuß der Nationalversammlung (Drucksache Nr. 2149 S. 62) sind jedoch die Kriegssteuern ausdrücklich als persönliche Steuern bezeichnet worden. Auch das Reichsnotopfer wird zu den Personalsteuern gerechnet werden müssen. Demgemäß ist auch der für die Einkommen- und Körperschaftssteuer nach § 14 EStG. und § 5 KStG. zum Abzug zugelassene Teil der Notopfertilgungsrente und des Reichsnotzinses für die Gewerbsteuer als nicht abzugsfähig zu behandeln, ebenso im Hinblick auf § 15 Nr. 1 EStG. und § 5 KStG. der auf die Tilgung entfallende Teilbetrag.

II *Die Bestimmungen im § 15 Nr. 1 EStG. und § 8 Nr. 1 KStG. decken sich inhaltlich im wesentlichen mit der Vorschrift im Art. 12 Abs. III Ziff. 1 des bisherigen bayerischen Einkommensteuergesetzes.*

III *Wegen der Zinsen für das im Gewerbebetrieb angelegte eigene Vermögen des Steuerpflichtigen (§ 15 Nr. 2 EStG.) wird auf § 13 Abs. IV Ziff. 1 Schlußsatz oben verwiesen.*

Bek. § 15.

(Zu Abs. IV.)

I *Die Vorschrift im Art. 10 Abs. IV ist nach Zweck und Wirkung gleich der Vorschrift im Art. 10 Abs. II des bisherigen Gewerbsteuergesetzes; nur in der Form ist an Stelle des Abzugs des mit der Haussteuer veranlagten Mietertragsanschlags für die Geschäftsräume des Unternehmers im eigenen Hause vom Reinertrag die Zusetzung dieses Mietertragsanschlags bei den Betriebsausgaben (Werbungskosten) getreten. Die Bestimmung kann dem Wortlaute des Gesetzes entsprechend nur für Geschäftsräume in Miethaussteuergemeinden zur Anwendung kommen. Mietertragsanschlag im Sinne des Art. 10 Abs. IV ist der jeweils bei der letzten Miethaussteuereinschätzung festgestellte steuerbare Mietertragsanschlag, also der nach Berücksichtigung des § 4 Abs. II des Haussteuergesetzes verbleibende Mietertrag. Die Fassung des Satzes 2 des Abs. IV bezweckt keine sachliche Änderung. Die einschlägigen Ausführungen im § 16 Abs. I der VV. z. GewStG. vom 28. Mai 1911 (GVBl. S. 694) über die allenfallsige Ausscheidung der gegenüberstehenden Schuldzinsen werden daher auch fernerhin noch anwendbar sein.*

II *Die Bestimmung im Art. 11 bringt eine wesentliche Neuerung gegenüber dem bisherigen Rechtszustand zugunsten der Steuerpflichtigen, indem nunmehr vor Berechnung der Ertragsanlage aus dem gewerblichen Betriebsgewinn die Reinerträge ausgeschieden werden dürfen, die aus Grund- und Hausbesitz geflossen sind. Damit sind auch Erträgnisse aus Grund- und Hausbesitz, die an sich zum gewerblichen Ertrag zu rechnen sind, wie beispielsweise die Erträgnisse aus Arbeiterwohnungen eines Fabrikunternehmens (zu vgl. Mitteilungen der Oberberufungskommission Band XIV S. 162, 165, siehe auch XIII S. 168, 173) von der Gewerbsteuer frei gestellt. Die Freistellung der Reinerträge aus Kapitalbesitz, aus denen Kapitalertragsteuer an das Reich zu entrichten ist, gründet sich auf § 2 des Landessteuergesetzes. Die Ausführungen des § 10 Abs. II dieser Bekanntmachung gelten auch hierher.*

III *Zu beachten ist, daß Art. 11 nur die Reinerträge als ausscheidbar bezeichnet. Unter den Betriebsausgaben aufgerechnete, auf auszuscheidende Erträgnisse entfallende Aufwendungen müssen daher gleichfalls ausgeschieden werden, so daß tatsächlich nur Reinerträgnisse zum Abzug gelangen. Insbesondere haben nach Erklärung der Staatsregierung im Haushaltsausschuß des bayerischen Landtags bei der Gesetzesberatung Ertragsteuern nebst Umlagen und religionsgesellschaftlichen oder religionsgemeindlichen Umlagen (Art. 10 Abs. II Ziff. 2), die auf die gemäß Art. 11 aus dem gewerblichen Reinertrag auszuscheidenden Reinerträge, also auf die von der Ausscheidung berührten Objekte entfallen, aus den abziehbaren Werbungskosten auszuscheiden (zu vgl. § 13 Abs. IV Ziff. 2 oben).*

1. Vorbemerkung: Von der grundsätzlichen Anpassung der Vorschrift über die Ermittlung des gewerblichen Reinertrages an die Vorschriften des REStG. und des KörpschStG. ergeben sich Ausnahmen im Hinblick auf § 9 d. LStG. und im Hinblick auf den in Art. 10 enthaltenen Vorbehalt der Beachtung des Art. 4 I. Siehe Bek. § 12 IV und V, ferner soweit die Reinerträge aus Grund, Hausbesitz und Kapitalsertrag fließen: Art. 11. Abweichungen von dem bisherigen Recht: Bek. § 12 II und III.

2. **Gewerblicher Reinertrag:** Bek. § 12 I (Aufzählung der einschl. Vorschriften der Reichsgesetze), § 13 I (Betriebsstätten an verschiedenen Orten, außerhalb Bayerns und Deutschlands).

3. Bek. § 12 V.

4. **Werbungskosten:** Bek. § 13 III. Abschreibungen: § 13 V. Werkerhaltungskonten: § 13 VI. **a)** Bek. § 13 IV Ziff. 1. **b)** § 13 IV Ziff. 2. **c)** § 13 IV Ziff. 3. **d)** § 13 IV Ziff. 4.

5. **Nicht zum Abzug zugelassene Ausgaben:** Bek. § 14. **a)** § 14 I Ziff 1. **b)** § 14 Ziff. 2. **c)** § 14 Ziff. 3.

6. **Geschäftsräume im eigenen Haus:** Bek. § 15 I.

7. **Reinerträge aus Grund, Hausbesitz und Kapitalertrag:** Bek. § 15 II und III.

Art. 12.

Bei Gewerbtreibenden, deren Betriebskapital nicht mehr als 6000 ℳ beträgt, bleibt die Betriebskapitalsanlage und bei solchen, deren Reinertrag [1]) nicht mehr als 2000 ℳ beträgt, die Ertragsanlage außer Ansatz [2]).

Bek. § 16.

I *Reinertrag im Sinne des Art. 12 ist der nach Maßgabe der Bestimmungen in Art. 10 Abs. IV und Art. 11 gekürzte Reinertrag (zu vgl. § 15).*

II *Die Bestimmungen des bisherigen Gewerbsteuergesetzes (Art. 11 Abs. II und III) über die vormerkungsweise Veranlagung der staatssteuerfrei belassenen Beträge des Betriebskapitals und der Ertragsanlage zur Begründung der Umlagenpflicht sind nunmehr gestrichen.*

III *Berechnungsbeispiele siehe § 9 Abs. V.*

Art. 12 entspricht dem Art. 12 Abs. I RE. und dem Art. 11 Abs. I des bish. Ges. in der Fassung des Ges. vom 17. August 1918 (GVBl. S. 429). Abs II u. III des RE., die die Umlagenrechte der Gemeinden und Ortschaften durch vormerkungsweise Veranlagung (vergl. Anm. 1 zu Art. 3) der staatssteuerfrei belassenen Beträge des Betriebskapitals und des Reinertrags zu wahren suchten, wurden gestrichen, Anträge, die eine Erhöhung der Ziffern in Abs. I bezweckten, wurden abgelehnt (StB. S. 470, 476). (Ringelmann-Mühlfeld S. 134.)

1. **Reinertrag:** Bek. § 16.

2. **Beispiele:** Bek. § 16 III. § 9 der Bek. ist in Anschluß an Art. 7 abgedruckt.

III. Veranlagung der Steuer.

Art. 13.

I Die Veranlagung zur Gewerbsteuer erfolgt jeweils für ein Rechnungsjahr. Veranlagungsgrundlage ist das Ergebnis jenes Zeitraums, der der Veranlagung zur Reichseinkommensteuer [1]) oder zur Körperschaftssteuer zugrunde zu legen ist oder zugrunde zu legen wäre [2]). Die Veranlagung findet statt bei natürlichen Personen nach Ablauf des Kalenderjahres, bei juristischen Personen und nichtrechtsfähigen Vereinigungen nach Ablauf des maßgebenden Geschäfts- oder Kalenderjahres.

II Die für ein Rechnungsjahr festgestellte Steuerschuld (endgültige Steuerschuld) gilt zugleich als vorläufige Steuerschuld für das folgende Rechnungsjahr.

III Erhöht sich der Wert des steuerbaren Betriebskapitals oder der steuerbare Reinertrag eines Gewerbes für ein Rechnungsjahr voraussichtlich gegenüber den für das vorausgegangene Rechnungsjahr festgestellten Beträgen und würde sich dadurch eine Erhöhung der Gewerbsteuer (Betriebskapitalsanlage und Ertragsanlage) um mehr als dreihundert Mark ergeben, so kann die vorläufige Steuerschuld neu festgesetzt werden.

IV Macht ein Steuerpflichtiger glaubhaft, daß sich der Wert des steuerbaren Betriebskapitals oder der steuerbare Reinertrag seines Gewerbes für ein Rechnungsjahr gegenüber den für das vorausgegangene Rechnungsjahr festgestellten Beträgen voraussichtlich vermindern wird, und würde sich dadurch eine Verminderung der Gewerbsteuer (Betriebskapitalsanlage und Ertragsanlage) um mehr als dreihundert Mark ergeben, so ist der auf den wahrscheinlichen Betrag der Verminderung entfallende Teil der vorläufigen Steuerschuld außer Hebung zu setzen. In gleicher Weise ist zu verfahren, wenn eine entsprechende Verminderung des Wertes des steuerbaren Betriebskapitals oder des steuerbaren Reinertrags gegenüber den nach Abs. III festgestellten Beträgen glaubhaft gemacht wird.

V Bei der Festsetzung der vorläufigen Steuerschuld nach Abs. III und IV durch das Finanzamt findet eine Mitwirkung des Ausschusses nicht statt; diese Festsetzung ist nur durch die Aufsichtsbeschwerde anfechtbar.

VI Die als vorläufige Steuerschuld entrichteten Beträge werden auf die endgültige Steuerschuld angerechnet.

VII Solange einem Steuerpflichtigen ein Steuerbescheid für ein Rechnungsjahr nicht zugegangen ist, hat er auf die vorläufige Steuerschuld für das folgende Rechnungsjahr Teilzahlungen unter Zugrundelegung der zuletzt festgestellten Steuerschuld nach näherer Bestimmung des Staatsministeriums der Finanzen zu entrichten.

Bek. § *17.*

(Zu Abs. I.)

I *Die Veranlagung zur Gewerbsteuer erfolgt jeweils für ein Rechnungsjahr. Das Rechnungsjahr — die Zeit vom 1. April eines Jahres bis zum 31. März des nächsten Jahres — ist also der Zeitraum, für den die Gewerbsteuer erhoben wird (Steuerjahr). Hiervon verschieden ist jener Zeitraum, dessen Ergebnis die Grundlage für die Veranlagung der Gewerbsteuer zu bilden hat. Als letzterer Zeitraum gilt das Kalenderjahr, dessen Ende in das Rechnungsjahr fällt, oder das Wirtschafts-(Geschäfts-, Betriebs-) Jahr, das in diesem Kalenderjahr endet (zu vgl. Abs. II).*

II *Nach Art. 13 Abs. I ist Veranlagungsgrundlage das Ergebnis jenes Zeitraums, der der Veranlagung zur Reichseinkommensteuer oder zur Körperschaftssteuer zugrunde zu legen ist oder zugrunde zu legen wäre. Bei natürlichen Personen erfolgt die Veranlagung zur Einkommensteuer für Einkommen aus Gewerbebetrieb nach § 29 Abs. 1 EStG. grundsätzlich nach dem steuerbaren Einkommen, das der Steuerpflichtige während der Dauer seiner Steuerpflicht in dem Kalenderjahr bezogen hat, dessen Ende in das Rechnungsjahr fällt. Bei Steuerpflichtigen, die für ein vom Kalenderjahr abweichendes Wirtschafts- (Geschäfts-, Betriebs-) Jahr regelmäßige Geschäftsabschlüsse machen, tritt aber an Stelle des Kalenderjahrs das Wirtschafts- (Geschäfts-, Betriebs-) Jahr, das in dem maßgebenden Kalenderjahr endet. Bei juristischen Personen und nichtrechtsfähigen Vereinigungen bildet den Maßstab der Besteuerung, also die Veranlagungsgrundlage, das Einkommen des Wirtschafts- (Geschäfts-, Betriebs-) Jahrs, das der Steuerpflichtige angenommen hat, in Ermangelung eines solchen das Einkommen des Kalenderjahrs (§ 20 KStG.). Die Körperschaftssteuer wird, anders wie die Einkommensteuer, nicht für ein Rechnungsjahr veranlagt, sondern im ganzen Betrag alsbald nach Beendigung des Wirtschafts- (Geschäfts-, event. Kalender-) Jahrs eingehoben (§§ 21, 29 KStG., § 29 EStG.). Abweichend hiervon erfolgt die Gewerbsteuerveranlagung auch der juristischen Personen und nichtrechtsfähigen Vereinigungen für ein Rechnungsjahr. Für diese Gewerbsteuerveranlagung der juristischen Personen und nichtrechtsfähigen Vereinigungen für ein Rechnungsjahr kommt jenes Wirtschafts- (Geschäfts-, Betriebs-) Jahr, das in dem Kalenderjahr abläuft, dessen Ende in das maßgebende Rechnungsjahr fällt, bezw. dieses Kalenderjahr selbst in Betracht.*

III *In den Fällen, in denen die Steuerpflicht nicht während des ganzen maßgebenden Kalenderjahrs bestanden hat, oder die Steuerpflicht für ein Rechnungsjahr nach dem 31. Dezember begründet worden ist, ist bei allen Gewerbsteuerpflichtigen — bei den natürlichen Personen und bei den juristischen Personen und nichtrechtsfähigen Vereinigungen — hinsichtlich der Berechnung des für das Rechnungsjahr steuerbaren gewerblichen Reinertrags nach Maßgabe des § 29 Abs. 3 und 4 EStG. zu verfahren. Die §§ 22 und 23 KStG., das eine Veranlagung für ein Rechnungsjahr nicht kennt, wie sie für die Gewerbsteuer im Art. 13 Abs. I auch hinsichtlich der juristischen Personen und nichtrechtsfähigen Vereinigungen vorgeschrieben ist, kommen sonach nicht zur Anwendung.*

IV *Die Veranlagung findet bei den natürlichen Personen nach Ablauf des Kalenderjahrs statt, dessen Ende in das maßgebende Rechnungsjahr fällt. Es ist tunlichst darauf hinzuwirken, daß die Veranlagung gleichzeitig mit der Einkommensteuerveranlagung durchgeführt werden kann. Bei den juristischen Personen und nichtrechtsfähigen Vereinigungen könnte die Veranlagung nach Art. 13 Abs. I Satz 2 bereits nach Ablauf des maßgebenden Wirtschafts- (Geschäfts-, Betriebs-) Jahrs für jeden einzelnen Gewerbsteuerpflichtigen erfolgen. Im Interesse einer einheitlichen Veranlagung aller Gewerbsteuerpflichtigen wird indessen an-*

geordnet, daß auch mit der Veranlagung der juristischen Personen und nichtrechtsfähigen Vereinigungen bis zum Ablauf des Kalenderjahrs zugewartet wird, in dem die Wirtschafts- (Geschäfts-, Betriebs-) Jahre enden, deren Ergebnis für das Rechnungsjahr die Grundlage der Besteuerung zu bilden hat. Kann in den im Abs. III bezeichneten Fällen die Veranlagung nicht nach Ablauf des Kalenderjahrs stattfinden, so ist sie tunlichst gleichzeitig mit der Einkommen- oder Körperschaftssteuerveranlagung vorzunehmen (§ 29 Abs. 1 Satz 2, Abs. 4 EStG., § 21 KStG.). Dabei ist aber zu beachten, daß die veranlagte Gewerbsteuer nur für jenen Zeitraum des maßgebenden Rechnungsjahrs erhoben werden darf, während dessen die Steuerpflicht bestanden hat (zu vgl. Art. 46 Abs. VII und §§ 46, 47).

Bek. § 18.

(Zu Abs. II—VII.)

I *Die Gewerbsteuerschuld für ein Rechnungsjahr wird für natürliche und juristische Personen und nichtrechtsfähige Vereinigungen erst nach Ablauf des für dieses Rechnungsjahr maßgebenden Kalenderjahrs, also erst im 4. Viertel dieses Rechnungsjahrs durch Veranlagung festgestellt (Art. 13 Abs. I). Es findet hiernach anders wie bei der Gewerbsteuer nach dem Gesetz vom* $\frac{14.\,8.\,1910}{17.\,8.\,1918}$ *im allgemeinen die Veranlagung erst gegen Ende des Erhebungszeitraums (Steuerjahrs) statt. Da aber mit der Erhebung der Gewerbsteuer nicht bis zum Ende des jeweiligen Rechnungsjahrs zugewartet werden kann, bestimmt das Gesetz in Art. 13 Abs. II, daß die für ein Rechnungsjahr festgestellte Steuerschuld (endgültige Steuerschuld) zugleich als vorläufige Steuerschuld für das folgende Rechnungsjahr gilt und als solche bis zur Feststellung der endgültigen Steuerschuld erhoben wird (Art. 13 Abs. VII).*

II *Die vorläufige Steuerschuld für ein Rechnungsjahr wird vom Finanzamt auf Grund der Hauptveranlagung des letzten Rechnungsjahrs festgesetzt. Wird jedoch eine bei der letzten Hauptveranlagung festgestellte endgültige Steuerschuld durch eine Neuveranlagung (§ 51) oder eine Berichtigung (§ 54) geändert, so ist dies für die Festsetzung der vorläufigen Steuerschuld maßgebend. Wegen des Verfahrens bei der Festsetzung zu vgl. § 50 Abs. I.*

III *Für Zugange von Gewerben im Laufe des Rechnungsjahrs ist das Verfahren bei der Neufestsetzung der vorläufigen Steuerschuld im Art. 46 und in §§ 46, 50 Abs. III geregelt.*

IV *Die vorläufige Steuerschuldigkeit wird an sich während des Rechnungsjahrs und beim Vorliegen der Voraussetzungen des Art. 13 Abs. VII auch über das Rechnungsjahr hinaus solange unverändert forterhoben, bis die endgültige Steuerschuld festgestellt und dem Steuerpflichtigen ein Bescheid über die endgültige Steuerfestsetzung zugestellt werden kann. Doch ist zugunsten der Staatskasse im Art. 13 Abs. III unter den dort bezeichneten Voraussetzungen eine Neufestsetzung der vorläufigen Steuerschuld zugelassen. Ist dem Finanzamt bekannt, daß diese Voraussetzungen bei einem Steuerpflichtigen zutreffen, so kann gleichwohl von Neufestsetzung der vorläufigen Steuerschuld im Interesse der Geschäftsvereinfachung abgesehen werden, wenn der Steuerunterschied für ein Rechnungsjahr den im Art. 13 Abs. III vorgesehenen Betrag von 300 Mk. nicht erheblich übersteigt und der Steuereingang nicht gefährdet ist. Andernfalls hat das Finanzamt die vorläufige Steuerschuld für das laufende Rechnungsjahr nach pflichtgemäßem Ermessen neu festzusetzen. Dem Finanzamt stehen bei dieser Neufestsetzung die gleichen Befugnisse wie bei der allgemeinen Veranlagung zu. Insbesondere kann auf Grund des Art. 17 Abs. IV die Abgabe einer Steuererklärung verlangt werden.*

V *Das Gesetz sieht im Art. 13 Abs. IV auch eine Abminderung der vorläufigen Steuerschuld zugunsten des Steuerpflichtigen vor. Wird ein solcher Abminderungsantrag gestellt, der an sich an keine Frist gebunden ist, so hat das Finanzamt, wenn gegen die vorgebrachten Gründe keine Bedenken bestehen, die vorläufige Steuerschuld der wahrscheinlichen Verminderung der Gewerbsteuer (Betriebskapitals- und Ertragsanlage) entsprechend zu ermäßigen und den Unterschiedsbetrag außer Hebung zu setzen. Andernfalls ist dem Antragsteller mitzuteilen, daß die Neufestsetzung der vorläufigen Steuerschuld erst dann erfolgen kann, wenn er die noch bestehenden näher zu bezeichnenden Anstände aufgeklärt hat.*

VI *In den Fällen des Abs. IV und V findet an sich eine Mitwirkung der Ausschüsse nicht statt. Dies schließt nicht aus, daß das Finanzamt nach seinem Ermessen den Ausschuß zur Mitwirkung bei der Festsetzung insbesondere in solchen Fällen heranzieht, in denen es die Mitwirkung auch für die Einkommensteuer als angezeigt erachtet (zu vgl. § 75 Abs. 4 EStAB.). Hierdurch wird aber nichts daran geändert, daß es sich bei dieser Neufestsetzung der vorläufigen Steuerschuld um ein Verwaltungsverfahren handelt, das nur mit Aufsichtsbeschwerde anfechtbar ist. Das Finanzamt kann auch von Aufsichtswegen zu einer Neufestsetzung der vorläufigen Steuerschuld nach Maßgabe des Abs. IV und V angehalten werden.*

VII *Die Bestimmungen über die vorläufige Steuerschuld gelten auch für die Gewerbsteuer der juristischen Personen und nichtrechtsfähigen Vereinigungen.*

Unverändert gegenüber dem Entwurf bis auf Abs. I, dessen Schlußsatz: „Die Veranlagung findet nach Ablauf des Kalenderjahres statt" durch Satz 3 ersetzt wurde (StB. S. 470, 476).

1. Reichseinkommensteuer. Eine gewisse Unklarheit ergibt sich dadurch, daß Gesetz und Vollzugsvorschriften offenbar von der Fassung des REStG. ausgehen, die es durch Gesetz vom 24. März 1921 erhalten hat, aber noch nicht die späteren Fassungen z. B. durch das Gesetz vom 20. Dezember 1921 (RGBl. S. 1580) berücksichtigen. Vgl. insbesondere § 17 II der Bek. u. § 17 III, der auf den inzwischen aufgehobenen Abs. IV des § 29 RESt. Bezug nimmt. Man wird — mit Ringelmann-Mühlfeld S. 145 ff. — folgende Auslegungsgrundsätze aufstellen müssen:

1. Wörtlich (nicht durch Paragraphzitate) übernommene Bestimmungen werden durch Änderung d. RESt. (ebenso and. RG.) nicht berührt.

2. In Bezug genommene Paragraphen passen sich schlechthin an, soweit sie nicht im derz. Aufbau d. GewStG. widerspruchsvoll wirken würden.

S. auch die Fußnote zu Bek. § 11 (abgedruckt hinter Art. 9). Am besten dürfte im übrigen wohl sein, wenn das GewStG. an das REStG. vollkommen angepaßt würde.

2. Siehe Anm. 1 zu Art. 14.

Art. 14.

I Die Veranlagung erfolgt an dem Orte, an dem der Gewerbsteuerpflichtige, bei einheitlicher Veranlagung eines von mehreren Personen betriebenen Gewerbes (Art. 4 Abs. I) an dem Orte, an dem einer der Unternehmer zur Reichseinkommensteuer oder zur Körperschaftssteuer zu veranlagen ist oder zu veranlagen wäre[1]).

II Für Pflichtige, die in Bayern zwar zur Gewerbsteuer, zur Reichseinkommensteuer oder Körperschaftssteuer aber außerhalb Bayerns[2]) zu veranlagen sind, liegt die Zuständigkeit bei jenem Finanzamt, in dessen Bezirk das Unternehmen betrieben wird; wird das Unternehmen in mehreren Bezirken betrieben, so ist zuständig

a) in erster Linie jenes in Bayern gelegene Amt, in dessen Bezirk sich die Leitung[3]) des Betriebes befindet,

b) in zweiter Linie jenes in Bayern gelegene Amt, in dessen Bezirk der nach Art. 2 ernannte Vertreter wohnt[4]),

c) in letzter Linie — wenn ein Vertreter nicht bestellt ist — jenes in Bayern gelegene Amt, in dessen Bezirk sich der größere Teil des in Bayern gelegenen oder untergebrachten Vermögens befindet[5]).

III Die bezüglich des Veranlagungsorts weiter erforderlichen Bestimmungen sind durch das Staatsministerium der Finanzen zu treffen.

Ort der Veranlagung. *Bek. § 19.*

I *Nach Art. 14 erfolgt die Veranlagung zur Gewerbsteuer an dem Orte, an dem der Gewerbsteuerpflichtige, bei einheitlicher Veranlagung eines von mehreren Personen betriebenen Gewerbes (Art. 4 Abs. I) an dem Orte, an dem einer der Unternehmer zur Reichseinkommensteuer oder zur Körperschaftssteuer zu veranlagen ist oder zu veranlagen wäre. Für Gewerbsteuerpflichtige, die von einem Finanzamt in Bayern zur Einkommensteuer oder zur Körperschaftssteuer veranlagt werden, ist dieses Finanzamt auch für die Veranlagung der Gewerbsteuer zuständig. Die Zuständigkeit eines Finanzamts zur Einkommensteuerveranlagung und zur Körperschaftssteuerveranlagung von Gewerbetreibenden bemißt sich nach §§ 51—53 RAO. mit §§ 5—15 EStAB. und §§ 2, 3, 5 KStAB. Hiernach ist bei gewerbetreibenden natürlichen Personen in erster Linie das Finanzamt des Wohnsitzes, bei gewerbetreibenden juristischen Personen und nichtrechtsfähigen Vereinigungen in erster Linie das Finanzamt zuständig, in dessen Bezirk das Unternehmen betrieben wird. Wird das zuständige Finanzamt für einen Gewerbetreibenden durch das vorgesetzte Landesfinanzamt oder durch den Reichsminister der Finanzen bestimmt, so ist dieses Finanzamt zunächst auch für die Veranlagung der Gewerbsteuer zuständig. Von der Entscheidung des Reichsministers der Finanzen ist jedoch im Einzelfall dem Staatsministerium der Finanzen im Hinblick auf Art. 14 Abs. III Kenntnis zu geben.*

II *Für die Fälle, in denen der Pflichtige zur Reichseinkommensteuer oder zur Körperschaftssteuer außerhalb Bayerns zu veranlagen ist, bestimmt sich das zuständige Finanzamt und der Veranlagungsort nach Art. 14 Abs. II.*

III *In den Fällen des Art. 14 Abs. II bemißt sich die Zuständigkeit der Finanzämter hinsichtlich des Standes der die Zuständigkeit bedingenden Verhältnisse für natürliche Personen nach § 13 EStAB., für juristische Personen und nichtrechtsfähige Vereinigungen nach § 3 KStAB.*

IV *Jede gewerbsteuerpflichtige natürliche oder juristische Person und nichtrechtsfähige Vereinigung ist für ein Rechnungsjahr mit dem steuerbaren Betriebskapital und dem steuerbaren Reinertrag nur an einem Orte in Bayern (Veranlagungsorte) zur Gewerbsteuer zu veranlagen.*

Abs. I u. III unverändert gegenüber dem RE.; wegen der Änderung des Abs. II zu vergl. Anm. 3 (StB. S. 470, 477).

1. Dieser Beisatz, dem ein ähnlicher Beisatz in Art. 13 entspricht, soll nach der Begründung außer Zweifel stellen, daß diese Bestimmungen auch in den Fällen zur Anwendung kommen, in denen eine Besteuerung nach dem REStG. oder KörpschStG. unterbleibt.

2. **Außerhalb Bayerns:** Abs. II fehlt in dieser Form im Entwurf, der auf die sinngemäße Anwendung der Vorschriften der RAO. verwies.

3. **Leitung:** Ist eine technische und kaufmännische Leitung vorhanden, die sich an verschiedenen Orten befinden, so ist die kaufmännische Leitung maßgebend. (Vgl. Mrozek Anm. 19 zu § 51 RAO. und Rosendorff Ergänzungsband zur Handausgabe des KörpschG. S. 139, ferner § 17 CPO., JW. 1904, 231, RG. 27, 422, Staub § 182 Anm. 17, Staub-Hachenburg § 3 Anm. 3 u. 4.)

4. **Wohnt**: Wohnt der Vertreter an verschiedenen Orten, so kann nicht § 57 AO. zur Anwendung kommen, da es sich ja nicht um einen nach Maßgabe der RAO. ernannten Vertreter handelt. Vielmehr wird dann das bayerische Finanzministerium das zuständige Finanzamt zu bestimmen haben. Vgl. auch Abs. III des Art. 14.

5. **Vermögen**: Die Regelung entspricht § 51 RAO. Abs. 3 Ziff. 2. Vgl. Mrozek Anm. 22 zu § 51 RAO.

Art. 15 [1]).

I Die Gemeindebehörde [2]) hat vor Beginn des Veranlagungsgeschäfts eine Nachweisung sämtlicher im Gemeindebezirke betriebenen Gewerbe und ihrer Unternehmer und Vertreter (Gewerbeverzeichnis) herzustellen; für die Herstellung kann sie die Mitwirkung der Hausbesitzer in Anspruch nehmen.

II Das Staatsministerium der Finanzen ist ermächtigt, mit Zustimmung des Reichs die Herstellung des Gewerbeverzeichnisses mit der zur Veranlagung der Reichseinkommensteuer stattfindenden Personenstandsaufnahme zu verbinden oder von dessen Herstellung ganz oder teilweise Umgang nehmen zu lassen.

Gewerbeverzeichnis. *Bek. § 20.*

I *Die Herstellung des Gewerbeverzeichnisses hat in Verbindung mit der für die Zwecke der Reichseinkommensteuerveranlagung stattfindenden Personenstandsaufnahme und nach dem für diese Aufnahme maßgebenden Stande zu erfolgen (§§ 16—18 EStAB.) Soweit ein Bedürfnis besteht, können in den Wohnungs- oder Hauslisten (§ 18 Abs. 2 EStAB.) besondere Spalten für die Angabe der Inhaber von Geschäftsräumen und für die Angabe der gewerblichen Betriebsstätten vorgesehen werden (§ 18 Abs. 4 EStAB.) und zwar ohne Rücksicht darauf, ob es sich um natürliche oder um juristische Personen und nichtrechtsfähige Vereinigungen handelt. Die Unterlage für die Herstellung des Gewerbeverzeichnisses bilden die Wohnungs- oder Hauslisten und die von den Gemeindebehörden im Vollzuge des § 21 EStAB. anzulegenden Verzeichnisse derjenigen natürlichen Personen, welche in dem Gemeindebezirk eigenen oder gepachteten Grundbesitz oder eine gewerbliche Betriebsstätte haben, aber an einem anderen Orte des Reiches wohnen etc., ferner, wenn solche aufgestellt sind, die Einkommensnachweisungen der Gemeindebehörden (§§ 39—42 EStAB.) und die Nachweise der Gemeindebehörden über die nach dem Körperschaftssteuergesetz zu behandelnden Steuerpflichtigen (§§ 9—12 KStAB.). Beschränkt sich die jährliche Personenstandsaufnahme auf die Feststellung der eingetretenen Änderungen, so findet nur eine Berichtigung des Gewerbeverzeichnisses nach Maßgabe dieser Feststellungen und der Veränderungsanzeigen statt (§ 18 Abs. 5, § 21 Abs. 1 Satz 2 EStAB.).*

II *Wegen eines Vordrucks für das Gewerbeverzeichnis zu vgl. die Anlage 6 zu § 19 Abs. I der VV. z. GewStG. vom 28. Mai 1911. Das Landesfinanzamt (die Landesmittelstelle) kann über die Einrichtung des Gewerbeverzeichnisses Bestimmungen treffen.*

III *Die Ermächtigung nach Art. 15 Abs. II von der Herstellung des Gewerbeverzeichnisses ganz oder teilweise Umgang nehmen zu lassen, wird den Landesfinanzämtern (Landesmittelstellen) übertragen. Unter der Voraussetzung, daß bei der Personenstandsaufnahme bezw. bei der Herstellung der Personenverzeichnisse (§ 19 EStAB.) die Inhaber von Geschäftsräumen und die gewerblichen Betriebsstätten festgestellt werden, kann in der Regel eine wiederholte Inanspruchnahme der Hausbesitzer zum Zwecke der Ermittlung der Gewerbetreibenden (eine förmliche Personenstandsaufnahme für die Gewerbsteuerveranlagung) sowie eine Anfertigung von Gewerbeverzeichnissen unterbleiben.*

Gewerbsteuerhauptliste. *Bek. § 21.*

I *Die Gewerbsteuerhauptliste ist tunlichst zugleich mit der Einkommensteuerhauptliste (§§ 25—28 EStAB.) aufzustellen. Die gewerbsteuerpflichtigen n a t ü r l i c h e n Personen sind aus der Einkommensteuerhauptliste, die gewerbsteuerpflichtigen juristischen Personen und nichtrechtsfähigen Vereinigungen sind aus der Körperschaftssteuerhauptliste zu entnehmen, die nach §§ 17, 18 KStAB. aufgestellt sind. Die im Art. 45 Abs. II und § 28 EStAB. zugelassene Benützung der Einkommensteuerlisten für die Zwecke der Veranlagung der Gewerbsteuer wird wegen des bedeutenden Umfangs dieser Steuerlisten nicht für zweckmäßig erachtet. Die Körperschaftssteuerhauptliste eignet sich ohnehin nicht zur Benützung für die Gewerbsteuerveranlagung der juristischen Personen und nichtrechtsfähigen Vereinigungen, da diese Körperschaften ebenso wie die natürlichen Personen zur Gewerbsteuer auf Grund des Wirtschafts- (Geschäfts-, Betriebs-) Jahrs zu veranlagen sind, das in dem Kalenderjahr endet, dessen Schluß in das Rechnungsjahr fällt, während die Körperschaftssteuerhauptliste jene Steuerpflichtigen umfaßt, deren Wirtschafts-etc.-jahr in dem maßgebenden Rechnungsjahr abläuft (§ 17 KStG.). Es wird daher bis auf weiteres bestimmt, daß für die sämtlichen Pflichtigen, natürlichen und juristischen Personen und nichtrechtsfähigen Vereinigungen, eine eigene Gewerbsteuerhauptliste aufzustellen ist.*

II *Wegen eines Vordrucks für die Gewerbsteuerhauptliste zu vgl. Anlage 3.*

III *Die Gewerbsteuerhauptliste ist spätestens bis zum 1. Januar aufzustellen. Ist eine Gemeinde in mehrere Steuerbezirke geteilt, so ist für jeden Steuerbezirk eine besondere Gewerbsteuerhauptliste aufzustellen. In die Gewerbsteuerhauptliste einer Gemeinde (Steuerbezirk) für ein Rechnungsjahr hat das Finanzamt alle gewerbsteuerpflichtigen natürlichen und juristischen Personen und nichtrechtsfähigen Vereinigungen aufzunehmen, welche in der Gemeinde (Steuerbezirk) zur Veranlagung für dieses Rechnungsjahr in Betracht kommen. Die Reihenfolge der Einträge (alphabetische, Hausnummernfolge usw.) bestimmt das Finanzamt.*

IV *Mit Genehmigung des Landesfinanzamts (der Landesmittelstelle) können die Gewerbsteuerhauptlisten für einen mehrere Rechnungsjahre umfassenden Zeitraum, aber nicht für länger als 3 Jahre angelegt werden.*

1. Art. 13 des bish. GewStG. Vgl. Art. 22 des bish. EStG. Dem REStG. gegenüber unverändert (StB. S. 470, 477).

2. **Gemeindebehörde:** SBG. v. 22. Mai 1919 (GVBl. S. 239) Art. 3.

Art. 16[1]).

I Jeder Gewerbtreibende hat auf öffentliche Aufforderung eine Steuererklärung abzugeben.

II Für Personen, die unter elterlicher Gewalt, unter Vormundschaft oder Pflegschaft stehen, sowie für juristische Personen und nicht rechtsfähige Vereine ist die Steuererklärung von deren Vertretern abzugeben.

III Für Personen, die durch Abwesenheit oder andere Umstände verhindert sind, die Steuererklärung selbst abzugeben, kann sie durch Bevollmächtigte abgegeben werden.

IV Die Erfüllung der Steuererklärungspflicht durch einen von mehreren Vertretern oder Bevollmächtigten befreit die übrigen Vertreter oder Bevollmächtigten von dieser Verpflichtung.

V Die Staatsregierung kann mit Zustimmung des Reichs anordnen, daß Pflichtige, die eine Steuererklärung zur Einkommensteuer oder zur Körperschaftssteuer abzugeben haben, mit dieser ihre Gewerbsteuererklärung verbinden; sie kann in den Fällen des Art. 3 Abs. I die Steuererklärung erlassen.

Art. 17[1]).

I Die Steuererklärung hat insbesondere zu enthalten:

1. die Bezeichnung der Gewerbebetriebe und der Betriebsstätten des Pflichtigen innerhalb und außerhalb des Veranlagungsorts sowie der Unternehmer und ihrer Vertreter,
2. die Angabe des Wertes der Bestandteile des Betriebskapitals im Anhalt an die Ausscheidung nach Art. 8 Abs. II,
3. die Angabe des gewerblichen Reinertrags und nach näherer Anordnung der Vollzugsvorschriften jene Angaben, die bei den einzelnen Gewerbsarten zur verlässigen Ermittelung des Ertrages dienen,
4. die Angabe des Glaubensbekenntnisses des Pflichtigen und der Umstände, die für die Umlagenberechtigung der Gemeinden und Ortschaften maßgebend sind[2]).

II Dem Pflichtigen ist anheimgegeben, Steuerbefreiungs- oder Steuerermäßigungsgründe sowie sonstige zur Erläuterung dienliche Bemerkungen anzufügen.

III Steuerpflichtige, die Handelsbücher im Sinne des Handelsgesetzbuchs führen, haben den Steuererklärungen die Geschäftsberichte und Jahresabschlüsse (Bilanzen, Gewinn- und Verlustrechnungen) für das maßgebende Jahr (Geschäfts- oder Betriebs-, eventuell Kalenderjahr) anzufügen, soweit solche nicht bereits zur Einkommensteuer- oder zur Körperschaftssteuerveranlagung eingereicht worden sind. (§ 174 Reichsabgabenordnung).

IV Die übrigen näheren Anordnungen über die Abgabe der Steuererklärungen und die öffentliche Aufforderung zur Abgabe werden durch das Staatsministerium der Finanzen erlassen. Dieses ist auch zu der Anordnung ermächtigt, daß an Stelle der öffentlichen Aufforderung zur Abgabe der Steuererklärung allgemein oder in besonderen Fällen oder neben der öffentlichen Aufforderung in besonderen Fällen eine besondere Aufforderung einzelner Steuerpflichtiger oder Vertreter von solchen treten kann.

Art. 18[1]).

Soweit der Wert von Bestandteilen des Betriebskapitals oder der Reinertrag nur durch Schätzung ermittelt werden kann, genügt es, in der Steuererklärung statt der ziffermäßigen Angaben (Art. 17 Abs. I Ziff. 2, 3) die tatsächlichen Nachweisungen[2]) aufzunehmen, deren es zur Schätzung bedarf.

Aufforderung zur Abgabe der Steuererklärung.

Bek. § 22.

I *Die öffentliche Aufforderung zur Abgabe der Steuererklärung erfolgt durch das Finanzamt.*

II *Wegen eines Vordrucks für die öffentliche Aufforderung zu vgl. Anlage 4.*

III *Der Zeitraum für die Abgabe der Gewerbsteuererklärungen soll tunlichst so festgesetzt werden, daß er mit dem Zeitraum für die Abgabe der Einkommensteuererklärungen zusammenfällt. (§ 32 Abs. 1 EStAB.) Der Zeitraum muß mindestens vier Wochen betragen. Eine abweichende Festsetzung bedarf der Genehmigung des Landesfinanzamts (der Landesmittelstelle). Die Landesfinanzämter (Landesmittelstellen) können für bestimmte Gruppen von Steuerpflichtigen die Frist verlängern. In einzelnen Fällen kann die Frist auf Antrag vom Finanzamte verlängert werden.*

IV *Die öffentliche Aufforderung zur Abgabe der Gewerbsteuererklärungen ist in der gleichen Weise öffentlich bekanntzumachen, wie die öffentliche Aufforderung zur Abgabe der Einkommensteuererklärungen (§ 32 Abs. 3 EStAB.).*

V *Zur Hinausgabe der Steuererklärungsvordrucke kann die Mitwirkung der Gemeindebehörden in der Weise in Anspruch genommen werden (Art. 20 Abs. II), daß sie ebenso wie die Finanzämter die Vordrucke zur Abholung durch die Pflichtigen aufzulegen haben*

VI *Gleichzeitig mit der öffentlichen Aufforderung hat das Finanzamt sich schlüssig zu machen, welchen Steuerpflichtigen noch eine besondere Aufforderung (Art. 17 Abs. IV) unter Anlage eines Vordrucks der Steuererklärung zugesendet werden soll. Dabei werden insbesondere amtsbekannt saumige Steuerpflichtige, dann Pflichtige, denen aus irgend welchen Gründen die öffentliche Aufforderung amtsbekannt schwer zugänglich ist, ferner besonders wichtige Steuerfälle in Frage kommen. Die Zusendung kann formlos (durch die Post) erfolgen. Sie soll, soweit die Zusendung eines Vordrucks für die Reichseinkommensteuererklärung zu erfolgen hat (§§ 29 und 32 Abs. 4 EStAB.) tunlichst mit dieser verbunden werden. Die Verpflichtung zur Abgabe einer Steuererklärung auf Grund der öffentlichen Aufforderung besteht für alle Fälle auch dann, wenn ein Vordruck nicht zugesendet worden ist.*

VII *Gibt ein Steuerpflichtiger auf Grund der öffentlichen Aufforderung oder der besonderen Aufforderung nach Abs. VI innerhalb der bestimmten Frist die Steuererklärung nicht ab, so hat ihm das Finanzamt eine nochmalige besondere Aufforderung zuzustellen. Muster 12 zu § 32 Abs. 5 EStAB. kann unter Weglassung des das Rechtsmittel gegen die Schätzung betreffenden vorletzten Satzes entsprechend verwendet werden. Die Aufforderung kann solange wiederholt werden, bis der Steuerpflichtige die geforderte Steuererklärung abgibt. Wegen der Zwangsstrafen findet § 202 RAO. Anwendung. Außerdem kann das Finanzamt dem Steuerpflichtigen einen Zuschlag bis zu zehn vom Hundert der endgültig festgesetzten Steuer auferlegen (Art. 19).*

Steuererklärung.

Bek. § 23.

I *Jeder Gewerbetreibende (Unternehmer, zu vgl. Art. 2 Abs. I, II) — natürliche und juristische Personen sowie nichtrechtsfähige Vereinigungen — ist ohne Rücksicht auf die Höhe seines Betriebskapitals und des von ihm in dem maßgebenden Wirtschafts- (Geschäfts-, Betriebs-) Jahr erzielten gewerblichen Reinertrags zur Abgabe einer Steuererklärung verpflichtet, sobald eine öffentliche Aufforderung hiezu durch das Finanzamt ergangen ist. Die Steuererklärung ist innerhalb der in der öffentlichen Aufforderung bekanntgegebenen Frist (§ 22) beim Finanzamt schriftlich einzureichen oder mündlich zu Protokoll abzugeben. Bei juristischen Personen ist die Steuererklärung von den gesetzlichen Vertretern, bei Personenvereinigungen und Zweckvermögen, die eigene Rechtsfähigkeit nicht besitzen, von den Vorständen oder Geschäftsführern und soweit solche nicht vorhanden sind, den Mitgliedern oder Beteiligten (§§ 84, 86 RAO.) abzugeben. Prokuristen und Handlungsbevollmächtigte sind zur Abgabe der Erklärungen nicht berechtigt, es sei denn, daß sie als Vertreter gemäß Art. 2 Abs. III aufgestellt sind. Steht nach der Satzung, Stiftung oder sonstigen Verfassung die gesetzliche Vertretung nur mehreren Personen gemeinsam zu, so ist zur Abgabe der Steuererklärung die Mitwirkung der für die Gesamtvertretung vorgeschriebenen Anzahl von Personen erforderlich.*

II *Zur Abgabe einer Steuererklärung besteht außerdem für jeden Gewerbetreibenden eine besondere Verpflichtung, wenn er hiezu vom Finanzamt besonders aufgefordert wird (Art. 17 Abs. IV, § 169 RAO.).*

III *Die Abgabe der Steuererklärung durch einen Vertreter oder Bevollmächtigten des Steuerpflichtigen regelt Art. 16 Abs. II—IV. Wird die Steuererklärung durch einen Bevollmächtigten abgegeben, so ist die schriftliche Vollmacht der Steuererklärung beizufügen, soferne sie nicht bereits zu den Akten des Finanzamts gegeben ist (zu vgl. auch Abs. I oben).*

IV *Für einen Steuerpflichtigen, der nach dem Beginn des Rechnungsjahrs, aber vor Abgabe einer Steuererklärung verstorben ist, ist die Steuererklärung, soweit ein Testamentsvollstrecker oder ein Nachlaßpfleger die Verwaltung des Nachlasses übernommen hat, von diesen Personen, im übrigen von den Erben abzugeben. Sind mehrere Erben vorhanden, so ist jeder der Erben zur Abgabe der Erklärung verpflichtet. § 94 RAO. findet Anwendung (Art. 63, § 30 EStAB.).*

V *Wird ein Gewerbe von mehreren Personen gemeinschaftlich betrieben, so ist jeder Unternehmer zur Abgabe der Steuererklärung verpflichtet. § 94 RAO. findet Anwendung.*

Bek. § 24.

I *Die Steuererklärung ist unter Benützung eines Vordrucks nach Anleitung der Anlagen 5 u. 6 aufzustellen und vom Steuerpflichtigen bezw. von den zur Erklärung verpflichteten Personen eigenhändig zu unterschreiben. Sie muß die im Art. 17 Abs. I bezeichneten Angaben und die Versicherung enthalten, daß die Angaben nach bestem Wissen und Gewissen gemacht sind (§ 168 RAO.).*

II *In den Fällen des Art. 5 Abs. I muß die Steuererklärung des Ehemanns auch die für die Besteuerung des von der Ehefrau betriebenen Gewerbes notwendigen Angaben umfassen.*

III *Dem Steuerpflichtigen steht es frei, Steuerbefreiungs- und Steuerermäßigungsgründe anzufügen und die seinen Angaben in der Steuererklärung zugrunde liegenden Einzelberechnungen und andere zum Verständnis seiner Angaben dienende Erläuterungen und Zusätze in die*

Steuererklärung oder in eine beizufügende Anlage aufzunehmen (zu vgl. § 171 RAO.).

IV *Soweit der Wert von Bestandteilen des Betriebskapitals oder des gewerblichen Reinertrages nur durch Schätzung ermittelt werden kann, kann der Steuerpflichtige die Schätzung solcher Bestandteile und Erträge selbst vornehmen und unter Mitteilung der Tatsachen, auf die sich seine Schätzung gründet, deren Ergebnis in die Steuererklärung eintragen oder nur die Tatsachen angeben, die er zur Ermittlung der Bestandteile und Erträge beizubringen vermag (Art. 18.).*

V *Steuerpflichtige, die Handelsbücher im Sinne des Handelsgesetzbuchs führen, haben den Steuererklärungen die Geschäftsberichte und Jahresabschlüsse (Bilanzen, Gewinn- und Verlustrechnungen) für das maßgebende Wirtschafts-(Geschäfts-, Betriebs-, eventuell Kalender-)Jahr anzufügen, soweit solche nicht bereits zur Einkommen- oder zur Körperschaftsteuer-Veranlagung eingereicht worden sind (Art. 17 Abs. III, § 174 RAO.; zu vgl. auch § 27 KStAB.).*

VI *Die Landesfinanzämter (die Landesmittelstellen im Benehmen mit den Landesfinanzämtern) werden ermächtigt, die Steuererklärungsmuster im Rahmen der Vorschriften des Gewerbsteuergesetzes und dieser Bestimmungen den Bedürfnissen ihres Bezirks anzupassen und von der Befugnis nach § 31 Abs. 1 Satz 3 EStAB. Gebrauch zu machen. Bei dem Umfang der Einkommensteuererklärungen wird sich aber die förmliche Verbindung der Einkommen- und der Gewerbsteuererklärungen nicht empfehlen.*

1. Art. 16 entspricht dem Art. 14, Art. 17 dem Art. 15 u. 16, Art. 18 dem Art. 17 des bish. GewStG. — sämtl. dem RE. gegenüber unverändert. — Vgl. dazu Art. 27, 28, 29 u. 30 des bish. EStG.

2. Vgl. Art. 9 ff. des BayVollzG. z. LStG.

3. Nachweisungen: Als solche Nachweisungen werden in den VB. z. bish. BayEStG. bezeichnet (Anl. 13 Ziff. 2, b): bei kleineren gewerblichen Betrieben vor allem Bezeichnung des Gewerbes, dann Umfang und Art der zum Gewerbebetrieb verwendeten Räumlichkeiten, die Menge der verbrauchten Hilfsstoffe und der hergestellten und abgesetzten Erzeugnisse, Art und Zahl der in Gebrauch stehender Maschinen, Verwendung etwaiger mechanischer Kräfte (Wasser, Dampf, elektrische Kraft), Zahl der im Betriebe verwendeten fremden Personen und deren durchschnittliche Entlohnung, Zahl der im Betriebe tätigen Familienangehörigen, deren Lebensalter und Entlohnung, Zahl und Art der im Betriebe verwendeten Tiere, Umsatz, Art und Umfang etwaiger Nebenbetriebe, Absatzgebiete, etwaige Verwendung von Patenten, Erwerbspreis und Verkaufswert des Geschäftes, Schuldenbelastung usw.

Art. 19[1].

Wird die Steuererklärung innerhalb der festgesetzten Frist nicht abgegeben, so kann das Finanzamt zugunsten der Staatskasse einen Zuschlag bis zu zehn vom Hundert der endgültig festgesetzten Steuer auferlegen. Das Finanzamt hat den Zuschlag zu unterlassen oder zurückzunehmen, wenn die Versäumnis entschuldbar erscheint.

Steuerzuschlag.

Bek. § 25.

I *Hat ein Steuerpflichtiger trotz bestehender Verpflichtung eine Steuererklärung nicht innerhalb der ihm gesetzten Frist abgegeben, so kann das Finanzamt ihm einen Zuschlag bis zu zehn vom Hundert der veranlagten Gewerbsteuer (Betriebskapitals- und Ertragsanlage) auferlegen.*

II *Der Zuschlag ist zu unterlassen oder zurückzunehmen:*

a) wenn Umstände dargetan werden, welche die Versäumung der rechtzeitigen Abgabe der Steuererklärung entschuldbar erscheinen lassen, insbesondere wenn der Steuerpflichtige zur Einhaltung der Frist durch Naturereignisse oder unabwendbare Zufälle verhindert war,

b) wenn die Steuererklärung von dem Steuerpflichtigen nachweislich spätestens an dem letzten Tage der ihm gesetzten Frist an das zuständige Finanzamt abgesandt worden ist (§ 48 EStAB.).

1. Art. 19, dem REStG. gegenüber unverändert, entspricht dem Art. 18 des bish. GewStG. Der dort enthaltene Hinweis auf Art. 31 des bish. EStG. ist der Gleichmäßigkeit halber durch die Bestimmung in § 170 Abs. 2 RAO. ersetzt worden, mit der Maßgabe, daß der Zuschlag zukünftig der Staatskasse und nicht der Reichskasse verfällt. (Begr.)

Art. 20[1]).

I Auf die weitere Behandlung der Steuererklärungen, dann auf die Vervollständigung der Veranlagungsunterlagen finden die Bestimmungen in Teil II Abschnitt III der Reichsabgabenordnung sinngemäß Anwendung mit der Maßgabe, daß für die dort vorgesehenen Amtshandlungen der Landesfinanzämter, soweit sie ausschließlich zur Gewerbsteuerveranlagung erforderlich werden, die Landesmittelstellen zuständig sind.

II Die Gemeindebehörden sind verpflichtet, bei der Veranlagung der Gewerbsteuer mitzuwirken.

III Das Staatsministerium der Finanzen ist ermächtigt, die erforderlichen näheren Anweisungen zu erlassen.

Steuerveranlagung. Vorbereitung.

Bek. § 26.

Zum Zwecke der Veranlagung hat das Finanzamt sämtliche gewerbsteuerpflichtige natürliche und juristische Personen und nichtrechtsfähige Vereinigungen seines Bezirks zu ermitteln und von Amts wegen die für die Veranlagung dieser Pflichtigen maßgebenden Verhältnisse zu erforschen, soweit dies nicht bereits zum Zwecke der Veranlagung der Einkommen- und Körperschaftssteuer geschehen ist (§ 43 EStAB., § 14 KStAB.). Diese Ermittlungen sollen insbesondere dazu dienen, eine wirksame Kontrolle über den Inhalt der Steuererklärungen ausüben und eine den wirklichen Verhältnissen entsprechende richtige Veranlagung derjenigen Steuerpflichtigen herbeiführen zu können, welche Erklärungen nicht abgegeben oder brauchbare Angaben nicht gemacht haben.

Aktenbildung. Bek. § 27.

Für jeden Gewerbsteuerpflichtigen — natürliche und juristische Personen und nichtrechtsfähige Vereinigungen — soll ein besonderer Akt angelegt werden, in dem sämtliche diesen betreffenden Aktenstücke, wie Steuererklärungen, Zustellungsurkunden, Gesuche, Verhandlungen, Erhebungen, Entscheidungen, sonstige steuerlich erhebliche Mitteilungen usw. zu sammeln sind. Eine Vereinigung der die Gewerbsteuer betreffenden Akten mit den Einkommen- oder Körperschaftssteuerakten eines Gewerbsteuerpflichtigen ist zu vermeiden. Auf dem ersten Blatt eines jeden Gewerbsteueraktes sollen die für die Besteuerung in einem Rechnungsjahre wichtigsten Merkmale — zum mindesten die Höhe des vom Ausschuß festgesetzten steuerbaren gewerblichen Betriebskapitals und steuerbaren gewerblichen Reinertrags sowie der Betrag der hieraus erhobenen Jahressteuer, ferner die die Anwendung des Art. 6 Abs. IV begründenden Tatsachen (Zahl der weiteren Verkaufsläden und der weiteren ständigen Niederlagen) — kurz niedergelegt werden. Den Landesfinanzämtern (Landesmittelstellen) bleibt es überlassen, hierüber nähere Anordnungen zu treffen, insbesondere auch zu bestimmen, ob für diese Aufzeichnungen ein gedrucktes Formblatt zu verwenden ist (zu vgl. § 63 Abs. IV der Vollzugsvorschriften zum Einkommensteuergesetz vom 28. Mai 1911, GVBl. S. 455, und Anlage 5 hierzu, ferner § 44 EStAB. mit Muster 16 und 17). Auf diesen Vormerkungs- oder Personalbogen sind die steuerfreien Rücklagen gemäß § 59a EStG. in der gleichen Weise festzuhalten, wie dies in Muster 16 und 17 zu § 44 EStAB. vorgesehen ist.

Prüfung der Steuererklärungen. Bek. § 28.

I *Die eingekommenen Steuererklärungen sind vom Finanzamt nach Form und Inhalt zu prüfen.*

II *Steuererklärungen, welche in formeller Hinsicht wesentliche Vorschriften nicht beachten, z. B. bei denen die vorgeschriebenen Versicherungen oder die Unterschrift fehlen, gelten überhaupt nicht als Steuererklärungen im Sinne des Gesetzes. Der Steuerpflichtige ist auf den Mangel hinzuweisen und zu dessen Abstellung binnen kurzer Frist aufzufordern. Kommt der Steuerpflichtige dieser Aufforderung nicht nach, so erfolgt nochmalige Aufforderung zur Abgabe der Erklärung (§ 22 Abs. VII). Zu vergl. § 45 Abs. 2 EStAB.*

III *Die Angaben der formell genügenden Steuererklärung hat das Finanzamt auf Grund aller ihm zu Gebote stehenden Behelfe (der Akten über die Einkommensteuerveranlagung, insbesondere der Einkommensnachweisungen §§ 39—42 EStAB., wo solche aufgestellt sind, der Akten über die Körperschaftssteuerveranlagung, insbesondere der Merkblätter der Körperschaftssteuerpflichtigen §§ 9, 15 KStAB., der Umsatzsteuerakten, der gemeindlichen Mitteilungen nach Art. 47 (§ 49), des Katastermaterials, der monatlichen Umschreibverzeichnisse der Grundbuchämter, der rentamtlichen Umschreibprotokolle usw.) nachzuprüfen. Die Prüfung hat sich auch auf die gemäß Art. 17 Abs. III und § 174 RAO. mit der Gewerbsteuererklärung oder zur Einkommen- bezw. Körperschaftssteuerveranlagung vorgelegten Geschäftsberichte und Jahresabschlüsse usw. zu erstrecken.*

IV *Bestehen Bedenken gegen die Richtigkeit der Steuererklärung oder der zu ihrer Erläuterung beigegebenen Unterlagen, so ist nach §§ 205 bis 209, 172 bis 174 RAO. zu verfahren. Hierbei ist zu beachten, daß die Vorschrift im § 208 Abs. 1 Satz 2 RAO. für die Gewerbsteuerveranlagung nicht zur Anwendung kommt, daß es vielmehr dem pflichtgemäßen Ermessen des Finanzamts und des Ausschusses überlassen bleibt, inwieweit sie eine Beanstandung der Bücher und Aufzeichnungen als angezeigt erachten. Von der Befugnis, eidesstattliche Versicherungen zu fordern (§ 176 RAO.), soll nur Gebrauch gemacht werden, wenn andere Mittel zur Erforschung der Wahrheit nicht vorhanden sind und die Höhe des in Frage kommenden Steuerbetrags diese immerhin außergewöhnliche Maßnahme rechtfertigt. Soweit die Gewerbsteuerveranlagung gleichzeitig mit der Einkommensteuerveranlagung oder mit der Körperschaftssteuerveranlagung stattfinden kann, wird das Verfahren wegen Beanstandung der Gewerbsteuererklärung zweckmäßig mit einem etwaigen Verfahren wegen Beanstandung der Einkommen- oder Körperschaftssteuererklarung verbunden werden. Die Beanstandung der Gewerbsteuererklärung kann unter sinngemäßer Verwendung des Musters 18 zu § 45 Abs. 4 EStAB. erfolgen, wobei aber der Schlußsatz bezüglich der Anfechtbarkeit der Schätzung im Hinblick auf Art. 44 zu streichen ist. Die Aufforderung zur Aufklärung der erhobenen Anstände kann in wichtigen Fällen zugestellt werden. Die Erledigung der Beanstandung kann im Wege des § 202 RAO. erzwungen werden.*

V *Bemängelungen geringfügiger Natur und überhaupt alle für den Zweck einer angemessenen Veranlagung nicht gebotenen Maßnahmen sind zu vermeiden. Im Falle der mündlichen Verhandlung (§ 172 RAO.) ist Steuerpflichtigen, denen die für die Veranlagungsverhandlungen erforderliche Sachgewandtheit mangelt, mit leichtverständlichen Aufklärungen tunlichst an die Hand zu gehen. Auch ist darauf Bedacht zu nehmen, daß die Steuerpflichtigen ihre lediglich für die Veranlagungsorgane bestimmten Angaben nicht in Anwesenheit anderer Steuerpflichtiger machen müssen.*

Pflichten anderer Personen als des Steuerpflichtigen zur Auskunft, Einsichtgewährung und Gutachten. *Bek. § 29.*

Die Verpflichtung anderer Personen als des Steuerpflichtigen, ferner der öffentlichen Behörden und Beamten zur Auskunft, Einsichtsgewährung und zur Gutachtensabgabe bemißt sich für die Gewerbsteuerveranlagung nach §§ 177—188 RAO. Andere Personen als der Steuerpflichtige sollen zur Auskunft oder — mit Genehmigung des Landesfinanzamts (der Landesmittelstelle), § 185 RAO. — zur Vorlegung von Urkunden, Schriftstücken und Geschäftsbüchern nur unter den im § 209 RAO. bezeichneten Voraussetzungen angehalten werden. Die im § 184 RAO. vorgesehene eidliche Bekräftigung der Wahrheit ihrer Aussage soll von Auskunftspersonen nur dann verlangt werden, wenn diese zur Erforschung der Wahrheit unerläßlich ist und ein nicht zu geringer Steuerbetrag in Frage steht. In den Fällen des § 182 RAO. erfolgt die Erklärung, daß die Auskunft dem Wohle des Landes nachteilig sein würde, durch das der ersuchten Behörde vorgesetzte Staatsministerium. Ausdrücklich wird bemerkt, daß mit der im § 181 RAO. gegebenen Einschränkung nunmehr auch die Banken und Bankgeschäfte zur Aus-

kunftserteilung und Einsichtgewährung verpflichtet sind. Die dem Finanzamt auf Grund der in §§ 189, 190 RAO. normierten Anzeigepflichten zugehenden Nachrichten sind auch für die Zwecke der Gewerbsteuerveranlagung zu verwerten.

Beistandspflicht der Behörden und berufsständischen Vertretungen.

Bek. § 30.

I *Die Staats- und Gemeindebehörden, die Beamten dieser Behörden und die Notare sowie die Verbände und Vertretungen von Betriebs- und Berufszweigen haben den Finanzämtern jede zur Durchführung der Besteuerung und der den Finanzämtern obliegenden Prüfung und Aufsicht dienliche Hilfe zu leisten, insbesondere Einsicht in ihre Bücher, Verhandlungen, Listen und Urkunden zu gewähren (Art. 20 Abs. III, § 191 RAO.).*

II *Durch Inanspruchnahme dieser Hilfeleistung soll sich das Finanzamt für die Gewerbsteuerveranlagung insbesondere, soweit erforderlich, von dem Inhalte des Grundbuchs und der Urkunden der Notariate, der gerichtlichen Streit-, Straf-, Nachlaß-, Pflegschafts- und sonstigen Akten, ferner der Akten der Registergerichte usw. Kenntnis verschaffen. Soweit das Finanzamt den Inhalt des Grundbuchs aus den Umschreibverzeichnissen entnehmen kann, soll es das Grundbuchamt nicht um Aufschluß ersuchen. Wenn das Grundbuchamt sich am Sitze des Finanzamts befindet, soll dieses sich die erforderlichen Aufschlüsse nicht schriftlich, sondern durch Einsicht des Grundbuchs verschaffen. Auf die Geschäftsverhältnisse der ersuchten Behörde ist Rücksicht zu nehmen. Die Bedeutung der Ermittlungen darf nicht außer Verhältnis zur aufzuwendenden Zeit stehen. Mündliches und fernmündliches Benehmen mit der zu ersuchenden Behörde ist anzustreben. Die Ersuchen sind stets nur bezüglich bestimmter Steuerpflichtiger zu stellen, allgemeine Aufschlüsse sind nicht zu verlangen.*

III *Die bayerische Staatsbank gehört nicht zu den Behörden, denen die Beistandspflicht nach § 191 RAO. obliegt. Es ist aber zu beachten, daß auch für die Staatsbank die Auskunftspflicht wie für andere Banken nach Maßgabe der §§ 177—185 RAO., jedoch mit der im § 181 RAO. bestimmten Einschränkung, und die Anzeigepflicht nach § 189, 190 RAO. gegeben ist (zu vgl. § 29).*

IV *Die im Abs. I bezeichneten Behörden und Beamten haben Steuerzuwiderhandlungen mit Rücksicht auf die Gewerbsteuer, die sie dienstlich erfahren, den Finanzämtern mitzuteilen (§ 192 RAO.).*

V *Über die Verpflichtung nach Abs. I hinaus haben die Gemeindebehörden nach Art. 20 Abs. II wie schon bisher noch die besondere Verpflichtung, bei der Veranlagung der Gewerbsteuer auf Verlangen des Finanzamts durch Beschaffung der erforderlichen Nachrichten über die Vermögens-, Erwerbs- und Einkommensverhältnisse der Pflichtigen, soweit sie für die Gewerbsteuerveranlagung von Bedeutung und, was vielfach der Fall sein wird, dem Finanzamt, nicht bereits bei der Einkommen- oder Körperschaftssteuerveranlagung bekannt geworden sind, dann über das Vorhandensein etwaiger Steuerbefreiungs- oder Ermäßigungsgründe mitzuwirken.*

VI *Die Verpflichtung der Gemeindebehörden nach Abs. I und V erstreckt sich in erster Linie auf Tatsachen, von denen sie im öffentlichrechtlichen Verkehr mit anderen Personen Kenntnis bekommen haben.*

Sie besteht aber auch für Tatsachen, von denen die Gemeindebehörde im rein bürgerlich-rechtlichen Verkehr mit anderen Personen Kenntnis erhalten hat, soweit hinsichtlich dieser Tatsachen eine Auskunftspflicht nach §§ 177—185 RAO. oder eine Anzeigepflicht nach §§ 189, 190 RAO. gegeben ist. Hiernach sind die Gemeinden anders wie früher (zu vgl. § 51 Abs. I der VV. z. EStG. vom 28. Mai 1911) nunmehr auch verpflichtet, Aufschlüsse über Sparkasseneinlagen zu erteilen.

1. Art. 20 entspricht dem bish. Art. 19. Abs. II ist durch den Landtag in den sonst ungeänderten REStG. eingefügt, Abs. III (urspr. Abs. II) lautete im REStG.:

„Das Staatsministerium der Finanzen ist ermächtigt, hierüber, insbesondere über die Mitwirkung der Gemeindebehörden (§ 191 Abs. 1 mit § 22 Abs. 1 RAO.) nähere Anordnungen zu erlassen." Vgl. Art. 32—35 des bish. EStG.

Art. 21 [1]).

I Die Veranlagung der Gewerbsteuer erfolgt durch die Finanzämter unter Mitwirkung der bei diesen für die Steuern vom Einkommen und Vermögen gebildeten Ausschüsse (§ 25 der Reichsabgabenordnung) nach Maßgabe der Vorschriften der Reichsabgabenordnung.

II Die Mitwirkung im Sinne des Abs. I schließt insbesondere die Obliegenheit des Ausschusses in sich, über die Steuerpflicht, über die Höhe des Wertes des Betriebskapitals und des gewerblichen Reinertrags und über die Anwendung der im Gesetze vorgesehenen Ermäßigungs- und Befreiungsbestimmungen Beschluß zu fassen.

III Das Staatsministerium der Finanzen ist ermächtigt zu bestimmen, in welchen Fällen von der Mitwirkung des Ausschusses abgesehen werden kann.

IV Mit Zustimmung des Reichs kann zur Teilnahme an den Beratungen des Ausschusses ein besonderer Kommissär abgeordnet werden.

Veranlagung durch den Ausschuss. *Bek. § 31.*

I Nach Abschluß seiner Ermittlungen hat das Finanzamt unter Mitwirkung der bei dem Finanzamt für die Steuern vom Einkommen aus Gewerbe gebildeten Ausschüsse (§ 25 RAO.) die Gewerbsteuern zu veranlagen. Es ist darauf Bedacht zu nehmen, daß diese Veranlagung tunlichst gleichzeitig mit der Festsetzung der Einkommensteuer der Gewerbsteuerpflichtigen vorgenommen werden kann und daß eine Zusammenberufung der Ausschüsse nur zum Zwecke der Veranlagung der Gewerbsteuer vermieden wird. Die Gewerbsteuerveranlagung der juristischen Personen und nichtrechtsfähigen Vereinigungen hat zugleich mit jener der natürlichen Personen zu erfolgen (zu vgl. §§ 17 Abs. IV, 21). Die Gewerbsteuerveranlagung soll spätestens bis zum 31. März oder mit einer abweichend hiervon für die Einkommensteuerveranlagung bestimmten Frist beendigt sein.

II *Der Vorsitzende hat dem Ausschuß die gesamten Unterlagen, die für die Veranlagung der einzelnen Gewerbsteuerpflichtigen in Betracht kommen, mitzuteilen, soweit sich aus § 208 Abs. 2 RAO. nichts anderes ergibt. Um eine rasch fortschreitende und erschopfende Veranlagung durch den Ausschuß zu ermöglichen, ist an den Ausschuß soweit möglich mit bestimmten Vorschlägen heranzutreten. Der Ausschuß hat die Anträge und Unterlagen zu prüfen und auf Grund derselben über die Steuerpflicht, über die Höhe des Wertes des Betriebskapitals und des gewerblichen Reinertrags und über die im Gesetz vorgesehenen Ermäßigungs- und Befreiungsbestimmungen Beschluß zu fassen. Steuerbefreiungsgründe sind von Amtswegen zu berücksichtigen, auch wenn sie von dem zu Veranlagenden nicht ausdrücklich geltend gemacht werden. Die Gewerbsteuerveranlagungsarbeiten werden dadurch wesentlich vereinfacht und abgekürzt werden können, daß der Ausschuß die Gewerbsteuerveranlagung jedes einzelnen Pflichtigen im unmittelbaren Anschluß an dessen Einkommensteuerveranlagung vornimmt.*

III *Hat ein Steuerpflichtiger eine vorschriftsmäßige Steuererklärung — rechtzeitig oder verspätet — eingereicht, so bildet diese Erklärung die Grundlage für seine Veranlagung; das gleiche gilt, wenn der Steuerpflichtige für gewerbliches Betriebskapital oder gewerblichen Reinertrag, die nur durch Schätzung ermittelt werden können, an Stelle der ziffermäßigen Angaben des Betriebskapitals oder des Reinertrags Schätzungsangaben gemacht hat. Von den Angaben in der Steuererklarung darf nur abgewichen werden, wenn dem Steuerpflichtigen die Punkte, in denen eine* w e s e n t l i c h e *Abweichung zu seinen Ungunsten in Frage kommt, zur vorherigen Äußerung mitgeteilt worden sind (§ 205 Abs. 4 RAO.). Ist der Steuerpflichtige einer solchen Aufforderung zur Äußerung über die gegen seine Steuererklarung oder sonstigen Angaben erhobenen Bedenken nicht nachgekommen, oder konnte er diese Bedenken nicht beseitigen, so ist insoweit seine Veranlagung im Wege der Schätzung vorzunehmen (§ 210 Abs. 2 RAO.).*

IV *Soferne ein Steuerpflichtiger eine Steuererklärung nicht abgegeben hat oder die Besteuerungsgrundlagen nicht festgestellt oder berechnet werden können, hat seine Veranlagung im Wege der Schatzung zu erfolgen (zu vgl. auch § 11 Abs. II). Hinsichtlich der Rechtsmittel gegen eine solche Veranlagung ist Art. 44 zu beachten. § 210 Abs. 3 RAO. kommt nicht zur Anwendung.*

V *Die Beschlüsse des Ausschusses sind in der Gewerbsteuerhauptliste zu vermerken und in die Steuerakten des Steuerpflichtigen kurz einzutragen (zu vgl. § 27). Ergibt sich für einen Steuerpflichtigen kein steuerbares gewerbliches Betriebskapital oder kein steuerbarer gewerblicher Reinertrag oder kommt wegen sonstiger gesetzlicher Vorschriften (z. B. wegen Befreiung) keine Steuer zum Ansatz, so ist dies in der Gewerbsteuerliste zu vermerken.*

VI *Die Steuerlisten bedürfen unbeschadet ihrer Eigenschaft als amtliche Register weder der Unterschrift der Mitglieder des Ausschusses noch auch der Unterfertigung durch das Finanzamt oder den Schriftführer.*

VII *Über die Verhandlungen des Ausschusses ist eine Niederschrift aufzunehmen. Diese soll kurz gefaßt sein, die etwa zur Richtschnur genommenen allgemeinen Normen und die in den einzelnen, insbesondere wichtigeren Fallen gepflogenen sachlichen Erwägungen sowie das Stimm-*

verhältnis ersehen lassen. Das Schlußergebnis der einzelnen Veranlagungen wird nicht in der Niederschrift, sondern in den Steuerlisten festgehalten. Einzelfälle, in denen keine näheren Erörterungen gepflogen wurden, sind in der Niederschrift nicht zu erwähnen. Die Aufnahme der Niederschrift erfolgt unter Leitung des Vorsitzenden. Die Niederschrift wird vom Vorsitzenden und vom Schriftführer unterzeichnet.

VIII *Die Festsetzung der geschuldeten Gewerbsteuer — Betriebskapitalsanlage und Ertragsanlage — auf Grund der vom Ausschuß festgestellten Veranlagungsgrundlagen erfolgt — abgesehen von den Fällen des Art. 7 Abs. IV (zu vgl. § 9 Abs. III oben) durch das Finanzamt (nicht durch den Ausschuß; zu vgl. dagegen § 46 EStAB.) unbeschadet der rechnerischen Prüfung und kann — vorbehaltlich etwaiger Berichtigung der Festsetzung des Steuersolls, nötigenfalls unter Benützung der Zu- und Abgangslisten (zu vgl. § 53 Abs. VII, § 54 Abs. II) — jederzeit beim Vorliegen eines Rechnungsfehlers vom Finanzamte allenfalls auf Veranlassung der Aufsichtsbeamten berichtigt werden (zu vgl. auch § 54 Abs. I).*

IX *Wegen der Prüfung der Veranlagungsarbeiten bleibt besondere Anordnung vorbehalten.*

Steuergeheimnis. *Bek. § 32.*

Die Verhandlungen über die Veranlagung und die hierbei zur Erörterung gelangenden Verhältnisse der Steuerpflichtigen sind streng vertraulicher Natur (zu vgl. Art. 53 mit § 376 RAO. und § 56 Abs. V dieser Bekanntmachung). Der Steuerpflichtige hat ein berechtigtes Interesse daran, daß seine Privatverhältnisse nicht vor der Öffentlichkeit preisgegeben werden. Die Wahrung des Steuergeheimnisses ist überdies eine der wichtigsten Bürgschaften für die Richtigkeit der Steuererklärungen. Die Verpflichtung zur Verschwiegenheit erstreckt sich auch auf das Abstimmungsverhältnis im Ausschusse sowie auf die Geheimhaltung der Namen und Stellung etwaiger Vertrauensmänner und Auskunftspersonen, die vom Finanzamt oder vom Ausschuß ohne Zuziehung des Steuerpflichtigen einvernommen worden sind, wenn diese nicht selbst mit der Kundgebung ihres Namens einverstanden sind. §§ 240, 241 RAO. kommen daher nur mit dieser Einschränkung zur Anwendung (zu vgl. § 35 Abs. II). Die Mitteilung an den Steuerpflichtigen zur Äußerung gemäß § 241 hat sich diesfalls nur auf den Inhalt des Gutachtens der Auskunftspersonen und Vertrauensmänner unter Weglassung ihrer Namen zu erstrecken. Die Einsicht der Akten über die Veranlagung eines Steuerpflichtigen kann nur dann gewährt werden, wenn der Akteneinsicht keine in der Wahrung des Steuergeheimnisses begründeten Bedenken entgegenstehen. Dagegen ist dem Steuerpflichtigen auf Verlangen zur Ermöglichung der Wahrnehmung seiner Interessen im Rechtsmittelverfahren das mündlich mitzuteilen, was an sachlichen Erwägungen zu dem Ergebnisse der Veranlagung geführt hat; auch sind dem Steuerpflichtigen auf Verlangen gegen Kostenerstattung Abschriften der zur Einsichtnahme durch den Steuerpflichtigen geeigneten wesentlichen Aktenstücke auszufertigen.

Unverändert gegenüber dem RE. bis auf Abs. II, der inhaltlich mit Art. 20 Abs. II bish. GewStG. übereinstimmt, während der Entwurf zu den Obliegenheiten des Ausschusses auch die Festsetzung der Steuer selbst zählte (StB. S. 471, 478).

1. Entspricht dem Art. 20 des bish. GewStG. Vgl. Art. 45 des bish. EStG.

Art. 22[1]).

I Über die nach diesem Gesetze zu entrichtende Gewerbsteuer erteilt das Finanzamt dem Steuerpflichtigen einen schriftlichen Steuerbescheid.

II Steuerausscheidungen sind auch jeder beteiligten Gemeinde durch schriftlichen Steuerbescheid zur Kenntnis zu bringen.

Steuerbescheid. *Bek. § 33.*

I *Dem Steuerpflichtigen ist ein schriftlicher Steuerbescheid zu erteilen; er hat zu enthalten:*

den Betrag der zu zahlenden Steuer (Betriebskapitalsanlage, allenfallsige Filialenzuschläge und Ertragsanlage je gesondert), gegebenenfalls auch den prozentualen Zuschlag für verspätete Abgabe der Steuererklärung,

die Grundlagen der Festsetzung und Veranlagung, soweit sie den Steuerpflichtigen nicht schon mitgeteilt sind, eine Anweisung, wann, wo und wie die Steuer zu entrichten ist,

die Punkte, in denen von der Steuererklärung abgewichen worden ist,

die Feststellung, daß und warum eine Schätzung notwendig geworden ist,

eine Belehrung über das Rechtsmittel des Einspruchs und binnen welcher Frist und bei welcher Behörde es einzulegen ist, einen Hinweis darauf, daß durch die Einlegung des Einspruchs die Wirksamkeit der Steuerfestsetzung nicht gehemmt, insbesondere die Erhebung der angeforderten Steuer nicht aufgehalten wird.

II *Für den Steuerbescheid kann — und zwar sowohl für die natürlichen Personen als für die juristischen Personen und nichtrechtsfähigen Vereinigungen — das entsprechend abgeänderte Muster 19 zu § 49 EStAB. verwendet werden. Für das Rechnungsjahr 1920 ist in dem Steuerbescheid zu berücksichtigen, daß die nach Maßgabe des Gesetzes vom 2. Februar 1921 über die vorläufige Erhebung der Gewerbsteuer für das Rechnungsjahr 1920 (GVBl. S. 61) erhobene Gewerbsteuer nach Art. 2 dieses Gesetzes auf die bei der Gewerbsteuerveranlagung für 1920 festgesetzten Steuerschuldigkeiten angerechnet wird. Bei juristischen Personen und nichtrechtsfähigen Vereinigungen können den Steuerbescheiden, soweit nicht einfach gelagerte Verhältnisse vorliegen, Steuerberechnungen unter entsprechender Verwendung der Muster 10 a—c zu § 32 KStAB. beigegeben werden.*

III *Der Steuerbescheid ist dem Steuerpflichtigen oder falls ein gesetzlicher Vertreter bestellt ist, diesem, bei juristischen Personen oder nichtrechtsfähigen Vereinigungen den Steuerpflichtigen zu Händen ihrer Vertreter oder der von diesen aufgestellten Bevollmächtigten unter Beachtung der Vorschriften in §§ 83 ff. RAO. verschlossen zuzusenden (zu vgl. § 23).*

IV *Eine Erstreckung der Einkommensteuerbescheide auf die Gewerbsteuerveranlagung nach Maßgabe des § 49 Abs. 3 EStAB. wird nicht für zweckmäßig erachtet, da sie bei den Steuerpflichtigen zu Verwechslung und Verwirrung Anlaß geben kann. Die Landesfinanzämter (die Landesmittelstellen im Benehmen mit den Landesfinanzämtern) werden daher eine solche Erstreckung keinesfalls ohne vorgängige besondere Berichterstattung an das Staatsministerium der Finanzen und genehmigende Entschließung dieses Staatsministeriums anordnen.*

V *Die Steuerausscheidungen nach Art. 16, 18 des Gesetzes vom 30. Juni 1921 zum Vollzuge des Landessteuergesetzes vom 30. März 1920 (GVBl. S. 361) sind nicht in den Gewerbsteuerbescheid aufzunehmen, sondern dem Steuerpflichtigen und den beteiligten Gemeinden durch besonderen schriftlichen Steuerbescheid zur Kenntnis zu bringen (Art. 22 Abs. II).*

Bek. § 34.

I *An Steuerpflichtige, deren steuerbares gewerbliches Betriebskapital oder steuerbarer gewerblicher Reinertrag bei der Hauptveranlagung zwar festgestellt worden ist, bei denen sich aber keine Gewerbsteuer ergeben hat (z. B. wegen Art. 12), kann die Mitteilung des Veranlagungsergebnisses durch einen Steuerbescheid aus Gründen der Geschäftsvereinfachung unterbleiben, sofern nicht ein hierauf gerichteter Antrag des Steuerpflichtigen vorliegt. Das gleiche gilt, wenn die Gewerbsteuerpflicht nach Art. 1 bis 3 bei der Hauptveranlagung vom Ausschuß verneint worden ist. Zu vgl. dagegen §§ 46 Abs. V, 47 Abs. I.*

II *Freistellungs- und Feststellungsbescheide im Sinne des § 220 Abs. 2 RAO., die für die Bemessung künftiger Steueransprüche bindend sind, werden hinsichtlich der Gewerbsteuer nicht erteilt.*

Abs. I unverändert gegenüber dem RE.; Abs. II wurde erst während der Gesetzesberatung eingefügt. Ein Antrag, anzufügen: „Die Benachrichtigung kann mit dem Einkommensteuerbescheid verbunden werden" wurde abgelehnt (StB. S. 470, 478).

1. Gemäß § 41 REStG. und § 28 KörpschStG. geänderte Fassung des Art. 21 des bish. GewStG. (vgl. Art. 48 des bish. EStG.). Die Begründung bemerkt noch: „Der Begriff Steuerbescheid ist im weitesten Wortsinne des § 220 RAO. aufzufassen. Der Steuerbescheid über die „zu entrichtende Steuer" begreift daher auch die Fälle der Steuerbefreiung und Steuerermäßigung, dann die vormerkungsweisen Veranlagungen, also alle Fälle nach Art. 21 Abs. II event. III in sich."

IV. Rechtsmittel.[1])

1. Einspruch.

Art. 23.

I Gegen den Steuerbescheid ist Einspruch zulässig.

II Der Einspruch steht sowohl dem Steuerpflichtigen als auch dem Finanzamt und im Falle der vormerkungsweisen Veranlagung zur Begründung der Umlagepflicht den Gemeinden zu.

III Er hat keine aufschiebende Wirkung[1])[2]).

1) Die sämtl. Bestimmungen sind mit Ausnahme der Art. 30, 39 u. 43 dem RE. gegenüber unverändert.

Allgemeines. *Bek. § 35.*

I *Das Rechtsmittelverfahren in Gewerbsteuersachen ist in Art. 25 bis 41 geregelt. Daneben gelten die Vorschriften im zweiten Teil, vierter Abschnitt der Reichsabgabenordnung, soweit sich nicht aus den genannten Bestimmungen des Gewerbsteuergesetzes und den Bestimmungen dieser Bekanntmachung Abweichendes ergibt (Art. 63).*

II *Zu den anzuwendenden allgemeinen Bestimmungen der Reichsabgabenordnung über Rechtsmittel werden zu rechnen sein:*

§§ 221, 222, 225 bis 227, 228, 229, 231, 232, 233, 235, 236 Abs. 1 (nicht Abs. 2), 238 (zu vgl. Art. 26 Abs. IV, 34 Abs. VIII und 39 Abs. VIII), 240, 241; die beiden letzteren Bestimmungen vorbehaltlich der Bestimmungen über die Wahrung des Steuergeheimnisses, d. i. unter Vermeidung der Nennung der Namen der ohne Zuziehung des Steuerpflichtigen einvernommenen Auskunftspersonen und Sachverständigen, wenn diese nicht selbst mit der Kundgebung ihres Namens einverstanden sind (§ 32 dieser Bekanntmachung), 242, 243. § 234 ist nur im Einspruchsverfahren anwendbar (zu vgl. Art. 24 Abs. IV gegen Art. 28 Abs. III und Art. 38 Abs. III). Von der Anwendung ausgeschlossen ist insbesondere § 237, der die Zurücknahme von Rechtsmitteln ohne Einschränkung bis zur Unterzeichnung der Rechtsmittelentscheidung zuläßt (zu vgl. § 42 dieser Bekanntmachung). Die Kostenvorschriften der §§ 285—297 RAO. gelten nur für das Einspruchsverfahren (Art. 59—61).

III *Das Finanzamt hat die bei ihm eingelegten Rechtsmittel sofort nach ihrem Eingang in ein Verzeichnis einzutragen und dieses Verzeichnis auf dem Laufenden zu erhalten; von den Beschwerden gegen die Bescheide der Berufungskommissionen ist dem Finanzamt behufs Ergänzung des Verzeichnisses durch das Landesfinanzamt (die Landesmittelstelle) Mitteilung zu machen (zu vgl. Art. 38 II). Das Finanzamt hat die Rechtsmittel in der Hauptsteuerliste zu vermerken und das endgültige Ergebnis des Rechtsmittels einzutragen. Über die Einrichtung des Verzeichnisses trifft das Landesfinanzamt (die Landesmittelstelle) die näheren Anordnungen.*

IV *Der Gebrauch der Rechtsmittel gegen Steuerausscheidungen zum Zwecke der Umlagenerhebung ist im Art. 18 Abs. II und Art. 19 des Gesetzes vom 30. Juni 1921 zum Vollzuge des Landessteuergesetzes vom 30. März 1920 (GVBl. S. 361) geregelt.*

Einspruch. *Bek. § 36.*

I *Gegen den Steuerbescheid ist Einspruch zulässig. Aus dem im § 33 Abs. I vorgeschriebenen Inhalt des Steuerbescheides ergibt sich, daß die Beschlüsse des Ausschusses (Art. 21 Abs. I und II) in ihrem ganzen Umfang mit Einspruch anfechtbar sind, also sowohl hinsichtlich der Frage, ob überhaupt eine Gewerbsteuerpflicht nach Art. 1 gegeben ist, als auch bezüglich der Versagung einer etwa beanspruchten Steuerfreiheit nach Art. 3, der Höhe des steuerbaren gewerblichen Betriebskapitals und des steuerbaren gewerblichen Reinertrags, ferner wegen der Versagung der Abzugsfähigkeit von Werbungskosten (Betriebsausgaben), wegen des Abzugs des Mietertragsanschlags nach Art. 10 Abs. IV und wegen der Ausscheidung der Reinerträge nach Art. 11, wegen Anwendung der Bestimmung im Art. 7 Abs. IV über das Höchstmaß der Gewerbsteuer.*

II *Der Einspruch steht sowohl dem Steuerpflichtigen als auch dem Finanzamte zu. Die Regelung weicht insoferne von der in der Reichsabgabenordnung ab, als dort ein Einspruch des Finanzamts gegen den Beschluß des Ausschusses nicht vorgesehen ist. (§§ 218, 244, 245 RAO.). Im Falle der vormerkungsweisen Veranlagung der Gewerbsteuer zur Begründung der Umlagenpflicht nach Maßgabe des Art. 3 Abs. II steht das Rechtsmittel des Einspruchs auch den Gemeinden zu.*

III *Der Einspruch des Finanzamts gegen einen Steuerbescheid (Art. 23 Abs. II) wird durch den Vorsteher des Finanzamts eingelegt. Die Frist zur Einlegung des Einspruchs endet mit dem Ablauf der für den Steuerpflichtigen laufenden Einspruchsfrist, in den Fallen des § 34 mit dem Ablauf der nach Art. 24 Abs. II bestimmten Frist. Der Vorsteher des Finanzamts hat den Einspruch durch Einreichung eines Schriftsatzes zu den Steuerakten des Steuerpflichtigen einzulegen und zu begründen. Der Schriftsatz ist mit dem Eingangsvermerk vom Tage seines Eingangs zu versehen. Der Vorsteher des Finanzamts hat seinen Einspruch dem Steuerpflichtigen zur etwaigen schriftlichen Gegenerklärung mitzuteilen (Art. 25). Das Landesfinanzamt (die Landesmittelstelle) kann den Vorsteher des Finanzamts anweisen, Einspruch gegen eine Entscheidung des Finanzamts, an der Ausschüsse teilgenommen haben, einzulegen oder einen eingelegten Einspruch zurückzunehmen.*

1. **Keine aufschiebende Wirkung**: Ebenso Art. 49 des bish. EStG., der gemäß Art. 22 II des bish. GewStG. auch auf die GewSt. Anwendung fand. Die RAO. bringt den gleichen Gedanken für das Verständnis des Laien klarer zum Ausdruck, wenn sie in § 235 sagt: „Durch die Einlegung eines Rechtsmittels wird die Wirksamkeit des angefochtenen Bescheids nicht gehemmt, insbesondere die Erhebung einer Steuer nicht aufgehalten."

Während hinsichtlich der bisherigen Bestimmung Breunig, EStG. S. 267, mit guten Gründen die Ansicht vertreten konnte, daß auch im Falle der Rückvergütung für den zu viel bezahlten Betrag keine Zinsen zu vergüten seien, ergibt sich jetzt eine Verpflichtung der Verzinsung zu viel gezahlter Beträge mit 5% aus RAO. § 132, 128 in Verbindung mit Art. 63 dieses Gesetzes. Vgl. auch § 63 der VB. abgedruckt zu Art. 62.

2. Die **Zurücknahme** des Einspruchs bemißt sich, da eine Berufung noch nicht vorliegt (vgl. Art. 42), nach § 237 AbgO. Sie ist zulässig bis zur Unterzeichnung der Einspruchsentscheidung und, falls mündlich verhandelt wird, bis zum Schlusse der mündlichen Verhandlung (abw. aber unrichtig VB. § 35 Abs. II, richtig Ringelmann-Mühlfeld Anm. 5 S. 213).

Art. 24.

I Der Einspruch ist binnen einer Ausschlußfrist[1]) von einem Monat schriftlich oder zu Protokoll beim Finanzamt oder bei der Gemeindebehörde einzulegen.

II Das Finanzamt hat durch öffentliche Bekanntmachung auf die abgeschlossene Veranlagung hinzuweisen und in dieser Bekanntmachung die Frist nach Maßgabe des Abs. I zu bestimmen, die vorbehaltlich des Abs. III für alle Steuerpflichtigen und übrigen Beteiligten gilt. Beginn und Ende der Frist sind in der Bekanntmachung genau zu bezeichnen.

III Bei Steuerveranlagungen, die nach Erlaß der öffentlichen Bekanntmachung erfolgen, ist im Steuerbescheid die einmonatige Einspruchsfrist zu setzen, welche mit Ablauf des Tages zu laufen beginnt, an dem der Bescheid dem Einspruchsberechtigten zugestellt worden ist oder als bekanntgemacht gilt (§ 231 der Reichsabgabenordnung).

IV Im Einspruch soll der Beschluß bezeichnet werden, gegen den der Einspruch gerichtet ist. Es soll angegeben werden, inwieweit der Beschluß angefochten und seine Aufhebung oder Abänderung beantragt wird. Ferner sollen die Tatsachen, die zur Begründung dienen, und die Beweismittel angeführt werden [2]).

Bek. § 37.

I *Die weiteren Bestimmungen bezüglich des Einspruchs und seiner Behandlung sind in Art. 24 bis 26 getroffen. Hierbei ist zu beachten, daß, von den im Art. 24 Abs. III bezeichneten Fällen abgesehen, die Einspruchsfrist nicht durch die Zustellung des Steuerbescheids, sondern nach Abschluß der Veranlagung durch eine öffentliche Bekanntmachung des Finanzamts allgemein in Lauf gesetzt wird (zu vgl. Art. 24 Abs. I, II und § 231 RAO.).*

II *Wegen eines Musters für die öffentliche Bekanntmachung der Einspruchsfrist zu vgl. Anlage 7. Die öffentliche Bekanntmachung ist in herkömmlicher Weise zu erlassen. Für die Bekanntmachung in den jeweils örtlich gelesensten Tageszeitungen ist Sorge zu tragen. Außerdem soll auf jeden Fall die Bekanntmachung während der Dauer der Berufungsfrist an den Amtstafeln der sämtlichen Gemeindeverwaltungen angeschlagen bleiben und in sonst ortsüblicher Weise (durch Ausschellen und dergl.) zur Kenntnis der Pflichtigen gebracht werden. Nachweis über die Art und Dauer der Veröffentlichung der Bekanntmachung ist in Form einer gemeindeamtlichen Bestätigung an das Finanzamt zu senden.*

III *Die Einspruchsfrist soll, sobald die sämtlichen Steuerbescheide zugestellt sind, bekannt gemacht werden.*

IV *Wegen der Vorschriften über die Berechnung der einmonatigen Frist zu vgl. § 64 RAO. mit §§ 187, 188 BGB., wegen der Nachsicht wegen Versäumung der Einspruchsfrist zu vgl. §§ 68, 69 RAO.*

V *Der Einspruch kann nicht nur beim Finanzamt, sondern auch bei der Gemeindebehörde eingelegt werden. Ist der Einspruch bei der Gemeindebehörde eingelegt worden, so hat die Gemeindebehörde die Einspruchsschrift sofort an das Finanzamt des Veranlagungsorts zu leiten. Das gleiche hat zu geschehen, wenn die Einspruchsschrift bei einer anderen als der zuständigen Behörde eingelaufen ist. Die Finanzämter und Gemeindebehörden haben auf den Einspruchsschriften den Tag, an dem sie bei ihnen eingelaufen sind, vorzumerken.*

VI *In den Fällen, in denen die Gewerbsteuerveranlagung erst nach Erlaß der im Art. 24 Abs. II vorgesehenen öffentlichen Bekanntmachung erfolgt, hat das Finanzamt im Steuerbescheid die einmonatige Einspruchsfrist des Art. 24 Abs. I zu setzen. Der Lauf dieser Einspruchsfrist beginnt mit dem Ablauf des Tages, an dem der Bescheid dem Einspruchs-*

berechtigten zugestellt worden ist oder im Hinblick auf § 231 RAO. als bekannt gemacht gilt.

VII *Nach Maßgabe des Abs. VI ist auch zu verfahren, wenn dem Steuerpflichtigen aus irgend einem Grunde bei Erlaß der öffentlichen Bekanntmachung ein Steuerbescheid noch nicht zugegangen war, da eine abgeschlossene Veranlagung im Sinne des Art. 24 Abs. II für einen Steuerpflichtigen nur dann vorliegt, wenn ihm der nach Art. 22 vorgeschriebene Steuerbescheid erteilt ist, und weil der Einspruch nach ausdrücklicher Vorschrift des Art. 23 Abs. I gegen den Steuerbescheid eröffnet ist. Durch den bloßen Ablauf der Frist des Art. 24 Abs. II kann daher der Steuerpflichtige seines Einspruchsrechtes nicht verlustig gehen.*

Abs. I hat gegenüber dem RE. die Einschaltung „oder bei der Gemeindebehörde" erhalten. Die von den Grundsätzen des § 233 AbgO. abweichende Einschaltung ist der Bestimmung in Art. 50 Abs. II BayEStG. nachgebildet.

Abs. II weicht vom RE. ab. Dieser bestimmte in Anlehnung an § 231 AbgO., daß die Frist zur Einlegung des Einspruchs mit dem Ablauf des Tages beginne, an dem der Steuerbescheid dem Steuerpflichtigen zugestellt worden ist. In Satz 2 sah er sodann für die Steuerpflichtigen, denen ein Steuerbescheid nicht zugegangen ist, die öffentliche Bekanntgabe einer Einspruchsfrist vor, die auch für die allenfallsige Ausübung des Einspruchsrechts der Gemeinden nach Art. 23 Abs. II gelten sollte. Der Landtag hat in Anlehnung an Art. 50 EStG. bestimmt, daß die Einspruchsfrist allgemein nach Abschluß der Veranlagung durch öffentliche Bekanntmachung in Lauf zu setzen sei, und in Abs. III (neu) eine Sondervorschrift für jene Fälle getroffen, in denen die Veranlagung erst nach Erlaß der öffentlichen Bekanntmachung erfolgt.

Abs. IV entspricht dem Wortlaut des Abs. III RE. (Ringelmann-Mühlfeld S. 214.)

1. **Ausschlußfrist**: oder Notfrist, kann auch auf Ersuchen unter keinen Umständen verlängert werden. S. auch Bek. § 37 IV und OBK. XVI, 46.

2. Eine Reihe von Streitfragen des bish. Rechts finden dadurch ihre Erledigung, daß die Bestimmungen der RAO. über Rechtsmittel gemäß Art. 63 sinngemäß anwendbar sind. Vgl. auch § 35 II BV. abgedruckt zu Art. 23 und die Begründung, die insbesonders auf § 230 und 231 und wegen der Formalien auf § 234 RAO. verweist. So ist z. B. eine Anschließung an die Rechtsmittel (Adhäsion), die bisher als unzulässig erachtet wurde, (vgl. Breunig Bd. I S. 270) gemäß § 232 RAO. zulässig.

Art. 25.

Der Einspruch des Finanzamts und der Gemeinde (Art. 23 Abs. II) ist dem Steuerpflichtigen, der Einspruch des Steuerpflichtigen gegen eine vormerkungsweise Veranlagung der Gemeinde zur etwaigen schriftlichen Gegenerklärung mitzuteilen [1])[2]).

1. Diese Bestimmung, dem Art. 52 des bish. EStG. nachgebildet, ist die Folge der Bestimmung in Art. 23 II (Begr.).

2. Zum Vollzug genügt die gegen Nachweis zu betätigende Zustellung eines Aktenstückes, aus dem hervorgeht, daß und warum Einspruch eingelegt wird und in welcher Weise der Steuerbescheid abgeändert werden soll. (Vgl. § 67 BV. z. BayEStG., ferner Anm. 2b zu Art. 23.)

Eine Bestimmung, wonach dem Pflichtigen im Falle eines Einspruchs des Finanzamts die etwa von diesem erholten Sachverständigengutachten vor der Nachprüfung des Steuerfalles mitgeteilt werden müssen, enthält das Gesetz nicht (vgl. OVK. Bd. XVII S. 121).

Doch ergibt sich dies — falls das Ergebnis zum Nachteil der Steuerpflicht Verwendung finden soll — aus § 241 RAO. in Verbindung mit Art. 63 dieses Gesetzes und § 35 II Bek.

Art. 26 [1] [2].

I Wenn sich ein formell zulässiger Einspruch gegen eine ohne Mitwirkung des Ausschusses erfolgte finanzamtliche Veranlagung richtet und das Finanzamt den Einspruch für begründet erachtet, so hat es die Veranlagung hiernach abzuändern. Alle übrigen Einsprüche werden dem Ausschusse zur Würdigung mitgeteilt.

II Der Ausschuß hat zunächst zu prüfen, ob der Einspruch zulässig und in der vorgeschriebenen Form und Frist eingelegt ist. Mangelt es an einem dieser Erfordernisse, so ist der Einspruch als unzulässig zu verwerfen.

III Im übrigen hat der Ausschuß die mit Einspruch angefochtenen Steuerfälle erneut zu prüfen. Er ist dabei weder an die frühere Festsetzung, noch an die gestellten Anträge gebunden und kann die frühere Festsetzung auch zum Nachteil des Steuerpflichtigen ändern.

IV Der Steuerpflichtige ist befugt, seinen Einspruch vor dem Ausschuß persönlich zu vertreten oder durch einen Bevollmächtigten vertreten zu lassen. § 238 der Reichsabgabenordnung findet entsprechende Anwendung. Gleiches Vertretungsrecht kommt auch den Gemeinden zu, wenn ihnen das Recht des Einspruchs zusteht. Dem Steuerpflichtigen stehen die Rechte nach Satz 1 und 2 auch bei Verhandlungen über Einsprüche der Gemeinden zu.

Bek. § 38.

I Die Prüfung, ob der Einspruch zulässig und in der vorgeschriebenen Form und Frist eingelegt ist (Art. 26 Abs. II), erfolgt durch den Ausschuß. Der Ausschuß entscheidet auch, ob bei Versäumung der Einspruchsfrist Nachsicht zu gewähren ist (§§ 68, 69 RAO.). Zu vgl. dagegen § 105 EStAB.

II Zuständig ist der Ausschuß, der bei der angefochtenen Entscheidung des Finanzamts mitgewirkt hat, es sei denn, daß bei dem Finanzamt ein besonderer Ausschuß für die Entscheidung über Einsprüche gebildet ist (§ 5 der Verordnung über die Bildung der Ausschüsse bei den Finanzämtern und ihr Verfahren vom 25. Mai 1920, RGBl. S. 1118). Sind mehrere besondere Ausschüsse für die Entscheidung über Einsprüche gebildet, so ist der besondere Ausschuß zuständig, der für den Steuerbezirk gebildet ist, in dem der Veranlagungsort des Steuerpflichtigen liegt (§ 106 EStAB.).

III *Zur Vorbereitung der Entscheidung hat das Finanzamt die Einsprüche, soweit sie als zulässig zu erachten sind, in sachlicher Hinsicht zu prüfen und die zur Aufklärung der Besteuerungsverhältnisse des Pflichtigen notwendigen Ermittlungen anzustellen. Das Finanzamt hat dabei von den ihm durch die Reichsabgabenordnung gegebenen Befugnissen geeigneten Gebrauch zu machen (§§ 228, 229 RAO.). Etwaige Beteiligte kann das Finanzamt von Amtswegen zuziehen (§ 226 RAO.). Die Vorschrift des § 240 RAO. ist zu beachten.*

IV *Dem Ausschuß, der von dem Finanzamte rechtzeitig zu berufen ist, sind die Einwendungen des Pflichtigen und die Ergebnisse der Veranlagung und der weiteren Ermittlungen vorzutragen. Erachtet der Ausschuß es für notwendig, daß vor Entscheidung des Einspruchs weitere Ermittlungen stattfinden, so stehen ihm hierbei mit der sich aus § 208 Abs. 2 RAO. ergebenden Einschränkung die gleichen Befugnisse zu, wie sie nach den Vorschriften der Reichsabgabenordnung dem Finanzamte zustehen; er kann insbesondere den Steuerpflichtigen zur Auskunft und zu weiteren Nachweisungen anhalten und erforderlichenfalls vorladen (§ 205 Abs. 2, §§ 172ff. RAO.).*

V *Der Ausschuß ist bei der erneuten Prüfung der Steuerfälle weder an die frühere Festsetzung, noch an die gestellten Anträge gebunden. Er beschließt vielmehr unter Würdigung der Umstände über die seiner Entscheidung zugrunde zu legenden tatsächlichen und rechtlichen Annahmen auf Grund des Gesamtergebnisses der stattgehabten Verhandlungen und der gesetzlichen Vorschriften nach freier Überzeugung, er kann also die frühere Festsetzung auch zum Nachteil des Steuerpflichtigen ändern (Art. 26 Abs. III, Art. 63, § 107 EStAB.).*

VI *Die Entscheidung muß zugleich Bestimmungen über die Kosten des Verfahrens treffen (§§ 243, 285—289, 295 RAO.). Die zu erhebenden Auslagen stellt das Finanzamt fest (§§ 290 bis 293 Abs. 1, 295, 296 RAO.).*

VII *Die Einspruchsentscheidung ist auszufertigen und dem Steuerpflichtigen zuzustellen. Muster 37 zu § 107 Abs. 2 EStAB. kann verwendet werden. § 242 RAO. ist zu beachten.*

1. Die ausführliche Vorschrift des Art. 26 gibt die Bestimmung des Art. 53 bayer. EStG in der Fassung nach dem Abänderungsgesetz vom 17. August 1918 (GVBl. S. 414) wieder. Sie knüpft an Art. 21 an und unterscheidet, ob die Veranlagung ohne Mitwirkung (Art. 21 Abs. III) oder unter Mitwirkung des Ausschusses erfolgt ist.

Für die Übergangszeit sind die Bestimmungen des Art. 67 von besonderer Bedeutung.

2. Die Begründung verweist auf § 244 RAO und fährt dann fort: Die ausführliche Vorschrift des Art. 26 gibt die Bestimmungen des Art. 53 des bish. EStG. wieder und will verdeutlichen, daß die gegenwärtige Bestimmung ein Ersatz für den Art. 53 ist (vgl. hierher §§ 228, 236 RAO.). Satz 2 des Abs. III bezweckt die ausdrückliche gesetzliche Festlegung des übrigens bisher schon unbestrittenen Grundsatzes, daß auch über die gestellten Anträge hinaus der Steuerfall wiederholt zu prüfen und gegebenenfalls auch eine reformatio in pejus zulässig ist. Art. 26 Abs. IV geht über die bisherige Befugnis des Steuerpflichtigen bezüglich der Vertretung seiner Interessen im Nachprüfungsverfahren (Art. 53 Abs. II EStG.) nicht unwesentlich hinaus. Die Erweiterung dieser Befugnisse auch im Einspruchsverfahren wird sich aber mit

Rücksicht auf die Gültigkeit des § 238 RAO. für das gesamte Rechtsmittelverfahren nicht umgehen lassen.

2. Berufung.

Art. 27.

I Gegen die Einspruchsentscheidung ist Berufung zulässig.

II Die Berufung steht sowohl dem Steuerpflichtigen als auch dem Finanzamt und im Falle der vormerkungsweisen Veranlagung zur Begründung der Umlagenpflicht den Gemeinden zu.

III Sie hat keine aufschiebende Wirkung.

Art. 28[1]).

I Die Berufung ist binnen einer Ausschlußfrist von einem Monat schriftlich oder zu Protokoll beim Finanzamt einzulegen.

II Die Frist zur Einlegung der Berufung beginnt mit Ablauf des Tages, an dem die Einspruchsentscheidung dem Steuerpflichtigen, für die Gemeinde mit Ablauf des Tages, an dem die Einspruchsentscheidung über die vormerkungsweise Veranlagung der Gemeinde zugestellt worden ist.

III In der Berufung sind die Gründe anzugeben, aus denen der Beschluß des Steuerausschusses angefochten wird. Berufungen ohne Bezeichnung von Gründen sind formell unzulässig.

IV Hält der Berufungsführer eine Beweisaufnahme für notwendig, so hat er die Beweismittel anzugeben.

V Dem Berufungsführer steht frei, der Berufung zur Begründung seines Vorbringens Schriftstücke beizufügen.

Art. 29.

Die Berufung des Finanzamts und der Gemeinde (Art. 27 Abs. II) ist dem Steuerpflichtigen, die Berufung des Steuerpflichtigen gegen eine vormerkungsweise Veranlagung der Gemeinde zur etwaigen schriftlichen Gegenerklärung mitzuteilen.

Art. 30[2]).

I Zur Bescheidung der Berufungen besteht bei jeder Mittelstelle der Landesfinanzverwaltung eine Berufungskommission:

II Sie setzt sich zusammen:

1. aus dem Vorsitzenden, der vom Staatsministerium der Finanzen ernannt wird,
2. aus ständigen Mitgliedern, die vom Staatsministerium der Finanzen ernannt werden,

3. aus nichtständigen Mitgliedern, die in der Anzahl von je vier in jedem Regierungsbezirk aus Kreiseinwohnern durch die zur Vertretung von Handel und Gewerbe berufenen Organe auf die Dauer von drei Jahren zu wählen sind.

III Für die im Abs. II Ziff. 3 bezeichneten Kommissionsmitglieder sind durch die in Abs. II Ziff. 3 erwähnten Organe je vier Ersatzmänner in jedem Regierungsbezirke zu wählen.

IV Die Wahl dieser Kommissionsmitglieder und Ersatzmänner erfolgt mit relativer Stimmenmehrheit. Bei Stimmengleichheit entscheidet das Los.

V Im Falle des Ausscheidens eines der gewählten ständigen*) Mitglieder hat an dessen Stelle ein Ersatzmann nach der bei der Wahl festgesetzten Reihenfolge zu treten. Bei der hierdurch oder aus sonstigem Anlaß eintretenden Erledigung der Stelle eines Ersatzmanns hat auf Anregung der Mittelstelle für den Rest der Wahlperiode eine Ergänzungswahl stattzufinden.

VI Wegen der Stellvertretung für den Vorsitzenden sowie für die weiteren ständigen Mitglieder wird durch das Staatsministerium der Finanzen Bestimmung getroffen.

VII Die Berufungskommission entscheidet in einer Besetzung von sieben Mitgliedern, von denen drei einschließlich des Vorsitzenden ständige und vier nichtständige sind.

VIII Der Berufungskommission wird von der Mittelstelle ein verpflichteter Schriftführer beigegeben.

IX Im Bedarfsfalle können für den Bezirk einer Mittelstelle mehrere Berufungskommissionen gebildet werden. Die näheren Bestimmungen hierüber trifft das Staatsministerium der Finanzen

Art. 31[3].)

I Wählbar in die Berufungskommission sind nur bayerische Staatsangehörige, die mindestens dreißig Jahre alt, mit einer direkten Steuer veranlagt sind, seit mindestens fünf Jahren im Bezirke der Mittelstelle ihren Wohnsitz haben und keinem der im Art. 44 mit Art. 2 des Landeswahlgesetzes vom 12. Mai 1920 aufgeführten Ausschließungsgründe unterliegen. Außerdem darf

*) Offensichtliches Versehen statt richtig „nicht ständigen". Ebenso Ringelmann-Mühlfeld, die hiezu bemerken „das Versehen dürfte, wenn es nicht Schreibversehen ist, auf die wörtliche Übernahme des Abs. V aus Art. 55 bayer. ESt G., der von ständigen Mitgliedern im Gegensatz zu den Ersatzmännern spricht, zurückzuführen sein." (S. 228.)

nicht gewählt werden, wer wegen Steuerhinterziehung oder wegen Verletzung der Schweigepflicht bestraft ist.

II Die Wahl kann ohne Angabe eines Grundes von Reichstagsmitgliedern, Landtagsmitgliedern, Angehörigen des Reichs-, Staats-, Kirchen-, öffentlichen Schul- oder Stiftungsdienstes, dann von berufsmäßigen Gemeindebeamten, sofern sie sich im aktiven Dienste befinden, ferner von Angehörigen der Reichswehr abgelehnt werden.

III Außerdem darf eine Wahlablehnung nur erfolgen:

1. wegen erwiesener körperlicher oder geistiger Unfähigkeit,
2. wegen zurückgelegten sechzigsten Lebensjahrs,
3. wegen einer Beschäftigung, die eine häufige oder langandauernde Abwesenheit vom Bezirke der Mittelstelle mit sich bringt,
4. wenn der Gewählte bereits mindestens sechs Jahre hintereinander Mitglied eines Steuerausschusses, einer Berufungskommission oder der Oberberufungskommission gewesen ist.

IV Über Wahlablehnungsgründe entscheidet die Regierung, Kammer des Innern. Gegen deren Beschluß ist Beschwerde an den Verwaltungsgerichtshof zulässig.

V Berufungskommissionsmitglieder, welche die Wählbarkeit (Abs. I) verlieren, haben auszuscheiden.

Art. 32[4]).

I Die Berufungskommission tritt auf Einladung des Vorsitzenden am Sitze der Mittelstelle zusammen.

II Dem Vorsitzenden kommt die Leitung der Verhandlungen zu; er hat gleiches Stimmrecht wie die Mitglieder.

III Die Berufungskommissionen fassen ihre Beschlüsse nach absoluter Stimmenmehrheit.

IV Bilden sich bezüglich der Belastung mehr als zwei Meinungen, so werden die Stimmen für die höchste Belastung zu den Stimmen für die nächst niedere hinzugezählt, bis sich eine absolute Mehrheit ergibt.

V Bei Stimmengleichheit entscheidet die Stimme des Vorsitzenden.

VI Ein Kommissionsmitglied hat abzutreten, solange über seine Veranlagung oder die Veranlagung seiner Verwandten oder Verschwägerten in auf- und absteigender Linie oder bis zum dritten Grade der Seitenlinie oder über die Veranlagung der von ihm vertretenen Pflichtigen oder der Gesellschaften, bei denen er Aufsichtsrat ist, beraten und abgestimmt wird.

VII Die Vorschriften des Abs. VI finden auch auf den Vorsitzenden Anwendung; in solchem Falle hat er die Führung des Vorsitzes einem der übrigen Kommissionsmitglieder zu übertragen.

VIII Das Staatsministerium der Finanzen ist ermächtigt, über die Einberufung der Mitglieder und Ersatzmänner zu den Sitzungen der Berufungskommission, die vorbehaltlich der Bestimmung im Abs. VI und VII nur bei voller Besetzung (Art. 30 Abs. VII) beschlußfähig ist, nähere Anordnungen zu treffen.

IX Kein Mitglied der Berufungskommission darf an der Beratung und Beschlußfassung über Berufungen gegen Beschlüsse teilnehmen, bei denen es mitgewirkt hat.

X Die Verhandlungen der Berufungskommission sind nicht öffentlich.

Art. 33 [5]).

I Den Mitgliedern der Berufungskommission ist beim Eintritt in ihre Tätigkeit von dem Vorsitzenden unter dem ausdrücklichen Hinweis auf die Strafbestimmung des Art. 53 Abs. II der nachstehende Eid abzunehmen:

> „Ich schwöre, daß ich bei den Verhandlungen der Berufungskommission ohne Ansehen der Person nach bestem Wissen und Gewissen verfahren und die Verhandlungen sowie die hierbei zu meiner Kenntnis gelangenden Verhältnisse der Steuerpflichtigen strengstens geheimhalten, auch Geschäfts- und Betriebsgeheimnisse nicht unbefugt verwerten werde."

II Mitgliedern von Religionsgesellschaften, deren Bekenntnis die Eidesleistung untersagt, ist an Stelle des Eides die dem Bekenntnis entsprechende Beteuerung gestattet.

III Bei einer späteren Wiederwahl genügt die Rückerinnerung an den einmal gemäß Abs. I geleisteten Eid.

IV Berufungskommissionsmitglieder, die als Staatsbeamte vereidigt sind und sich noch im aktiven Staatsdienste befinden, sind von der besonderen Vereidigung nach Abs. I entbunden.

Art. 34 [6]).

I Die Berufungskommission hat Berufungen, die sie als formell unzulässig erachtet, ohne weitere Verhandlung zurückzuweisen.

II Im übrigen entscheidet sie nach Prüfung und Feststellung der für die Veranlagung des Pflichtigen maßgebenden Verhältnisse. Sie ist dabei weder an frühere Festsetzungen, noch an die gestellten Berufungsanträge gebunden und kann die angefochtene Festsetzung auch zum Nachteil des Steuerpflichtigen ändern.

III Die Berufungskommission ist befugt, von dem Steuerpflichtigen schriftliche oder mündliche Auskunft[8a]) auf bestimmte Fragen bezüglich seiner Erwerbs- und Einkommensverhältnisse sowie über die sonstigen für die Veranlagung wesentlichen Tatsachen zu verlangen und ihn zur Vorlegung der Nachweise, Urkunden und Geschäftsbücher[b]) aufzufordern.

IV Die Aufforderung geschieht unter der Verwarnung, daß, wenn innerhalb der zu setzenden Frist[8a u. b]) die verlangte Auskunft nicht erteilt wird und die Vorlage der Nachweise, Urkunden und Geschäftsbücher nicht erfolgt, nach Lage der Akten werde entschieden werden.

V Die Berufungskommission kann ferner die eidliche[c]) Vernehmung von Zeugen und Sachverständigen[c]) veranlassen. Diese Personen können die Auskunft nur unter den Voraussetzungen ablehnen, unter denen nach den Vorschriften der Reichs-Zivilprozeßordnung ein Zeugnis oder ein Gutachten verweigert werden darf; außerdem können Personen, die bei dem Steuerpflichtigen in einem Dienst- oder Arbeitsverhältnisse[d]) stehen, die Auskunft ablehnen.

VI Die Durchführung einer beantragten Beweisaufnahme kann die Berufungskommission nur dann ablehnen, wenn sie das angebotene Beweisverfahren zur Begründung der behaupteten Tatsachen für unerheblich erachtet oder der Beweiserhebung unverhältnismäßige Schwierigkeiten entgegenstehen.

VII Zur Vornahme von Beweiserhebungen, die nicht unter Art. 35 fallen, kann die Berufungskommission eine aus mindestens zwei ihrer Mitglieder bestehende Unterkommission abordnen[e]).

VIII Der Steuerpflichtige ist befugt, seine Berufung vor der Berufungskommission persönlich zu vertreten oder durch einen Bevollmächtigten vertreten zu lassen. § 238 der Reichsabgabenordnung findet entsprechende Anwendung. Gleiches Vertretungsrecht kommt auch den Gemeinden zu, wenn ihnen das Recht der Berufung zusteht. Dem Steuerpflichtigen stehen die Rechte nach Satz 1 und 2 auch bei Verhandlungen über Berufungen der Gemeinden zu[e]).

Art. 35[7]).

Die eidliche Vernehmung von Zeugen und Sachverständigen (Art. 34 Abs. V) wird auf Veranlassung des Vorsitzenden der Berufungskommission von der Bezirksverwaltungsbehörde vorgenommen.

Art. 36[7]).

I Die Berufungskommission hat erforderlichen Falles das steuerbare Betriebskapital und den steuerbaren Ertrag, sowie die entsprechenden Steuerbeträge neu festzusetzen[8g]).

II Die Bescheide sind mit Gründen zu versehen und müssen einen Ausspruch im Kostenpunkt enthalten. Sie sind der Mittelstelle vorzulegen und von dieser den Beteiligten in Abschrift zustellen zu lassen[h, i]).

Berufung.

Bek. § 39.

I *Für das Rechtsmittel der Berufung und dessen Erledigung sind in erster Linie die Vorschriften in Art. 27 bis 36 maßgebend. Daneben gelten ergänzend die bereits im § 35 Abs. II erwähnten Vorschriften der Reichsabgabenordnung. Dagegen kommen die Vorschriften der §§ 245 bis 264 und 285 bis 297 RAO. bei der Behandlung der Gewerbsteuerberufungen nicht zur Anwendung, da das Gewerbsteuergesetz selbst in Art. 27 bis 36, 59 bis 61 die für erforderlich erachteten Bestimmungen getroffen hat.*

II *Die Berufung des Finanzamts gegen die Einspruchsentscheidung (Art. 27 Abs. II) wird durch den Vorsteher des Finanzamts durch Einreichung eines Schriftsatzes zu den Steuerakten des Steuerpflichtigen eingelegt und ist zu begründen. Der Schriftsatz ist mit dem Eingangsvermerk vom Tage seines Eingangs zu versehen. Die Berufung des Finanzamts ist dem Steuerpflichtigen zur etwaigen schriftlichen Gegenerklärung mitzuteilen (Art. 29). Das Landesfinanzamt (die Landesmittelstelle) kann den Vorsteher des Finanzamts anweisen, Berufung gegen eine Einspruchsentscheidung des Finanzamts einzulegen oder eine eingelegte Berufung zurückzunehmen.*

III *Über den Beginn der Frist für die Einlegung von Berufungen des Finanzamts gegen die Einspruchsentscheidung enthält das Gesetz keine ausdrückliche Bestimmung. Im Hinblick auf Art. 28 Abs. II ist es jedoch, da die Zustellung an das Finanzamt sachlich mit der Absendung der Einspruchsentscheidung an die Beteiligten zusammenfällt, als der Absicht des Gesetzgebers entsprechend zu erachten, daß die Frist für das Finanzamt mit dem Ablauf des Tages der Absendung der Einspruchsentscheidung an die Beteiligten zu beginnen hat (zu vgl. Art. 38 Abs. I und 43 Abs. IV). Der Finanzamtsvorsteher hat sich rechtzeitig schlüssig zu machen, ob und gegen welche Einspruchsentscheidungen die Einlegung einer amtlichen Berufung veranlaßt ist.*

IV *Für die Berufungen sind eigene Akten zu bilden, die nach der Zeit des Anfalls der einzelnen mit Ziffern zu versehenden Schriftstücke geordnet und in die Personalakten eingelegt werden. Die Berufungsakten haben einen Steuerlistenauszug, Auszüge aus den Niederschriften über die Verhandlungen des Ausschusses und ein kurzes finanzamtliches Gutachten zu enthalten.*

V *Die Berufungen sind, sobald sie zur Behandlung durch die Berufungskommission bereift sind, den Landesfinanzämtern (Landesmittelstellen) vorzulegen.*

VI *Die Vorsitzenden der Berufungskommissionen haben etwaige Erhebungen und Ergänzungen der Akten, die zur Beratung und Beschlußfassung über die Berufungen notwendig sind, herbeizuführen.*

VII *Den Zeugen sind die Fragen, zu denen sie sich äußern sollen, tunlichst schon bei der Vorladung schriftlich mitzuteilen, damit sie die mündliche Auskunftserteilung nötigenfalls mittels geeigneter Aufzeichnungen so vorbereiten können, daß die von der Berufungskommission geforderte Auskunft in erschöpfender Weise erteilt werden kann.*

VIII *Wegen der Strafbestimmungen für den Fall der Verweigerung der geforderten Auskunft oder Eidesleistung zu vgl. Art. 50 Ziff. 2. Für die Abnahme des Eides von Zeugen und Sachverständigen ist Art. 35, nicht § 184 Abs. 2 Satz 2 RAO. maßgebend.*

IX *Der Eid des Steuerpflichtigen ist als Beweismittel nicht zugelassen. Doch kann der Steuerpflichtige nun auf Grund der §§ 176, 229 RAO. durch die Berufungskommission dazu angehalten werden, daß er Tatsachen, die er behauptet, durch Versicherung an Eidesstatt erhärte. Für das dabei zu beachtende Verfahren ist § 176 Abs. 2 RAO. maßgebend. Die Versicherung an Eidesstatt kann nicht durch Zwangsmittel nach § 202 RAO. oder durch Strafen erzwungen werden.*

X *Der Steuerpflichtige ist durch den Vorsitzenden von dem Zeitpunkt der Sitzung der Berufungskommission zu verständigen.*

XI *Zufolge ausdrücklicher Bestimmung im Art. 32 Abs. X sind — im Gegensatz zu § 254 Abs. 1 RAO. — die Verhandlungen der Berufungskommission nicht öffentlich.*

XII *Wegen der Strafbestimmungen für den Fall, daß Mitglieder einer Berufungskommission ohne genügenden Entschuldigungsgrund zu den Sitzungen sich nicht rechtzeitig einfinden oder ihren Obliegenheiten in anderer Weise sich entziehen, zu vgl. Art. 55.*

XIII *Die Niederschrift über die Beeidigung der Berufungskommissionsmitglieder (Art. 33) ist zu den Akten zu nehmen.*

XIV *Über die Verhandlungen der Berufungskommission ist eine kurz gefaßte Niederschrift aufzunehmen. Die Aufnahme der Niederschrift erfolgt unter Leitung des Vorsitzenden. Die Niederschrift wird vom Vorsitzenden und vom Schriftführer unterzeichnet.*

XV *Die Bescheide der Berufungskommission sollen unbeschadet einer gründlichen Sachwürdigung bei der Beratung kurz abgefaßt werden. Die Wiedergabe des Tatbestandes sowie Ausführungen über rechtliche und tatsächliche Umstände, die ohne Einfluß auf den Sachentscheid geblieben sind, sind in der Regel zu unterlassen.*

XVI *Zu dem Ausspruch im Kostenpunkt gehört auch ein Ausspruch über die Gebühr.*

XVII *Die Zustellung der Bescheide hat gegen Zustellungsnachweis zu erfolgen. Bei der Zustellung ist schriftliche Belehrung im Sinne der Art. 37, 38 zu erteilen. Im Bescheid selbst ist eine solche Belehrung zu unterlassen. Eine Zustellung des Bescheides an das Landesfinanzamt (die Landesmittelstelle) ist nicht erforderlich.*

Aus der Begründung zu Art. 27 bis 36 seien folgende bemerkenswerte Ausführungen wiedergegeben, die durch Hinweise auf die einschlägigen Entscheidungen der OVG. ergänzt sind (s. Ziff 8 S. 93).

1. Zu Art. 28 Abs. II und III. Wegen Beginn und Dauer der Frist zu vgl. §§ 230/231 RAO. Dagegen wird § 234, insbesondere in seiner weitgehenden Fassung des Abs. 2 nicht zu übernehmen sein, da zu befürchten ist, daß dadurch die Zahl der mangelhaft oder gar nicht begründeten Berufungen in das Ungemessene wächst und nur der Leichtfertigkeit beim Gebrauch und der Ausführung der Rechtsmittel Vorschub geleistet wird. Die Bestimmungen in Art. 52 Abs. III[1]) des bisherigen EStG. wurde daher unverändert hierher übernommen.

2. Zu Art. 30: Die Regierungen, Kammern der Finanzen sind durch Verordnung vom 23. Januar 1920 (GVBl. S. 16) aus dem Verbande der Kreisregierungen losgelöst worden und sind nunmehr Landesfinanzämter (Abteilung I) und bezw. Zweigstellen der Landesfinanzämter geworden. Es ist klar, daß die als Landesrechtsmittelinstanzen aufrecht zu erhaltenden Berufskommissionen nicht bei diesen Reichsstellen — neben den Finanzgerichten — fortgeführt werden können, sie müssen vielmehr, wenn die Fortführung von Landesrechtsmittelstellen überhaupt einen Zweck haben soll, bei den die Aufsicht über das Landessteuerwesen führenden Landesmittelstellen gebildet werden. Da die künftigen Mittelstellen jeweils mehrere Regierungsbezirke umfassen sollen, muß Vorsorge getroffen werden, daß alle beteiligten Regierungsbezirke bei der Zusammensetzung der Berufungskommission gleichmäßig berücksichtigt werden. Dies erstrebt Abs. II Ziff. 2 des Art. 29[2].)

3. Zu Art. 31: Entsprechend dem bisherigen Art. 55 Abs. IX mit Art. 39 EStG. Der Zusatz in Abs. II „sofern sie sich im aktiven Dienste befinden", bezieht sich, wie sich übrigens schon aus der bisherigen Fassung des Art. 39 Abs. II EStG. ergibt, nicht bloß auf die berufsmäßigen Gemeindebeamten, sondern auch auf die Angehörigen des Reichs-, Staats- 2c. Dienstes.

4. Zu Art. 32: Bisher Art. 42 und Art. 58 Abs. I EStG. Abs. VIII ist bestimmt, die Bestimmungen in Art. 40 und 55 Abs. IX des bisherigen EStG. zu ersetzen.

5. Zu Art. 33: Bisher Art. 43 und Art. 58 EStG.

---

1) Druckfehler: Gemeint ist offenbar Art. 50 III.

2) Irrtum. Hier ist offenbar Art. 30 gemeint. Über den Werdegang dieser Bestimmung bemerken Ringelmann-Mühlfeld S. 226:

Ab. I unverändert gegenüber dem RE.

In Abs. II wurde auf Antrag Donderer als Ziff. 1 die Bestimmung über die (vom RE. in Abs. VI geregelte) Bestellung des Vorsitzenden aufgenommen. Die Wahl der nichtständigen Mitglieder und ihrer Ersatzmänner (Abs. II Ziff. 3 und Abs. III) — der RE. sah für jeden Reg.-Bezirk nur 3 vor — sollte nach dem RE. durch den Kreistag und hilfsweise durch den Kreisausschuß aus Kreiseinwohnern vorgenommen werden Nach Aufarbeitung der unerledigten Berufungen (Art. 67 Abs. II) sollte die Wahl der nichtständigen Mitglieder durch die zur Vertretung des Handels- und Gewerbestandes in den einschlägigen Reg.Bezirken berufenen Organe erfolgen (Abs. X ER.). Auf Antrag Donderer wurde Abs. X in den Art. 67 verwiesen und dem Abs. II Ziff. 3 und Abs. III die nunmehrige Fassung gegeben.

Abs. IV bis VI unverändert gegenüber dem RE.

In Abs. VII sah der RE. im Interesse der Vereinfachung und Verbilligung des Verfahrens eine Besetzung mit nur 5 (bisher 8) und zwar mit 2 ständigen (einschl. des Vorsitzenden) und 3 nichtständigen Mitgliedern vor. Der Landtag erhöhte die Zahl der Mitglieder auf 7, zwar auf 3 ständige und 4 nichtständige Mitglieder.

Abs VIII u. IX unverändert gegenüber dem RE. (StB. S. 471, 480).

6. Zu Art. 34: Bisher Art. 56 EStG.[3]). Zu Abs. II zu vgl. § 228 RAO. und die Begründung zu Art. 26. Das Verfahren nach § 251 RAO. in das Landesrechtsmittelverfahren zu übernehmen, erscheint nicht zweckmäßig. Wegen der Vertretung siehe Begründung zu Art. 26 und § 238 RAO. — Vgl. auch 8.

7. Zu Art. 35 und 36: Bisher Art. 57, 58 des bisherigen EStG. Als Beteiligte im Sinne des Art. 36 Abs. II gelten in Fällen der vormerkungsweisen Veranlagung auch die Gemeinden. — Vgl. auch 8.

Im Gegensatz zum bisherigen Recht (OVK. XVI, 281) — a. M. ohne Begründung anscheinend Ringelmann-Mühlfeld 239 — dürfte dem Steuerpflichtigen nunmehr ein Ablehnungsrecht von Sachverständigen zustehen. (RAO. § 206 II in Verbindung mit Art. 63 und § 65 der Bek.) und da er sonst von diesem Recht keinen Gebrauch machen kann auch das Recht, daß ihm die Sachverstän-

3) Die umfangreiche Rechtsprechung der OVK. zu dieser und der folgenden Bestimmung erscheint größtenteils noch verwertbar. Siehe die Zusammenstellung bei Breunig, Vermögenssteuergesetz S 244 ff., insbes. XIV, 69, XVIII S. 119 und unten Anm. 8. Anwendbar erscheinen auch folgende Ausführungen Breunigs in Anm. 2 zu § 56 f. EStGKomm. „Die BK. hat die Grundlagen für die Berechnung der Steuern und der Umlagen und die Steuern selbst sowie die Steuerausscheidung unter erschöpfender Würdigung des Steuerfalles nach den gesamten beschaffbaren tatsächlichen und rechtlichen Unterlagen, unabhängig von den Anträgen des Berufungsführers, neuerdings von Amtswegen festzustellen. In der Natur der II. Instanz liegt es, daß von den Feststellungen und Annahmen der I. Instanz ausgegangen und geprüft wird, wieweit diese durch das Berufungsvorbringen, durch die weiteren Erhebungen und Ergänzungen, durch Anhören des Pflichtigen oder seines bevollmächtigten Vertreters, durch eine Beweisaufnahme, durch eigene Kenntnis der Verhältnisse oder auch nur durch eine andere Beurteilung des schon in der I. Instanz zu Gebote gestandenen und etwa nicht vollständig oder nicht richtig gewürdigten Materials erschüttert sind. Der Berufungsführer darf nicht nur alle seine Gründe und Beweise, auch neue, bis zur Beschlußfassung vorbringen, sondern hat für das Vorbringen von Beweismaterial in dieser Instanz wegen der andersartigen Stellung der OVK. in der Regel die letzte Gelegenheit. Rechtskräftige Feststellungen, unanfechtbare Zugeständnisse des Pflichtigen in der I. Instanz, Gebundensein des Berufungsführers und ähnliche zivilprozessuale Grundsätze gelten für dieses Verfahren nicht. Auch gibt es kein Teilurteil und keine Vorentscheidung über die Steuerpflicht vorbehaltlich der späteren Entscheidung über die Steuergrundlagen (OVK. Bd. IV S. 30). Das Verfahren ist kein Streitverfahren, der Fiskus und der Steuerpflichtige stehen sich nicht als Parteien gegenüber, deren Streit etwa zu entscheiden wäre, sondern die BK. bestimmt auf Anrufen unter freier Würdigung aller Verhältnisse von Amts wegen über den Umfang der öffentlich-rechtlichen Verpflichtnug, zu den öffentlichen Lasten beizutragen, indem sie durch Verwerfung der Berufung den erstinstanziellen Beschluß bestätigt oder das steuerbare Betriebkapital und den steuerbaren gewerblichen Reinertrag abändernd neu, niedriger oder höher festsetzt, und erforderlichenfalls die Steuerausscheidung berichtigt."

Wie die Mitglieder des Ausschusses sind auch die Mitglieder der BK. bei ihrer Beschlußfassung an im Verwaltungsweg ergangene dienstliche Weisungen nicht gebunden, sondern fassen ihre Beschlüsse nach pflichtgemäßem Ermessen ausschließlich auf der Grundlage der gesetzlichen Bestimmungen; insoferne genießt die BK. eine von der Finanzverwaltung unabhängige richterliche Stellung (OVK. Bd. XVIII S. 142).

digen genannt werden. (Anders noch OVG. XIV, 216, deren Spruch Ringelmann-Mühlfeld S. 239 — ohne Begründung — anscheinend noch für das geltende Recht für verwertbar erachten.) Kein Recht auf Zustellung der Bescheide an den Bevollmächtigen (OVG. XIV, 69). S. ferner Anm. 8.

8. Rechtsprechung der OVG. zu Art. 56 u. 58 des bish. EStG. = **Art. 34** u. **36** dieses Gesetzes.

I. zu Art. 34.

a) Auskunftspflicht. Sonst Entscheidung nach Lage der Akten (OVG. XVIII, 119) Selbstverständlich erst, nachdem angemessene Frist gestellt ist, event. Recht auf Vertagung in der mündlichen Verhandlung (XVIII, 127).

b) Vorlagepflicht von Nachweisen, Büchern und Urkunden an Ort und Stelle — keine Pflicht zur Einsendung von Büchern, wenn rasche Prüfung an Ort und Stelle möglich (XIV, 259), selbstverständlich nur nach Stellung angemessener Frist (XVIII, 127), Dauer der Pflicht so lange, als zu einer sachgemäßen Prüfung erforderlich. Kein Recht des Steuerpflichtigen, für sich einen bestimmten Tag festzusetzen (XVII, 262). Keine Pflicht des Gemeinschuldners im Konkurs (XIV, 187). Pflicht nur zur Vorlage solcher Bücher usw., über die der Steuerpflichtige für sich allein zu verfügen berechtigt ist, also keine Vorlage der Bücher der offenen Handelsgesellschaft im Verfahren gegen einen Gesellschafter, wenn die anderen Gesellschafter nicht einverstanden sind (XIII. 23).

Im Nachprüfungsverfahren Recht der Gemeinden, Anträge auf Büchereinsicht zu stellen (XVI, 61)

c) Sachverständige: s. auch Anm. 7 u. Bek. § 39 VII ff.

d) Beweisaufnahme. Voraussetzung zureichende Bezeichnung eines erheblichen Beweisthemas. Bei Angebot von Büchern und Urkunden genügt Vermutung, daß sie nichts Erhebliches enthalten werden, nicht zur Begründung der Ablehnung (OVG. XVI, 12, 71). Keine Schätzung, wenn Buchbeweis angeboten, auch dann, wenn Bücher nicht kaufmännisch geführt (XIII, 116). Wenn keine entsprechende Unterlage vorhanden, wenigstens Versuch zur Feststellung zu machen (XV, 173). Wenn Feststellung in erster Instanz mangelhaft, so ist 2. Instanz zur Nachholung verpflichtet (XVII, 69).

e) Recht auf Verständigung von der Anberaumung der Sitzung der Berufungskommission: Bek. § 39 X. Verletzung dieses Rechts wesentlicher Mangel des Verfahrens, sei es, daß überhaupt keine Benachrichtigung, oder zu spät erfolgte (XIII, 45; XV, 86; XVIII, 53).

Kein Anspruch auf Beiziehung zu Sitzungen der Unterkommission (XVII, 139). Kein Vertagungsrecht, aber Recht auf Mitteilung, daß einem etwaigen Antrag nicht stattgegeben wurde. (XIV, 53).

Handelt es sich um den Vollzug eines Beweisbeschlusses, so kann der Berufungsführer die Vertagung der Verhandlung vor der BK. verlangen, sofern er nachweist, daß er verhindert war, dem auf persönliches Erscheinen lautenden Teile des Beweisbeschlusses gerecht zu werden (Bd. XVIII S. 119). Im Falle der Vertagung der BK.-Verhandlung ist der Steuerpflichtige zur neuerlich anberaumten Sitzung der BK. auch dann zu laden, wenn er zum 1. Termin nicht erschienen war (OVG. Bd. XVI S. 33).

f) Recht auf Bekanntgabe des Akteninhalts. Soweit dieser nicht Rücksichten auf das Steuergeheimnis entgegenstehen (XIII, 189, XVII, 162).

II. zu Art. 36.

g) Hat sich im Laufe des Berufungsverfahrens die der Steuerveranlagung zugrunde gelegte Bilanz einer Gesellschaft als unrichtig herausgestellt und wurde sie daraufhin ordnungsgemäß berichtigt, so hat für die Entscheidung der BK. die berichtigte Bilanz Maß zu geben (Bd. XVI, S 1).

h) Der Berufungsführer muß aus der Begründung ersehen können, daß die von ihm für belangreich erachteten Einwendungen gegen den Einspruchsentscheid gewürdigt wurden. Die Grundlagen für die Erwägungen und Schlußfolgerungen der BK. müssen aus dem Bescheid ersichtlich sein (Bd. XVII S. 139).

i) Der Steuerpflichtige hat keinen Anspruch darauf, daß der Berufungsbescheid außer ihm auch seinem Bevollmächtigten zugestellt wird (Bd. XIV, S. 69).

3. Beschwerde.

Art. 37 [1]) [2]).

I Gegen den Bescheid der Berufungskommission ist Beschwerde an die Oberberufungskommission zulässig.

II Die Beschwerde steht sowohl dem Steuerpflichtigen als auch der Mittelstelle der Landesfinanzverwaltung und im Falle der vormerkungsweisen Veranlagung zur Begründung der Umlagenpflicht den Gemeinden zu

III Sie hat keine aufschiebende Wirkung.

Art. 38.

I Die Beschwerde ist innerhalb einer Ausschlußfrist von einem Monat einzulegen. Die Frist beginnt mit Ablauf des Tages der Zustellung des Berufungsbescheids (Art. 36 Abs. II). Für die Mittelstelle beginnt die Frist mit Ablauf des Tages der Absendung des Berufungsbescheids zur Zustellung an die übrigen Beteiligten.

II Die Beschwerde ist bei der Mittelstelle schriftlich[a]) einzureichen; sie kann nur darauf gestützt werden:

1. daß der angefochtene Bescheid auf der Nichtanwendung oder auf der unrichtigen Anwendung des bestehenden Rechtes oder auf einem Vorstoß*) wider den klaren Inhalt der Akten beruhe,
2. daß das Verfahren an einem wesentlichen Mangel leide[b]).

III In der Beschwerde ist anzugeben, worin die behauptete Nichtanwendung oder unrichtige Anwendung des bestehenden Rechtes oder der behauptete Verstoß wider den klaren Inhalt der Akten oder worin der behauptete Mangel des Verfahrens gefunden wird. Beschwerden ohne solche Angaben sind formell unzulässig[c]).

Art. 39.

I Die Oberberufungskommission wird bei dem Staatsministerium der Finanzen gebildet.

*) Druckfehler: Verstoß.

II Sie setzt sich zusammen:

1. aus ständigen Mitgliedern, die von der Staatsregierung ernannt werden.
2. aus nichtständigen Mitgliedern, die in der Anzahl von je zwei in jedem Regierungsbezirk aus Kreiseinwohnern durch die zur Vertretung von Handel und Gewerbe berufenen Organe auf die Dauer von drei Jahren gewählt werden.

III In gleicher Weise wie im Abs. II Ziff. 2 bestimmt, sind in jedem Regierungsbezirke zwei Ersatzmänner, ferner in Oberbayern fünf in München wohnende Hilfsmitglieder zu wählen.

IV Die Oberberufungskommission entscheidet in einer Besetzung von sieben Mitgliedern, von denen fünf einschließlich des Vorsitzenden ständige und zwei nichtständige sind. Zwei ständige Mitglieder müssen den Räten des Verwaltungsgerichtshofes entnommen sein. Im Bedarfsfalle können die Sachreferenten der zuständigen Ministerien mit beratender Stimme beigezogen werden.

V Der Kommission wird vom Staatsministerium der Finanzen ein verpflichteter Schriftführer beigegeben.

VI Im übrigen finden die Vorschriften der Art. 30 Abs. IV, V, 31, 33 Anwendung.

VII Die näheren Bestimmungen wegen des Vorsitzes, wegen der Einberufung der Mitglieder, dann über das Verfahren und den Geschäftsgang der Kommission sind vom Staatsministerium der Finanzen zu treffen.

VIII Der Steuerpflichtige ist berechtigt, sein Interesse[d]) vor der Oberberufungskommission persönlich zu vertreten oder durch einen Bevollmächtigten vertreten zu lassen. § 238 der Reichsabgabenordnung findet entsprechende Anwendung. Das gleiche gilt von den Gemeinden, wenn ihnen das Recht der Beschwerde zusteht.

Abs. I unverändert gegenüber dem RE.

Ziff. 2 des im übrigen unverändert angenommenen Abs. II des RE. sah die Wahl der nichtständigen Mitglieder der OBK. durch den Kreistag (hilfsweise durch den Kreisausschuß) vor; die Abänderung entspricht jener des Art 30 Abs. II Ziff. 3 und Abs III des RE.

Abs. III unverändert gegenüber dem RE.

In Abs. IV schlug der RE. eine Besetzung von 5 Mitgliedern (3 ständigen und 2 nichtständigen) vor; der Landtag beließ es bei der bisherigen Zusammensetzung nach Art. 61 Abs. IV BayEStG.

Abs. V--VIII unverändert gegenüber dem RE. (StB. S. 471, 482.)

1. Die Bestimmungen entsprechen den Art. 59 mit 63 des bish. EStG. Die Rechtsprechung zu diesen Bestimmungen (vgl. Breunig, Vermögenssteuergesetz S. 247 ff.) erscheint noch verwertbar.

2. Aus der Rechtsprechung der OBK.:

a) telegraphisch genügt (XVIII, 10) Unterzeichnung der Beschwerde notwendig. (XVII, 164).
b) Beispiele s. Anm. 8 zu a 36 ferner Rechtssprechung d. RFH. zu § 267 Ziff. 2 RAO.
c) Der Beschwerdeführer darf hiebei Aufstellungen tatsächlicher Art, die schon im Berufungsverfahren hätten geltend gemacht werden können und sollen, nicht mehr nachbringen (OBK. XIX, 15); denn neue Behauptungen und Beweise können in der Beschwerdeinstanz grundsätzlich nur in jenen Fällen zugelassen werden, in denen sich erst aus den Ausführungen des mit Beschwerde angefochtenen Bescheids der Anlaß hiezu ergeben hat (OBK. XVII, 1). Ebensowenig kann eine durch Verzicht auf Austragung schon im Berufungsverfahren ausgeschiedene Frage im Beschwerdeverfahren neuerdings aufgerollt werden (OBK. XVII, 330).
d) Ein „Interesse" des Steuerpflichtigen ist auch gegeben, wenn die Mittelstelle oder die Gemeinde Beschwerde eingelegt hat. (Vgl auch OBK. XVII, 243.

Art. 40.

I Die von der Mittelstelle und der Gemeinde (Art. 37 Abs. II) eingelegten Beschwerden sind den Beteiligten, Beschwerden des Steuerpflichtigen gegen eine vormerkungsweise Veranlagung der Gemeinde zur etwaigen schriftlichen Gegenerklärung mitzuteilen. Auf die von den Steuerpflichtigen eingereichten Beschwerden können von der Mittelstelle Gegenerklärungen abgegeben werden.

II Die Beschwerden und Gegenerklärungen sind dem Staatsministerium der Finanzen vorzulegen. Dieses hat sie zur Entscheidung an die Oberberufungskommission abzugeben.

Art. 41.

Erachtet die Oberberufungskommission die Beschwerde für begründet, so hat sie den angefochtenen Bescheid aufzuheben und entweder in der Sache selbst zu entscheiden oder die Sache zur anderweitigen Verhandlung und Entscheidung an die Berufungskommission zurückzuverweisen. Im Falle der Zurückverweisung hat die Berufungskommission die rechtliche Beurteilung, die der Aufhebung zugrunde gelegt ist, auch ihrer Entscheidung zugrunde zu legen.

Beschwerde. *Bek. § 40.*

I Für das Rechtsmittel der Beschwerde und dessen Erledigung sind in erster Linie die Vorschriften in Art. 37 bis 41 maßgebend. Daneben gelten ergänzend die bereits im § 35 Abs. II erwähnten Vorschriften der Reichsabgabenordnung. Dagegen kommen die Vorschriften der §§ 265 bis 276 und 285 bis 297 RAO. bei der Behandlung der Gewerbsteuerbeschwerden nicht zur Anwendung, da das Gewerbsteuergesetz selbst in Art. 37 bis 41, 59 bis 61 die für erforderlich erachteten Bestimmungen getroffen hat.

II *Die Beschwerde der Landesfinanzverwaltung wird wie bisher durch die Mittelstelle, nicht wie nach § 265 RAO. durch das Finanzamt eingelegt.*

III *Auf den eingelegten Beschwerden ist stets der Tag, an dem sie bei der Mittelstelle eingelaufen sind, ersichtlich zu machen.*

IV *Die Vorschrift im Art. 37 Abs. III bezieht sich auf die Entrichtung der Steuern usw. Wird der Beschwerde stattgegeben, so sind die zuviel bezahlten Steuern zurückzuvergüten. Die Befugnis der Finanzverwaltungsbehörden, veranlaßtenfalls Stundung zu gewähren, wird durch die Vorschrift im Art. 37 Abs. III nicht berührt.*

V *Wegen der Vorschriften über die Berechnung der einmonatigen Frist zu vgl. § 64 RAO. mit §§ 187, 188 BGB. Für die Mittelstelle beginnt die Frist nach Art. 38 Abs. I mit Ablauf des Tages der Absendung des Berufungsbescheids zur Zustellung an die übrigen Beteiligten. Wegen der Nachsicht wegen Versäumung der Einspruchsfrist zu vgl. §§ 68, 69 RAO.*

VI *Zu den Rechtsfragen im Sinne des Art. 38 Abs. II Ziff. 1 gehören auch die Fragen, ob überhaupt eine Gewerbsteuerpflicht nach Art. 1, 2 besteht, ferner die Vorschriften über die Steuerfreiheit, über die Abziehbarkeit von Betriebs- und Verbrauchsausgaben. Das Beschwerderecht erstreckt sich weiter auf den Kostenpunkt einschließlich der Gebührenfestsetzung. Wird jedoch nicht die Kostenfrage überhaupt, sondern ausschließlich die Höhe der Gebührenfestsetzung angefochten, so hat nach Art. 173, 145, 144 des Kostengesetzes vom 16. Februar 1921 über eine solche Beschwerde zunächst die Berufungskommission und auf weitere Beschwerde das Finanzministerium zu entscheiden.*

VII *Die Beschwerden sind mit einer für die Akten der Oberberufungskommission bestimmten Abschrift des Berufungsbescheids vorzulegen. Abschriften der Niederschriften über die Sitzungen der Berufungskommissionen sind nicht vorzulegen, wenn nicht ihr Inhalt für die Würdigung der Beschwerde von Belang sein kann.*

VIII *Gegenvorstellungen gegen die Gebührenfestsetzungen der Oberberufungskommission werden in entsprechender Anwendung des Art. 173 Abs. IV des Kostengesetzes vom 16. Februar 1921 von der Oberberufungskommission beschieden.*

Gemeinsame Bestimmungen. *Bek. § 41.*

Sobald eine Rechtsmittelentscheidung rechtskräftig geworden ist, ist die aus ihr sich ergebende Steuerminderung (Abgang) vom Finanzamt in die Abgangsliste des laufenden Vierteljahrs (§ 54 Abs. II), eine Steuerhöhung (Zugang) in die Zugangsliste des laufenden Vierteljahrs (§ 53 Abs. VII) einzutragen. Die weitere kassenmäßige Behandlung regelt sich nach den Bestimmungen in Abschnitt D der EStAB. (§ 112 EStAB.).

4. Gemeinsame Bestimmungen.

Art. 42[1]).

Die Zurücknahme eines Rechtsmittels ist nach erfolgter Entscheidung der Berufungskommission oder der Oberberufungskommission nicht mehr zulässig.

Bek. § 42.

Nach Art. 42 ist die Zurücknahme der Berufung und der Beschwerde nach erfolgter Entscheidung der Berufungskommission oder der Oberberufungskommission nicht mehr zulässig. § 237 RAO. findet demnach auf die Berufungen und Beschwerden in Gewerbsteuersachen keine Anwendung (zu vgl. § 35 Abs. II)[2]).

1. Die Begründung bemerkt hiezu:

„Bisher Art. 64 EStG. Die Bestimmung steht im Gegensatze zu § 237 RAO., der die Zurücknahme von Rechtsmitteln ohne Einschränkung bis zur Unterzeichnung der Rechtsmittelentscheidung — der Fall der öffentlichen mündlichen Verhandlung dürfte nach Art. 32 Abs. X oben nicht in Frage kommen — zuläßt. Die bisherige Gesetzesvorschrift dürfte aufrecht zu erhalten sein, um zu verhüten, daß der Steuerfall den Rechtsmittelinstanzen vorzeitig entzogen wird, wenn der Pflichtige die Instanzen schön längere Zeit beschäftigt hat, dann aber glaubt, daß es vorteilhaft wäre, es bei der ursprünglichen Festsetzung bewenden zu lassen. Zu vgl. OVK. XVI, 5."

Unzulässig und unwirksam ist die Zurücknahme unter einer Bedingung, z. B. wenn unter der Bedingung zurückgenommen wird, daß die Veranlagungsorgane sich für ein künftiges Steuerjahr binden (OVK. XVIII, 100).

Hinsichtlich der Kosten einschl. der Gebühren dürfte Art. 59 Abs. I und Art. 60 entsprechend anzuwenden sein. (Ringelmann-Mühlfeld S. 251.)

2. § 35 II der Bek. ist zu Art. 23 abgedruckt.

Art. 43[1]).

I Die Rechtsmittel gegen die Gewerbsteuerveranlagung sollen getrennt von den Rechtsmitteln gegen die Einkommensteuer- oder die Körperschaftssteuer-Veranlagung eingelegt werden. Die gemeinsame Rechtsmitteleinlegung in einem Schriftstück begründet jedoch für sich allein nicht die formelle Unzulässigkeit des Rechtsmittels gegen die Gewerbsteuerveranlagung.

[2]) II Hat ein Steuerpflichtiger gegen die Einkommen- oder Körperschaftssteuer-Veranlagung bezüglich der Einkünfte aus Gewerbebetrieb Einspruch oder Berufung eingelegt, ohne gegen die gleichzeitig erfolgte Gewerbsteuerveranlagung von den gleichen Rechtsmitteln Gebrauch gemacht zu haben, so ist er zu einer ausdrücklichen Erklärung darüber aufzufordern, ob er bezüglich der Gewerbsteuerveranlagung eine gesonderte Entscheidung herbeiführen will. Wird diese Frage bejaht, so gilt die Rechtsmittelfrist bezüglich der Gewerbsteuerveranlagung als gewahrt, wenn sie bezüglich der Einkommen- oder Körperschaftssteuer eingehalten ist.

III Wird die Einkommen- oder Körperschaftsteuerveranlagung bezüglich der Einkünfte aus Gewerbebetrieb im Rechtsmittelverfahren geändert, so zieht diese Änderung von selbst die entsprechende

Änderung der Gewerbsteuerveranlagung nach sich, es sei denn, daß der Rechtsmittelberechtigte bezüglich der Gewerbsteuer gesondertes Rechtsmittel eingelegt oder ausdrücklich Antrag auf gesonderte Entscheidung bezüglich der Gewerbsteuer nach Maßgabe des Art. 43 Abs. II gestellt hat.

IV Die vorgenommene Änderung ist dem Steuerpflichtigen und im Falle der vormerkungsweisen Veranlagung zur Begründung der Umlagenpflicht den Gemeinden durch besonderen Bescheid bekanntzugeben. Gegen diesen Bescheid steht den Beteiligten das Rechtsmittel der Berufung zur Berufungskommission innerhalb einer nach Maßgabe des Art. 28 zu eröffnenden Frist zu. Für das Finanzamt beginnt diese Frist mit Ablauf des Tages der Absendung des besonderen Bescheides zur Zustellung an die übrigen Beteiligten.

Bek. § 43.

Die Änderung der Gewerbsteuerveranlagung nach Maßgabe des Art. 43, Abs. III erfolgt durch das Finanzamt ohne Mitwirkung des Ausschusses. Die Änderung ist auch dann vorzunehmen, wenn die Gewerbsteuerveranlagung bereits rechtskräftig geworden ist. Auf den besonderen Bescheid, durch den die Änderung festgesetzt und bekanntgegeben wird, und auf dessen Zustellung finden die Vorschriften im § 33 Anwendung [3]). In dem Bescheid ist die einmonatige Berufungsfrist des Art. 28 zu eröffnen. Für den Steuerpflichtigen und im Falle der vormerkungsweisen Veranlagung für die Gemeinde beginnt diese Frist mit dem Ablauf des Tages der Zustellung des besonderen Bescheides. Für das Finanzamt beginnt die Frist mit Ablauf des Tages der Absendung des besonderen Bescheids zur Zustellung an die übrigen Beteiligten.

1. Abs. 3 u. 4 von Art. 43 sind durch den Landtag neu eingefügt, die Fassung des Satzes 1 des Abs. II ist geändert.
2. Zu Abs. II bemerkt die Begründung:
   In Abs. II war nur das Einspruchs- oder Berufungsverfahren zu erwähnen, weil bei der Beschwerdeeinlegung die Wege sich bereits getrennt haben, Beschwerde zur Oberberufungskommission nur gegen Entscheidungen der Berufungskommissionen zulässig sind, Zweifelsfälle also nicht mehr vorkommen können. Ebenso werden bei nicht gleichzeitiger Veranlagung sich Zweifelsfälle wohl nicht ereignen können.
3. § 33 der Bek. ist zu Art. 22 abgedruckt.

Art. 44.

Die Rechtsmittel gegen die Gewerbsteuerveranlagung finden auch statt, wenn die Veranlagung auf Schätzung beruht.

Bek. § 44.

Nach § 210 RAO. ist in den Fällen, in denen eine Schätzung notwendig geworden ist weil der Steuerpflichtige Verpflichtungen, die ihm durch die Steuergesetze auferlegt sind, schuldhaft nicht genügt hat und dies im Steuerbescheid festgestellt worden ist, wegen der Höhe der Schätzung nur Beschwerde an das Landesfinanzamt zulässig, das endgültig entscheidet.. Diese Bestimmung kommt für die Gewerbsteuerveranlagung nicht zur Anwendung. Nach Art. 44 finden vielmehr die Rechtsmittel gegen die Gewerbsteuerveranlagung auch statt, wenn und soweit die Veranlagung auf Schätzung beruht.

V. Steuerlisten.

Art. 45.

I Das Ergebnis der alljährlichen Veranlagung (Art. 13 Abs. I) ist in Steuerlisten auszuweisen, welche die Einhebungsgrundlage für das Rechnungsjahr (Steuerjahr) und hinsichtlich der vorläufigen Steuerschuld (Art. 13 Abs. II) für das folgende Rechnungsjahr zu bilden haben.

II Das Staatsministerium der Finanzen kann anordnen, daß und unter welchen Voraussetzungen die Gewerbsteuerlisten für mehrere Jahre in Gebrauch behalten werden können oder daß die Einkommen- und die Körperschaftssteuerlisten im Einverständnisse mit dem Reichsminister der Finanzen zum Vortrage der auf die Gewerbsteuer bezüglichen Einträge mitbenützt werden.

Steuerlisten, Soll- und Einnahmebücher, Verrechnung. *Bek. § 45.*

I Das Ergebnis der alljährlichen Veranlagung (Art. 13 Abs. I) ist in der Hauptsteuerliste (zu vgl. Anlage 3) auszuweisen. Diese Hauptsteuerliste hat die Grundlage für die Aufstellung der Sollbücher (Abs. II) und damit die Einhebungsgrundlage für das Rechnungsjahr (Steuerjahr) und hinsichtlich der vorläufigen Steuerschuld (Art. 13 Abs. II) für das folgende Rechnungsjahr zu bilden.

II Zum Zwecke der Erhebung der Gewerbsteuer sind daneben wie für die Einkommen- und Körperschaftssteuer Sollbücher, Nachtragssollbücher und Einnahmebücher zu führen.

III Wegen der Einrichtung und Führung dieser Bücher, wegen der Zu- und Abgänge an endgültiger Steuerschuld und wegen der Überweisung infolge Wegzugs des Steuerpflichtigen sind die Vorschriften in §§ 79 bis 85 EStAB. sinngemäß anzuwenden, soweit sich nicht aus den folgenden Absätzen Abweichendes ergibt. Die in den bezeichneten Vorschriften vorgesehenen Muster können mit den erforderlichen Abänderungen verwendet werden. Das Landesfinanzamt (die Landesmittelstelle im Benehmen mit dem Landesfinanzamt) trifft hierüber die näheren Bestimmungen.

IV Nach Abschluß der alljährlichen Veranlagung (Art. 13 Abs. I) hat das Finanzamt eine Zusammenstellung der Abschlüsse der Hauptsteuerlisten dem Landesfinanzamte (der Landesmittelstelle) vorzulegen.

Das Landesfinanzamt (die Landesmittelstelle) hat das Ergebnis alsbald dem Staatsministerium der Finanzen anzuzeigen und wird die Prüfung und Festsetzung des Ergebnisses der Veranlagung nach Maßgabe der Vorschriften über die Prüfung der Veranlagungsarbeiten (zu vgl. § 31 Abs. IX) veranlassen.

V *Nach Ablauf des Rechnungsjahrs, spätestens bis 1. Mai jeden Jahres hat das Finanzamt dem Landesfinanzamt (der Landesmittelstelle) eine Zusammenstellung des Verrechnungssolls für das abgelaufene Rechnungsjahr vorzulegen. Dieses Verrechnungssoll setzt sich zusammen aus dem Ergebnisse der in den Hauptsteuerlisten ausgewiesenen Veranlagung zuzüglich der Zugänge, wie sie im Laufe des Rechnungsjahrs, also bis zum 31. März, in den Zugangslisten (§§ 53 Abs. VII, 55) und abzüglich der Abgänge, wie sie im Laufe des Rechnungsjahrs, also bis zum 31. März, in den Abgangslisten (§§ 54 Abs. II, 55) ausgewiesen sind. Das Verrechnungssoll ist vom Landesfinanzamt (der Landesmittelstelle) vorbehaltlich der seinerzeitigen Prüfung zur Einstellung in die Rechnung einzuweisen. Die näheren Anordnungen über die Prüfung bleiben vorbehalten.*

VI *Die Sollbücher und die für das Rechnungsjahr in Betracht kommenden Nachtragssollbücher (zu vgl. § 81 EStAB. u. Abs. II, III oben), ferner die Einnahmebücher sind spätestens mit Abschluss der Steuereinhebung für das Rechnungsjahr abzuschließen. Dabei ist darauf zu achten, daß diese Bücher nur Einträge enthalten, die sich auf das Verrechnungssoll für das in Betracht kommende Rechnungsjahr beziehen. Insbesondere dürfen in den Sollbüchern und Nachtragssollbüchern nur Abgänge durchgeführt sein (§ 82 EStAB.), die in den Abgangslisten für die Zeit bis zum 31. März enthalten sind. Zum Zwecke der Feststellung des Gesamterhebungssolls eines Finanzamts sind die Abschlüsse der Soll- und Nachtragssollbücher in einer Aufschreibung zusammenzufassen. Die beim Abschluß der Sollbücher sich ergebenden Summen an Rückständen, Nachlässen und Niederschlagungen sind in die Nebenrechnung III zur Staatshaushaltsrechnung (Zusammenstellung der Solleinnahmen, der wirklichen Einnahmen sowie der Rückstände und Nachlässe an direkten Steuern usw.) zu übertragen. Eine Ausscheidung der Nachlässe und Niederschlagungen hat hierbei nicht stattzufinden. In Bezug auf die Begründungsbelege tritt eine Änderung der seitherigen Vorschriften nicht ein.*

VII *Die auf das nächste Jahr übergehenden Rückstände sind in einem alljährlich neu anzulegenden Rückstandsregister auszuweisen, das zugleich als Einhebungs- und Verrechnungsgrundlage zu dienen hat. Restnachweisungen (§ 91 Abs. 2 EStAB.) werden bezüglich der Gewerbsteuerrückstände nicht geführt. Der Ausweis der nach dem Rückstandsregister am Schlusse des Rechnungsjahrs verbliebenen Rückstände und Nachlässe, der Übertrag der Abschlußsummen in die Nebenrechnung III zur Staatshaushaltsrechnung sowie die Belegung bemißt sich nach den Vorschriften am Schlusse des Abs. VI.*

Bisher Art. 23 Gew.StG., mit entsprechenden Abänderungen (Begründung).

VI. Zugang und Abgang von Gewerben im Laufe des Rechnungsjahres.

Art. 46[1]).

I Für Gewerbe, die im Laufe des Rechnungsjahrs neu entstehen oder bei denen die Voraussetzungen der Steuerbefreiung wegfallen (Art. 3 Abs. I), hat das Finanzamt die Steuer für das Rechnungsjahr vorläufig festzusetzen.

II Die vorläufige Festsetzung der Betriebskapitalsanlage erfolgt nach dem Stand und Wert der Bestandteile des Betriebskapitals bei Beginn der Steuerpflicht. Die vorläufige Festsetzung der Ertragsanlage erfolgt nach dem mutmaßlichen Jahresbetrage des für das Rechnungsjahr steuerbaren Reinertrags. Im übrigen finden auf die Ermittelung des Betriebskapitals und des gewerblichen Reinertrags die Vorschriften über die Veranlagung entsprechende Anwendung.

III Entsteht die Steuerpflicht in der Zeit vom 1. Januar bis 31. März, so findet eine Festsetzung der vorläufigen Steuerschuld nicht statt, es sei denn, daß Gefahr für die Sicherheit des Steuereinganges besteht.

IV Nach Maßgabe des Art. 13 Abs. IV Satz 1 ist zu verfahren, wenn eine entsprechende Verminderung des Wertes des steuerbaren Betriebskapitals oder des steuerbaren Reinertrags gegenüber den nach Abs. I, II festgesetzten Beträgen glaubhaft gemacht wird.

V Bei der vorläufigen Festsetzung durch das Finanzamt findet eine Mitwirkung des Ausschusses nicht statt; diese Festsetzung ist nur durch die Aufsichtsbeschwerde anfechtbar. Die endgültige Veranlagung erfolgt nach den allgemeinen Bestimmungen.

VI Für Gewerbe, die im Laufe des Rechnungsjahres erlöschen[2]) oder bei denen die Voraussetzungen der Steuerbefreiung eintreten (Art. 3 Abs. I), findet die Veranlagung nach Wegfall der Steuerpflicht statt. Die Veranlagung der Betriebskapitalsanlage erfolgt nach dem Stand und Wert der Bestandteile des Betriebskapitals beim Wegfall der Steuerpflicht. Im übrigen sind für die Veranlagung die allgemeinen Bestimmungen über die Veranlagung maßgebend.

VII In den Fällen der Absätze I und VI bleibt die vorläufige und die endgültige Steuerschuld für das Rechnungsjahr in dem Verhältnis unerhoben, in dem die Zahl der Monate, in denen die Steuerpflicht nicht bestanden hat, zu zwölf Monaten steht.

[3]) VIII Zeitweilige, durch die Natur des Gewerbes bedingte Unterbrechungen des Betriebs und der bloße Wechsel der Person des

Unternehmers eines Gewerbes im Laufe des Rechnungsjahrs ohne Änderung des Betriebs selbst bleiben auf die vorläufige und die endgültige Steuerschuld für den Gewerbebetrieb ohne Einfluß. Der neue Unternehmer haftet für die ganze vorläufige und endgültige Steuerschuld, der bisherige Unternehmer für die endgültige Steuerschuld in Höhe jenes Betrags, der sich bei Anwendung des Abs. IX ergeben würde. Art. 13 Abs. VI findet Anwendung.

IX Ist der Wechsel der Person des Unternehmers eines Gewerbes im Laufe des Rechnungsjahrs mit einer Änderung des Gewerbebetriebs verbunden, so finden die Bestimmungen der Absätze I bis VII Anwendung.

Zugänge von Gewerben. *Bek. § 46.*

I Voraussetzung für die Erhebung der vorläufigen und der endgültigen Gewerbsteuerschuld während eines ganzen Rechnungsjahrs ist das Bestehen der Steuerpflicht während dieses ganzen Zeitraums. Entsteht ein Gewerbe im Laufe des Rechnungsjahrs neu oder fallen bei dem Gewerbe die Voraussetzungen der Steuerbefreiung (Art. 3 Abs. I) im Laufe des Rechnungsjahrs weg, so beginnt für dieses Gewerbe die Verpflichtung zur Steuerentrichtung mit dem Beginn des Monats, in dem das Gewerbe entsteht oder die Steuerbefreiung wegfällt (Art. 46 Abs. XII). Bis zur endgültigen Steuerfestsetzung, die nach Ablauf des maßgebenden Kalenderjahrs oder bei früherem Wegfall der Steuerpflicht nach dem Wegfall (zu vgl. §§ 17, 47) stattfindet, ist für die im Laufe des Rechnungsjahrs neuzugehenden Gewerbe die Steuer vorläufig festzusetzen (Art. 46 Abs. I). Art. 46 Abs. II trifft hierüber nähere Bestimmungen. Hiernach finden auf die Ermittlung des steuerbaren gewerblichen Betriebskapitals und des steuerbaren gewerblichen Reinertrags die Vorschriften über die Veranlagung entsprechende Anwendung. Insbesondere ist das Finanzamt berechtigt, vom Steuerpflichtigen die Abgabe einer Steuererklärung nach Maßgabe der Art. 16, 17 zu verlangen (zu vgl. Art. 47 Abs. IV und §§ 23, 24). Für das Verfahren ist § 50 Abs. II und III maßgebend.

II Die nach Absatz I festgesetzte vorläufige Steuerschuld ist während der ganzen Dauer der Steuerpflicht im Rechnungsjahre bis zur Veranlagung und Festsetzung der endgültigen Steuerschuld — unter der Voraussetzung des Art. 12 Abs. VII sogar über das Rechnungsjahr hinaus — zu entrichten; sie kann aber unter den im Art. 13 Abs. IV des Gesetzes bezeichneten Voraussetzungen eine entsprechende Abminderung erfahren (Art. 46 Abs. IV).

III Die Festsetzung der vorläufigen Steuerschuld nach Abs. I unterbleibt, wenn die Steuerpflicht in der Zeit vom 1. Januar bis 31. März entstanden ist und keine Gefahr für die Sicherheit des Steuereinganges besteht. In diesen Fällen kann mit der Steuererhebung bis zur Feststellung der endgültigen Steuerschuld bei der Veranlagung zugewartet werden (Art. 46 Abs. III).

IV Die vorläufige Steuerfestsetzung erfolgt durch das Finanzamt ohne Mitwirkung des Ausschusses. Sie unterliegt nur der Aufsichtsbeschwerde und kann auch von Aufsichtswegen geändert werden.

V *Für die endgültige Veranlagung sind die allgemeinen Bestimmungen maßgebend. Die Berechnung des gewerblichen Betriebskapitals erfolgt somit gemäß Art. 9 nach dem Stande und Werte der Bestandteile des Betriebskapitals am Schlusse des auch für die übrigen Pflichtigen maßgebenden Kalender- (oder Wirtschafts-, Geschäfts-, Betriebs-) jahrs. Die Berechnung des gewerblichen Reinertrags ist im § 17 Abs. III geregelt. § 34 Abs. I findet keine Anwendung; es ist also in allen Fällen ein Steuerbescheid zu erteilen.*

VI *Die Grundsätze in Abs. I—V gelten in gleicher Weise für die natürlichen wie für die juristischen Personen und nichtrechtsfähigen Vereinigungen.*

Abgänge von Gewerben. *Bek.* § 47.

I *Die Steuerpflicht von Gewerben kann im Laufe des Rechnungsjahrs dadurch wegfallen, daß das Gewerbe erlischt oder daß die Voraussetzungen der Steuerbefreiung eintreten (Art. 3 Abs. I). In solchen Fällen wird die vorläufige und die endgültige Steuerschuld nur bis zum Schlusse des Monats erhoben, in dem die Steuerpflicht wegfällt (Art. 46 Abs. VII). Abweichend von der Vorschrift des Art. 13 Abs. I (zu vgl. § 17) findet in solchen Fällen die Veranlagung nicht erst nach Ablauf des Kalenderjahrs statt, das in dem maßgebenden Rechnungsjahr endet, sondern schon nach Wegfall der Steuerpflicht. Es ist darauf Bedacht zu nehmen, daß diese Veranlagung tunlichst gleichzeitig mit der Einkommen- oder Körperschaftssteuerveranlagung erfolgt, die nach Maßgabe des § 29 Abs. 1 Satz 2 EStG. bezw. nach § 21 Satz 2 KStG. vorzunehmen ist. Für die Veranlagung sind die allgemeinen Veranlagungsbestimmungen maßgebend. Insbesondere ist das Finanzamt berechtigt, vom Steuerpflichtigen die Abgabe einer Steuererklärung nach Maßgabe der Art. 16, 17 zu verlangen (zu vgl. Art. 47 Abs. IV und §§ 23, 24). Dagegen findet § 34 Abs. I keine Anwendung; es ist also in allen Fällen ein Steuerbescheid zu erteilen. Die Berechnung der Betriebskapitalsanlage erfolgt in solchen Fällen für die endgültige Steuerfestsetzung nach dem Stand und Werte der Bestandteile des Betriebskapitals bei Beendigung der Steuerpflicht. Wegen der Berechnung des gewerblichen Reinertrags wird auf § 17 Abs. III verwiesen. Die vorbezeichneten Grundsätze gelten in gleicher Weise für die gewerbetreibenden natürlichen wie für die juristischen Personen und nichtrechtsfähigen Vereinigungen.*

II *Ein Gewerbe ist erloschen, wenn es tatsächlich nicht mehr betrieben wird; die Abmeldung des Gewerbes begründet für sich allein noch keinen Anspruch auf Abschreibung der Steuer. Die Aufgabe eines von mehreren Verkaufsläden wird in der Regel keinen Gewerbeabgang begründen. Vorgänge, die den Bestand des Gewerbes selbst* nicht *berühren, wie etwa der Verlust des Kundenkreises u. dgl., beeinflussen die Fortdauer der Steuerpflicht während des Rechnungsjahrs keinesfalls; ebensowenig außerordentliche Unglücksfälle. Der Tod des Unternehmers bedingt für sich allein keinen Gewerbeabgang. Die Verlegung eines Gewerbes oder einer einzelnen Betriebsstätte im Laufe des Rechnungsjahrs begründet für sich allein ebenfalls keinen Gewerbeabgang und Gewerbezugang.*

Wechsel des Unternehmers, Aenderung des Betriebs.

Bek. § 48.

I *Zeitweilige, durch die Natur des Gewerbes bedingte Unterbrechungen des Betriebs im Laufe des Rechnungsjahrs (namentlich bei wiederkehrend zeitweise ruhenden Gewerben, z. B. der Bauhandwerker, der Schlosser, der Flößer usw. im Winter, der Getreidehändler, Pelzwarenhändler und sonstiger Händler mit Saisonartikeln zu gewissen Jahreszeiten, der Hotels und Zimmervermieter in Badeorten) bleiben ohne Einfluß auf die vorläufige und die endgültige Steuerschuld für den Gewerbebetrieb, d. h. es wird nicht etwa beim Eintritt der Unterbrechung ein Abgang und bei der Wiederaufnahme des Betriebs ein Zugang des Gewerbes angenommen und nach Maßgabe des Art. 46 Abs. I—VII verfahren. Der Betrieb gilt vielmehr für die Besteuerung als ein fortdauernder (Art. 46 Abs. VIII).*

II *Auch dem bloßen Wechsel der Person des Unternehmers eines Gewerbes im Laufe des Rechnungsjahrs legt das Gesetz keine Bedeutung bei, soferne damit keine Änderung des Gewerbebetriebs verbunden ist. Es haftet aber der Unternehmer für die ganze vorläufige und endgültige Steuerschuld, die hinsichtlich des von ihm übernommenen Gewerbebetriebs während des ganzen Rechnungsjahrs, bezw. während der ganzen Dauer des Bestehens der Steuerpflicht im Rechnungsjahr anfällt. Der bisherige Unternehmer haftet selbstverständlich für die vorläufige Steuerschuld, soweit sie während der Zeit, da er Inhaber des Betriebs war, fällig geworden ist; er haftet aber auch für die endgültige Steuerschuld bis zu dem Betrage, der sich an endgültiger Steuerschuld ergeben hätte, wenn bei seinem Abgang für die Dauer* seines *Betriebs im Rechnungsjahr endgültige Steuerfestsetzung stattgefunden hätte. Soweit der bisherige und der neue Unternehmer für die vorläufige* und *die endgültige Steuerschuld haften, sind sie Gesamtschuldner. §§ 94, 95 RAO. finden Anwendung.*

III *Ist der Wechsel der Person des Unternehmers eines Gewerbes im Laufe des Rechnungsjahrs mit einer Änderung des Gewerbebetriebs verbunden, so wird für die Besteuerung der Abgang des geänderten Gewerbebetriebs und der Zugang eines neuen Gewerbebetriebs angenommen. Der bisherige Unternehmer wird sonach schon bei der Abgabe des Betriebs an den Nachfolger für seine Betriebsdauer im Rechnungsjahr nach Maßgabe des Art. 46 Abs. VI endgültig veranlagt. Für den neuen Unternehmer kommen die Bestimmungen im Art. 46 Abs. I—V (zu vgl. § 46) zur Anwendung. Jeder der beiden Unternehmer haftet in solchen Fällen nur für jene vorläufige und endgültige Steuerschuld, die für seine Betriebszeit festgesetzt wird, soweit nicht die Voraussetzungen des § 96 RAO. gegeben sind.*

IV *Auch ohne Änderung in der Person des Unternehmers eines Betriebs können im Laufe eines Rechnungsjahrs wesentliche Änderungen des Gewerbebetriebs eintreten, die die Anwendung der Bestimmungen über Zu- und Abgänge von Gewerben im Laufe des Rechnungsjahrs im Art. 46 Abs. I—VII rechtfertigen. Ob eine solche wesentliche Änderung vorliegt, ist von Fall zu Fall zu prüfen.*

1. Die Bestimmung entspricht dem Art. 26 des bish. GewStG., ist jedoch nach der Begründung den Bestimmungen in §§ 29, 30, 42b REStG. in der Fassung des Art. 1 Ziff. 12, 13, 21 des Gesetzes vom 24. März 1921 angepaßt. Die Begründung motiviert dies wie folgt: Da Einkommen- und Körperschaftssteuer auf dem System der Nachveranlagung aufgebaut sind, müssen die Zugänge im Laufe des Jahres einer vorläufigen Veranlagung unterworfen werden, wie dies für die Einkommensteuerzugänge im § 30 REStG. vorgesehen ist. Die Steuererhebung bemißt sich nunmehr nach § 42 REStG. und zwar für alle Gewerbepflichtigen. Eine gewisse Unstimmigkeit ergibt sich daraus, daß die Regelung der Einkommenbesteuerung sich inzwischen geändert hat. Durch Gesetz vom 20. Dezember 1921 ist der § 29 des EStG. geändert worden und sind die §§ 30 und 42 b ganz weggefallen. Vgl. Anm. 1 zu Art. 13.

2. **Erlöschen**: Bek. § 47 II und OBK. XVI, 56, XX, 50.

3. Zu **Abs. VIII** und **IX** äußert sich die Begründung wie folgt: Die Bestimmungen in Abs. VIII und IX ergeben sich aus dem System der Nachveranlagung der Gewerbesteuer bei gleichzeitiger Berücksichtigung des Umstandes, daß der Gewerbebetrieb den Gegenstand der Besteuerung bildet (zu vgl. die allgemeine Begründung). Die Haftung des bisherigen Unternehmers soll im Falle des Abs. VIII nicht über den Umfang der Haftung im Falle des Abs. IX hinausgehen; dagegen entspricht es dem Charakter der Gewerbesteuer als einer auf den Gewerbebetrieb gelegten Ertragssteuer den neuen Unternehmer für die ganze vorläufige und endgültige Steuerschuld haften zu lassen. Vgl. oben Bek. § 48 II.

Art. 47.

I Die für die gewerbepolizeilichen Anzeigen des Gewerbebeginns zuständige Behörde hat von den Gewerbezugängen dem Finanzamte Mitteilung zu machen.

II Soweit solche Anzeichen nicht vorgeschrieben sind, hat der Unternehmer den Gewerbezugang dem Finanzamt oder der Gemeindebehörde behufs Übermittelung an das Finanzamt anzuzeigen.

III Anzeigen über erloschene Gewerbe sind von den Beteiligten beim Finanzamt oder bei der Gemeindebehörde behufs Übermittelung an das Finanzamt zu erstatten.

IV Die zum Vollzuge weiter erforderlichen Anordnungen, insbesondere wegen der Abgabe der Steuerklärungen, trifft das Staatsministerium der Finanzen.

Bek. § 49.

I Auf Grund des Art. 47 wird angeordnet, daß die Gemeindebehörden jeden Fall, in dem im Laufe des Rechnungsjahrs ein Gewerbe neu entstanden ist (Art. 46 Abs. I und § 46) und in dem der Gemeindebehörde nicht bereits eine Anzeige des Pflichtigen nach Art. 47 Abs. II vorliegt, dem Finanzamt anzuzeigen haben und zwar gleichviel, ob die Gemeindebehörde hiervon auf Grund der Meldevorschriften und ihrer gewerbepolizeilichen Tätigkeit oder aus einem anderen Anlasse Kenntnis bekommen hat. Das gleiche gilt von den Fällen, in denen im Laufe des Rechnungsjahrs ein Gewerbe erloschen ist (Art. 46 Abs. VI und § 47). Soferne nicht für einzelne Gemeinden mit Genehmigung des Landesfinanzamts (der Landesmittelstelle) eine anderweitige Vereinbarung zwischen Finanzamt und Gemeindebehörde getroffen wird, sind diese Anzeigen von der Gemeinde für jeden Einzelfall auf gesondertem Bogen zu erstatten, sobald das für die Steuerpflicht maßgebende Ereignis eingetreten ist. Die Anzeigen sind fortlaufend für jedes Rechnungsjahr zu numerieren.

II *Weiter wird angeordnet, daß die mit der Behandlung des polizeilichen Meldewesens betrauten Behörden die anmeldenden Personen auf die Gewerbsteuerpflicht der neu entstandenen Gewerbe ausdrücklich hinzuweisen haben.*

III *Wegen der Weiterbehandlung der Zu- und Abgänge von Gewerben im Laufe des Rechnungsjahrs zu vgl. §§ 46—48.*

Verfahren bei Festsetzung der vorläufigen Steuerschuld. *Bek. § 50.*

I *Für das Verfahren bei der Festsetzung der vorläufigen Steuerschuld gemäß § 18 finden die Vorschriften im § 76 Abs. 1 bis 3 EStAB. sinngemäß Anwendung und zwar in gleicher Weise für die natürlichen wie für die juristischen Personen und nichtrechtsfähigen Vereinigungen.*

II *Über die Festsetzung der vorläufigen Steuerschuld gemäß § 18 wird ein Bescheid nicht erteilt; der Steuerpflichtige hat auf Grund des letzten Steuerbescheids (§ 33) die vorläufige Steuerschuld solange weiter zu entrichten, bis ihm wieder ein Steuerbescheid oder ein Festsetzungsbescheid (Abs. III) zugegangen ist (Art. 13 Abs. VII).*

III *Über die Festsetzung bezw. Neufestsetzung der vorläufigen Steuerschuld gemäß § 46 Abs. I ist dem Steuerpflichtigen ein Festsetzungsbescheid zu erteilen; er hat die im § 77 EStAB. bezeichneten Angaben zu enthalten. Gegen den Festsetzungsbescheid findet lediglich die Aufsichtsbeschwerde an das Landesfinanzamt (die Landesmittelstelle) und an das Staatsministerium der Finanzen statt (Art. 13 Abs. V, 46 Abs. V). Für die Zustellung des Festsetzungsbescheids ist § 33 Abs. III maßgebend. Das weitere Verfahren bemißt sich nach § 77 Abs. 2, § 78 EStAB.*

VII. Steuernachholungen.

Art. 48.

Auf Nachforderungen und Neuveranlagungen von Gewerbsteuern finden die Bestimmungen in § 212 Abs. 1, 2, 4 und § 215 der Reichsabgabenordnung mit der Maßgabe sinngemäß Anwendung, daß an die Stelle des Reichsfinanzhofs die Oberberufungskommission, an Stelle des Reichsfinanzministers das Staatsministerium der Finanzen tritt.

Neuveranlagung. *Bek. § 51.*

I *Als Neuveranlagung im Sinne des Art. 48 gilt jede Änderung einer für ein Rechnungsjahr bereits erfolgten endgültigen Veranlagung, soferne diese Änderung außerhalb der Hauptveranlagung und des Rechtsmittelverfahrens erfolgt und die Erhöhung der festgesetzten endgültigen Steuerschuld und damit eine Steuernachforderung herbeiführen soll.*

II *Eine solche Neuveranlagung und Nachforderung der Gewerbsteuer ist bis zum Ablauf der Verjährungsfrist zulässig.*

III *Eine Neuveranlagung darf nicht auf eine nach Entstehung des Steueranspruchs erlassene Entscheidung der Oberberufungskommission gegründet werden, in der die Steuerpflicht im Gegensatze zu einer früheren einen gleichen Tatbestand betreffenden höchstrichterlichen Entscheidung bejaht wird (Art. 48, § 212 Abs. 4 RAO.).*

IV *Die Neuveranlagung für ein Rechnungsjahr hat die entsprechende Änderung der vorläufigen Steuerschuld für das folgende Rechnungsjahr unmittelbar zur Folge, sofern nicht für dieses Rechnungsjahr bereits die endgültige Veranlagung erfolgt ist.*

Nachveranlagung.

Bek. § 52.

I *Eine Steuernachholung kann sich auch durch eine Nachveranlagung der Gewerbsteuer ergeben. Als eine solche Nachveranlagung gilt jede außerhalb der Hauptveranlagung vorzunehmende endgültige Veranlagung für ein Rechnungsjahr, für das der Steuerpflichtige seither noch nicht zur Gewerbsteuer veranlagt war.*

II *Eine Nachveranlagung hat regelmäßig zu erfolgen:*

1. für Steuerpflichtige, die bei der Hauptveranlagung für ein oder mehrere Rechnungsjahre trotz bestehender Steuerpflicht nicht zur Gewerbsteuer veranlagt worden sind, soweit der Steueranspruch nicht verjährt ist (§ 212 Abs. 1 RAO.);

2. für Steuerpflichtige, deren Steuerpflicht für ein Rechnungsjahr erst nach dem 31. Dezember dieses Rechnungsjahrs begründet worden ist (zu vgl. § 17 Abs. III).

Verfahren bei der Neu- und Nachveranlagung.

Bek. § 53.

I *Soweit die Voraussetzungen für eine Neu- oder Nachveranlagung der Gewerbsteuer gegeben und bekannt sind, ist das Finanzamt zu ihrer Durchführung von Amtswegen verpflichtet.*

II *Zur Durchführung einer Neu- oder Nachveranlagung ist das Finanzamt berechtigt, den Steuerpflichtigen zur Abgabe von Steuererklärungen für die Rechnungsjahre, für die er solche zum Zwecke seiner endgültigen Veranlagung noch nicht abgegeben hat, unter Stellung einer Frist von 2 Wochen aufzufordern. Der Steuerpflichtige hat dieser Aufforderung, die zuzustellen ist, innerhalb der gestellten Frist nachzukommen, soferne ihm nicht auf Antrag eine Fristverlängerung gewährt wird (§ 59 Abs. 1 EStAB.).*

III *Hat der Steuerpflichtige für das Rechnungsjahr, für welches eine Neu- oder Nachveranlagung erfolgen soll, eine Steuererklärung bereits abgegeben, so ist diese nachträglich zu beanstanden oder das frühere Beanstandungsverfahren wieder aufzunehmen (§ 59 Abs. 2 EStAB.).*

IV *Die Bestimmungen der §§ 23, 24, 28 finden entsprechende Anwendung.*

V *Die Neu- oder Nachveranlagung der Gewerbsteuer hat tunlichst zugleich mit einer vorzunehmenden Neu- oder Nachveranlagung der Einkommensteuer zu erfolgen. Da die Gewerbsteuerveranlagung der juristischen Personen und nichtrechtsfähigen Vereinigungen in der Regel nicht gleichzeitig mit der Körperschaftssteuerveranlagung dieser Pflichtigen, sondern erst nach Ablauf des maßgebenden Kalenderjahrs stattzufinden hat (zu vgl. § 17 Abs. IV), kann eine Verbindung der Gewerbsteuer-, Neu- oder Nachveranlagung mit der Körperschaftssteuerveranlagung bei solchen Pflichtigen in der Regel nur dann in Betracht kommen, wenn die Notwendigkeit einer Neu- oder Nachveranlagung erst nach der allgemeinen Gewerbsteuerveranlagung auftritt.*

VI *Soweit durch die Neu- oder Nachveranlagung eine endgültige Steuerschuld (Art. 13 Abs. I, II) festgestellt wird, hat der zuständige Ausschuß (§ 25 RAO.) mitzuwirken.*

VII *Alle Fälle der Neu- oder Nachveranlagung, bei denen sich eine neue endgültige Steuerschuld oder eine Erhöhung der seitherigen endgültigen Steuerschuld ergibt, sind in Zugangslisten einzutragen. Diese Zugangslisten sind entsprechend dem Muster 20 zu § 61 EStAB. zu gestalten. Das Landesfinanzamt (die Landesmittelstelle im Benehmen mit dem Landesfinanzamt) trifft hierüber die näheren Bestimmungen.*

VIII *Über das Ergebnis der Neu- oder Nachveranlagung ist dem Steuerpflichtigen ein Steuerbescheid zu erteilen, wobei die Bestimmungen des § 33 sinngemäß anzuwenden sind; das Muster zum Steuerbescheid (zu vgl. § 33 Abs. II) kann hierbei unter entsprechender Änderung und Ergänzung als Anhalt dienen. Gegen den Bescheid stehen dem Steuerpflichtigen dieselben Rechtsmittel zu wie gegen den Steuerbescheid, der auf Grund der Hauptveranlagung erlassen worden ist. Für die Zustellung des Steuerbescheids ist § 33 Abs. III maßgebend.*

IX *Über die Sollstellung und Vereinnahmung der im Neu- oder Nachveranlagungsverfahren festgestellten Gewerbsteuerbeträge bestimmt das Landesfinanzamt (die Landesmittelstelle im Benehmen mit dem Landesfinanzamt) im Anschluß an § 63 EStAB. das Erforderliche.*

Verminderung der endgültigen Steuerschuld.

Bek. § 54.

I *Eine Änderung der Steuerveranlagung zu Gunsten des Steuerpflichtigen mit einer Verminderung der endgültigen Steuerschuld kann sich ergeben insbesondere in den Fällen des § 74 Abs. 3 RAO. Berichtigungen auf Grund dieser Vorschrift sind auch nach Eintritt der Rechtskraft der Gewerbsteuerveranlagung noch ohne weiteres umsomehr zulässig, als bei der Gewerbsteuer nach Art. 21 Abs. II die Festsetzung (Berechnung) der Gewerbsteuer nicht Aufgabe des Ausschusses, sondern des Finanzamts ist (zu vgl. § 31 Abs. VIII).*

II *Für die weitere Behandlung der Fälle, bei denen sich eine Verminderung der endgültigen Steuerschuld ergibt, insbesondere hinsichtlich der Abgangslisten, bestimmt das Landesfinanzamt (die Landesmittelstelle) im Anschluß an § 64 EStAB. das Erforderliche.*

Weitere Fälle der Erhöhung und Verminderung der endgültigen Steuerschuld.

Bek. § 55.

I *In die Zugangs- und Abgangslisten sind unter sinngemäßer Anwendung der Bestimmungen in §§ 53, 54 auch alle weiteren Fälle der Nachforderung, Erhöhung und Verminderung der endgültigen Steuerschuld einzutragen.*

II *Für die Zugangslisten kommen insbesondere noch die Fälle der Erhöhung der Steuerveranlagung im Rechtsmittelverfahren (Art. 26 Abs. III, Art. 34 Abs. II, Art. 37, 41 mit § 228 RAO.) in Betracht.*

III *Für die Abgangsliste kommen insbesondere noch in Betracht die Fälle*

a) der mehrfachen Veranlagung des nämlichen Steuerpflichtigen (§ 60 RAO.),

b) der Änderung der Veranlagung im Rechtsmittelverfahren,
c) der Änderung der Veranlagung auf Grund von Art. 2 des Einführungsgesetzes zu den Gesetzen über die direkten Steuern vom 14. August 1910/17. August 1918.

Zu vgl. Art. 72 des bish. EStG. Die Regelung ist nunmehr folgende: Jede Nachforderung ist an die Voraussetzung geknüpft, daß die Verjährungsfrist nicht abgelaufen ist. (§ 212 I RAO. § 51 II Bek.) Die Verjährungsfrist beträgt 5 Jahre, für hinterzogene Beträge 10 Jahre (§ 121 RAO. in Verbindung mit Art. 63 GewStG. und § 65 der Bek.) Ferner darf eine Neuveranlagung nicht auf eine nach Entstehung des Steueranspruchs eingetretene Änderung der Rechtsprechung der OVG. gestützt werden (§ 212 IV RAO.). Eine Einschränkung erfährt diese Regel noch in allen denjenigen Fällen, in denen ein Steuerbescheid nach Art. 22 ergangen ist. In diesen Fällen ist eine Neuveranlagung außerdem auch nur dann zulässig „wenn neue Tatsachen oder Beweismittel bekannt werden, die eine höhere Veranlagung rechtfertigen“ (§ 212 II RAO.) Eine Neuveranlagung kann also insbesondere nach Erlaß eines Steuerbescheides nicht mehr darauf gestützt werden, daß infolge Irrtum eine zu niedrige Veranlagung stattgefunden habe, sei es nun, daß der Irrtum ein tatsächlicher oder ein rechtlicher gewesen ist. Vgl. die bei Mrozek Handbuch des Steuerrechts Anm. 16 zu § 212 aufgeführte Rechtsprechung des preußischen Oberverwaltungsgerichtshofes in Steuersachen und Breunig Einkommensteuergesetz Anm. 6 und 7 zu Art. 72.

VIII. Strafbestimmungen.[1])

Art. 49.

I Wer die nach diesem Gesetze zu entrichtende Steuer hinterzieht, wird mit einer Geldstrafe im fünf- bis zwanzigfachen Betrage der hinterzogenen Steuer bestraft. Neben der Geldstrafe kann auf Gefängnis erkannt werden.

II Der Begriff der Steuerhinterziehung bemißt sich nach § 359 der Reichsabgabenordnung.

Art. 50.

Mit Geldstrafe von fünf bis fünfhundert Mark wird bestraft, sofern nicht die Strafe nach Art. 49 verwirkt ist oder ein genügender Entschuldigungsgrund vorliegt:

1. wer den nach Art. 2 Abs. III ergangenen Anordnungen nicht rechtzeitig genügt,
2. wer die nach Art. 34 Abs. V geforderte Auskunft oder Eidesleistung verweigert.

---

1) Unverändert gegenüber dem REStG. mit Ausnahme des Art. 50, der wohl inf. eines Druckvers. (Ringelmann-Mühlfeld S. 263) am Anfang die Zahl „drei“ statt „fünf“ enthielt und des Art. 51. Gegenüber dem RE. wurde in dieser Bestimmung die Fassung „mit Strafe bedrohten Anordnungen“ in „unter Strafandrohung ergangenen Anordnungen“ abgeändert. (StB. S. 471, 485.)

Art. 51.

Mit Geldstrafe von fünf bis fünfhundert Mark wird bestraft, wer ohne genügenden Entschuldigungsgrund den ausdrücklich unter Strafandrohung ergangenen Anordnungen der Staatsregierung zum Vollzuge dieses Gesetzes zuwiderhandelt.

Art. 52.

I Die Strafverfolgung nach Art. 51 tritt gegen Personen, die im Staats- oder sonstigen öffentlichen Dienste angestellt oder beschäftigt sind, nicht ein, wenn sie hierwegen einem Dienststrafverfahren unterliegen.

II Die Strafe nach Art. 50 Ziff. 2, Art. 51 kann wiederholt ausgesprochen werden; der Gesamtbetrag der Strafen nach Art. 50 Ziffer 2 darf jedoch eintausend Mark nicht übersteigen.

Art. 53.

I Im übrigen finden die strafrechtlichen Bestimmungen der Reichsabgabenordnung (dritter Teil, erster Abschnitt) für den Vollzug dieses Gesetzes entsprechende Anwendung. Das Staatsministerium der Finanzen ist ermächtigt, hierwegen näheres zu bestimmen.

II Die Vorschriften in § 376 der Reichsabgabenordnung gelten sinngemäß für die Mitglieder der Berufungskommissionen und der Oberberufungskommission.

Art. 54.

Die Zuständigkeit und das Verfahren bei strafbaren Handlungen in Bezug auf dieses Gesetz (Art. 49—53) richten sich nach den Vorschriften der Reichsabgabenordnung (dritter Teil, zweiter Abschnitt).

Art. 55.

I Mitglieder der Berufungskommission oder der Oberberufungskommission, die ohne genügenden Entschuldigungsgrund zu den Sitzungen sich nicht rechtzeitig einfinden oder ihren Obliegenheiten sich in anderer Weise entziehen, können durch den Vorsitzenden der Kommissionen in eine Ordnungsstrafe bis zu dreihundert Mark und in die durch ihre Säumnis entstandenen Kosten verurteilt werden.

II Erfolgt nachträglich genügende Entschuldigung, so kann die Verurteilung ganz oder teilweise zurückgenommen werden.

III Gegen die Entscheidung des Vorsitzenden der Berufungskommission ist Beschwerde zur Mittelstelle und gegen die Entscheidung des Vorsitzenden der Oberberufungskommission Beschwerde an das Staatsministerium der Finanzen innerhalb zwei Wochen zulässig.

IV Eine Umwandlung der Ordnungsstrafe in Freiheitsstrafe im Falle der Uneinbringlichkeit findet nicht statt.

Strafen.

Bek. § 56.

I *Zu den Straffällen im Sinne des Abschnittes VIII des Gesetzes gehören jene Fälle nicht, in denen nach Art. 19 wegen unterbliebener oder nicht rechtzeitiger Abgabe der Steuererklärung Zuschläge zu entrichten sind. Die Verhängung von Zwangsstrafen nach § 202 RAO. wird aber selbstverständlich durch die Festsetzung von Zuschlägen nach Art. 19 nicht berührt.*

II *Nach Art. 49 Abs. II bemißt sich der Begriff der Steuerhinterziehung nach § 359 Abs. 1, 3 und 4 RAO.*

III *Anordnungen der im Art. 51 erwähnten Art bestehen zurzeit nicht.*

IV *Nach Art. 53 Abs. I finden im übrigen die strafrechtlichen Bestimmungen der Reichsabgabenordnung (dritter Teil erster Abschnitt) für den Vollzug des Gewerbsteuergesetzes Anwendung. Zu diesen Bestimmungen gehören: §§ 355 bis 358 einschließlich, 360 bis 364 einschließlich, 367, 369 Abs. 1 und 2, 372 (hinsichtlich der Zuwiderhandlungen gegen §§ 187, 189, 190 RAO.), 373 bis 378 einschließlich, 381 bis 384 einschließlich. Im Falle des § 376 Abs. 3 ist neben dem Steuerpflichtigen, dessen Interesse verletzt ist, das Landesfinanzamt und, soweit Beamte der Landesfinanzverwaltung in Betracht kommen, die Landesmittelstelle bezw. bis zu ihrer Errichtung das Staatsministerium der Finanzen antragsberechtigt.*

V *Nach Art. 53 Abs. II gelten sinngemäß die Vorschriften im § 376 RAO. für die Mitglieder der Berufungskommission und der Oberberufungskommission. Hiernach werden diese Mitglieder, wenn sie Verhältnisse eines Steuerpflichtigen, die sie bei Wahrnehmung ihrer Obliegenheiten erfahren haben, anderen unbefugt mitteilen, soferne nicht die höheren Strafen des Abs 2 verwirkt sind, mit Geldstrafen bis zu 3000 Mark oder mit Gefängnis bis zu 6 Monaten bestraft. Die Strafverfolgung tritt nur auf Antrag ein. Antragsberechtigt ist neben dem Steuerpflichtigen, dessen Interesse verletzt ist, die Landesmittelstelle hinsichtlich der Mitglieder der Berufungskommissionen, das Staatsministerium der Finanzen hinsichtlich der Mitglieder der Oberberufungskommission.*

VI *Die Strafvorschriften haben mittlerweile nach Maßgabe des Reichsgesetzes zur Erweiterung des Anwendungsgebiets der Geldstrafe und zur Einschränkung der kurzen Freiheitsstrafen vom 21. Dezember 1921 (RGBl. S. 1604) Änderungen erfahren. Auf das Gesetz wird hiermit verwiesen.*

Zuständigkeit und Verfahren.

Bek. § 57.

I *Die Zuständigkeit und das Verfahren bei strafbaren Handlungen in Bezug auf das Gewerbsteuergesetz (Art. 49 bis 53) richten sich nach den Vorschriften der Reichsabgabenordnung (dritter Teil, zweiter*

Abschnitt). Über die Beschwerde gegen den Strafbescheid (§§ 415, 416 RAO.) entscheidet das Landesfinanzamt (die Landesmittelstelle) (§ 417 RAO., Art. 63). Die Beschwerde gegen die im § 418 RAO. bezeichneten Verfügungen ist an das Landesfinanzamt (die Landesmittelstelle) bezw. an das Staatsministerium der Finanzen einzulegen. Wegen der Kosten des Verwaltungsstrafverfahrens zu vgl. Art. 29 des Kostengesetzes vom 16. Februar 1921 und §§ 419 bis 422 RAO.

II § 433 RAO. findet mit dem Abmaße Anwendung, daß anstelle des Reichsfinanzhofs die Oberberufungskommission tritt (Art. 63).

III Für die im Verwaltungsstrafverfahren und für die gerichtlich erkannten Geldstrafen kommen nicht die §§ 425, 440 RAO., sondern Art. 57 zur Anwendung. Wegen des Ortes der Steuerveranlagung zu vergl. § 19. Empfangsberechtigt nach Art. 57 ist die Gemeinde des Ortes, der im Zeitpunkt der Bestrafung der Ort der Veranlagung ist. Eine Ausscheidung auf mehrere für die Dauer der Hinterziehung maßgebende Veranlagungsorte, wie sie hinsichtlich der Steuer bei der Nachveranlagung eintritt, findet nicht statt.

IV Die im § 442 RAO. vorgesehene Ermächtigung steht hinsichtlich der Gewerbsteuer dem Landesfinanzamt (der Landesmittelstelle) zu.

V Die Niederschlagungsbefugnis des § 443 RAO. wird dem Staatsministerium der Finanzen vorbehalten. Die Landesfinanzämter (Landesmittelstellen) haben in den geeigneten Fällen unter Aktenanlage gutachtlich zu berichten.

Die Art. 49 mit 53 entsprechen den Art. 74—77 des bish. EStG., Art. 54 und 55 den Art. 81 und 82. Art. 49 schließt sich an § 53 REStG. und § 30 KörpschStG. an. Zu Art. 53 II ist Art. 79 des bish. EStG. zu vgl.

Art. 56.

Wenn Gemeindebeamte und Gemeindebedienstete den ihnen nach diesem Gesetz und nach den Vollzugsvorschriften obliegenden Verpflichtungen nicht nachkommen, so sind unbeschadet aufsichtlichen Vorgehens die Finanzbehörden berechtigt, die erforderlichen Leistungen auf Kosten der Säumigen vornehmen zu lassen.

Art. 57.

I Die nach Art. 49, 50 Ziff. 1 verhängten Geldstrafen fallen zur Hälfte an die Gemeinde des Ortes der Steuerveranlagung.

II Die andere Hälfte der in Abs. I bezeichneten Geldstrafen, sowie sämtliche übrige Geld- und Ordnungsstrafen fließen in die bayerische Staatskasse.

Vgl. Art. 83 und 84 des bish. EStG.

IX. Kosten des Verfahrens.[1])

Art. 58.

Die Kosten des Verfahrens, soweit sie sich nicht auf Verrichtungen beziehen, die durch dieses Gesetz oder die Vollzugs-

1) Unverändert gegenüber dem RE.

anordnungen (Art. 15, 20) den Gemeindebehörden zugewiesen sind, dann soweit sie nicht nach Art. 20, 23 in Verbindung mit den Vorschriften der Reichsabgabenordnung oder nach Art. 59 dieses Gesetzes von dem Steuerpflichtigen getragen werden müssen, ferner soweit sie nicht aus der Reichskasse bestritten werden, fallen der Staatskasse zur Last. Für die Kosten für die zum Vollzuge des Gesetzes notwendigen Formulare haben die Gemeinden nicht aufzukommen.

Art. 59.

I Die in dem Berufungs- und Beschwerdeverfahren erwachsenen Kosten fallen dem Steuerpflichtigen zur Last, wenn er in dem Rechtsmittelverfahren vollständig unterlegen ist.

II Wird dem Rechtsmittel nur zum Teil stattgegeben, so kann die entscheidende Stelle dem Steuerpflichtigen die Kosten ganz oder zum Teil überbürden.

III Kosten, die durch verspätetes Vorbringen des Steuerpflichtigen entstanden sind, können ihm unter allen Umständen überbürdet werden.

IV Reisekosten, die dem obsiegenden Steuerpflichtigen auf sein persönliches Erscheinen vor der Berufungs- oder Oberberufungskommission erwachsen, sind der Staatskasse zu überbürden, wenn das persönliche Erscheinen zur zweckentsprechenden Aufklärung geboten war. Das gleiche kann unter der nämlichen Voraussetzung geschehen, wenn der Steuerpflichtige zum Teil obsiegt. Im übrigen hat der Steuerpflichtige Kosten, die ihm auf die Einlegung und Begründung eines Rechtsmittels erwachsen, selbst zu tragen.

V Die vorstehenden Bestimmungen gelten sinngemäß auch für die Kostenpflicht der Gemeinden in Ansehung der von ihnen eingelegten Rechtsmittel. Die entscheidende Stelle kann indessen die Kosten auch dem Steuerpflichtigen oder mitbeteiligten Gemeinden ganz oder teilweise überbürden.

Art. 60.

Die Gebührenpflicht im Berufungs- und Beschwerdeverfahren bemißt sich nach den Vorschriften des Kostengesetzes.

Art. 61.

I Die Regelung der den Mitgliedern der Berufungskommissionen und der Oberberufungskommission für Reisekosten und Zeitverlust zu gewährenden Entschädigung erfolgt durch das Staatsministerium der Finanzen. Das gleiche gilt hinsichtlich der Vergütungen an Auskunftspersonen und Sachverständige.

II Soweit diese Kosten nicht als solche des Berufungs- oder Beschwerdeverfahrens von dem Steuerpflichtigen zu tragen sind (Art. 59), sind sie auf die Staatskasse zu übernehmen.

Allgemeines. *Bek. § 58.*

I *Nach Art. 58 des Gesetzes fallen der Staatskasse die Kosten des Veranlagungsverfahrens (im weitesten Umfang) insoweit zur Last, als für die Tragung dieser Kosten nicht andere Verpflichtete vorhanden sind. Solche andere Verpflichtete sind:*

1. Die Gemeinden, soweit sich die Kosten des Verfahrens auf Verrichtungen beziehen, die durch das Gewerbsteuergesetz oder die Vollzugsanordnungen (Art. 15, 20, 24, 47, 56; §§ 20, 22 Abs. V, 30 Abs. I, V, VI, 37 Abs. V, 49) den Gemeindebehörden zugewiesen sind. Für die Kosten für die zum Vollzuge des Gewerbsteuergesetzes notwendigen Formulare haben jedoch die Gemeinden keinesfalls aufzukommen.

2. Der Steuerpflichtige, soweit ihn zufolge besonderer Bestimmungen des Gewerbsteuergesetzes und der Reichsabgabenordnung gewisse Kosten des Veranlagungsverfahrens (Art. 63 mit §§ 205 Abs. 3, 206 Abs. 2, 216 RAO.) oder des Rechtsmittelverfahrens (des Einspruchs-, Berufungs- und Beschwerdeverfahrens, Art. 59, 63 mit § 286 RAO.) treffen.

3. Die Reichskasse, soweit ihr die Kosten der Verwaltung der Gewerbsteuer gemäß § 19 Abs. I RAO. zur Last fallen und die unter Ziff. 1 und 2 bezeichneten Pflichtigen nicht herangezogen werden können.

Als der Staatskasse zur Last fallende Kosten werden daher nur die den Pflichtigen nicht auferlegten Kosten des Berufungs- und Beschwerdeverfahrens einschließlich der Kosten für die Mitglieder der Berufungs- und Oberberufungskommission übrigbleiben (Art. 61 Abs. II).

II *Die Anordnungen über die Beschaffung der bei den Finanzämtern benötigten Formulare zum Vollzuge des Gewerbsteuergesetzes obliegen im Hinblick auf § 19 RAO. den Landesfinanzämtern. Die tunlichste Berücksichtigung von ortsansässigen Gewerbetreibenden wird als wünschenswert bezeichnet.*

Kosten des Berufungs- und des Beschwerdeverfahrens. *Bek. § 59.*

I *Für die Kosten des Berufungs- und des Beschwerdeverfahrens sind die Vorschriften in Art. 59 bis 61 maßgebend. Die §§ 285 ff. RAO. kommen nur für das Einspruchsverfahren zur Anwendung (Art. 63).*

II *Die Kostenpflicht des Steuerpflichtigen nach Art. 59 Abs. I und II besteht auch bei amtlichen Berufungen und Beschwerden, wenn und soweit der Steuerpflichtige der unterliegende Teil ist.*

III *Nach Art. 59 Abs. IV können nur solche Reisekosten auf die Staatskasse überbürdet werden, die auf das persönliche Erscheinen des Steuerpflichtigen selbst, nicht also auch eines Vertreters des Steuerpflichtigen erwachsen sind. Jedoch sind gesetzliche Vertreter der Person des Steuerpflichtigen gleich zu achten, was insbesondere auch für die juristischen Personen zu beachten ist. Zu den Reisekosten zählen nur Kosten für die Fahrt, (Fuhrwerk, Eisenbahn usw.), Zehrungs- und Übernachtungskosten, nicht auch Entschädigungen für Zeitversäumnis und Verdienstentgang.*

IV *Die Vorschrift des Art. 59 Abs. IV findet auch Anwendung auf das persönliche Erscheinen des Steuerpflichtigen vor einer Unterkommission der Berufungskommission nach Art. 34 Abs. VII.*

V *Für die Bemessung der Gebühren für die Berufungsbescheide usw. gelten die Berufungskommissionen als Mittelstellen im Sinne der Art. 144, 145 des Kostengesetzes vom 16. Februar 1921.*

VI *Die im Berufungsverfahren erlassenen Beweisbeschlüsse sind — unbeschadet einer entsprechenden Berücksichtigung der Beweisbeschlüsse bei Bemessung der Bescheidgebühr — als Maßnahmen im Sinne des Art. 170 Abs. I Ziff. 2 des Kostengesetzes zu behandeln. Das gleiche gilt von den Niederschriften, in denen die Ergebnisse der Beweisaufnahme niedergelegt werden.*

VII *Die Verrechnung der im Berufungs- und Beschwerdeverfahren anfallenden Kosten obliegt den Landesfinanzämtern (den Landesmittelstellen).*

VIII *Hinsichtlich der Entschädigungen der Mitglieder der Berufungskommissionen und der Oberberufungskommission, dann der Vergütungen an Auskunftspersonen und Sachverständige (Art. 61) bleiben bis auf Weiteres die bisherigen Vorschriften in Geltung.*

IX *Die den Mitgliedern der Berufungskommissionen und der Oberberufungskommission für Reisekosten und Zeitverlust zu gewährenden Entschädigungen werden auf alle Fälle auf die Staatskasse übernommen.*

1. Vgl. Art. 85—88 des bish. EStG.
2. Aus der Begründung sind folgende Darlegungen von Interesse:

a) zu Art. 58:

Der Reichsfinanzminister hat unterm 10. Dez. 1920 (Zentralblatt für das Deutsche Reich 1920 S. 1682/83) „Grundsätze für die Entschädigung der Gemeinden nach § 22 Abs. 2 RAO." (für die Mitwirkung beim Vollzuge der Reichssteuergesetze) erlassen, nach deren § 3 außer dem Ersatze der Kosten für Vordrucke und Formblätter den Gemeinden auch die Kosten für Porto und das Austragen und Einholen von Listen, Aufforderungen zu Steuererklärungen und Steuerbescheiden ersetzt, ja sogar persönliche Aufwendungen, die im Verhältnisse zu den Sachaufwendungen nicht unerheblich sind, besonders vergütet werden, geeigneten Falles in Form von Pauschbeträgen. Diese Grundsätze zu Lasten der bayerischen Staatskasse hierher zu übernehmen besteht jedenfalls kein Anlaß, einerseits mit Rücksicht auf die Möglichkeit der Kostenübernahme durch das Reich (siehe unten), andererseits in der Erwägung, daß in § 4 Abs. II der Grundsätze, der von der Mitwirkung der Gemeinden bei der Ausgabe der Steuerkarten handelt, ausdrücklich hervorgehoben ist, daß die Kosten für die Ausfertigung der Steuerkarten nicht ersetzt werden, weil „diese Tätigkeit den Gemeinden nach dem Gesetz ohnehin obliegt" (hierher zu vgl. § 46 REStG.). Auch hier handelt es sich im wesentlichen um Aufgaben, die den Gemeinden durch das Gesetz selbst (Art. 15) zugewiesen sind. Der Vorbehalt bezüglich der auf gemeindliche Verrichtungen sich beziehenden Kosten dürfte daher aus dem bisherigen Einkommensteuergesetz unverändert in das Gewerbsteuergesetz zu übernehmen sein. Wegen der Formularkosten siehe die Bemerkung am Schlusse.

Nach Art. 20 des Entwurfes werden gemäß §§ 205 Abs. 3, 206 Abs. 2, 216 RAO. auch gewisse Kosten des Veranlagungsverfahrens, nach Art. 23 des Entwurfes in Verbindung mit § 285 ff. RAO. auch Kosten des Einspruchsverfahrens vom Steuerpflichtigen zu tragen sein; hierdurch rechtfertigt sich der zweite Vorbehalt in Art. 58.

Was endlich den dritten Vorbehalt bezüglich der aus der Reichskasse zu bestreitenden Kosten anlangt, so ist im Auge zu behalten, daß nach dem Standpunkte der bayerischen Staatsregierung, der auch von den Regierungen anderer Länder geteilt wird, das Reich die von ihm gemäß § 19 Abs. 1 RAO. übernommene Verwaltung von Landesabgaben grundsätzlich ohne Entschädigung seitens der Länder zu führen hat. Darnach werden die gesamten Kosten der Veranlagung der Gewerbsteuer einschließlich der Kosten des Einspruchsverfahrens vom Reiche zu tragen sein. Als der Staatskasse zur Last fallende Kosten werden daher nur die den Pflichtigen nicht auferlegten Kosten (hierwegen zu vgl. Art. 59) des Berufungs- und Beschwerdeverfahrens einschließlich der Kosten für die Mitglieder der Berufungs- und Oberberufungskommission übrigbleiben.

In Art. 85 Satz 2 EStG. war bisher bestimmt, daß „die Kosten für die zum Vollzuge des Gesetzes notwendigen Formulare in jedem Falle von der Staatskasse übernommen werden“. Gleiches galt für die Gewerbesteuer gemäß Art. 29 GewStG. Diese Bestimmung, die schon in den Gewerbesteuergesetzen vom 19. Mai 1881 und 9. Juni 1899 enthalten war, sollte zum Ausdrucke bringen, daß die Formularkosten auch dann von der Staatskasse getragen werden, wenn die Vollzugshandlungen den Gemeinden übertragen sind (AusschVerh. der KdAbg. 1898 Beil. Bd. XVI Beil. 1055 S. 211). Hieran soll keinesfalls eine Änderung im Sinne einer Belastung der Gemeinden eintreten. Die Beibehaltung der bisherigen Fassung erscheint aber mit Rücksicht auf den im vorigen Absatz erwähnten Vorbehalt bezüglich der Kostentragung durch das Reich nicht angängig. Es erschien daher zweckmäßig, die gesetzliche Bestimmung lediglich nach der Negative festzulegen, daß für die Kosten keinesfalls die Gemeinde aufzukommen hat.

b) Zu Art. 59—61:

Art. 86 (nun 59) enthielt bisher keine Bestimmung über die Kostenpflicht der Gemeinden in Ansehung der von ihnen eingelegten Rechtsmittel. Die Rechtsprechung hat aber schon bisher den unterliegenden Gemeinden die Kosten „als Folge der Entscheidung“ in der Hauptsache überbürdet. Art. 59 Abs. V dient zur Ergänzung der Bestimmungen über die Kostenpflicht, hiebei muß aber die Möglichkeit gegeben sein auch den Steuerpflichtigen zur Kostentragung heranzuziehen. Wenn beispielsweise das Rechtsmittel der Gemeinde gegen die vormerkungsweise Veranlagung zu einer höheren Veranlagung des Pflichtigen führte und dem Rechtsmittel der Gemeinde dadurch vollkommen stattgegeben wird, können der Gemeinde Kosten nicht auferlegt werden; zur Kostenübernahme auf die Staatskasse besteht aber gleichwohl kein Anlaß, weil tatsächlich der Pflichtige in dem Verfahren unterlegen ist. Solchen Falles werden daher die Kosten dem Steuerpflichtigen zu überbürden sein. Ähnlich bei teilweisem Obsiegen der Gemeinde, das im gleichen Verhältnis ein Unterliegen des Pflichtigen bedeuten wird. Ebenso kann sich in Steuerausscheidungsfällen Anlaß bieten, die mitbeteiligten Gemeinden zur Kostentragung mit heranzuziehen.

In Art. 87 (nun 60) sind die bisherigen Abs. I und II gegenstandslos, da sich, insoweit die Verwaltung der GewSt. durch die Reichsbehörden erfolgt, die Anwendung der Bestimmungen der RAO. (zu vgl. § 216) aus Art. 20 mit Art. 64 [1]) von selbst ergibt.

X. Allgemeine Vorschriften.*)

Art. 62 [1]).

Den Zeitpunkt der Entrichtung der vorläufigen und der endgültigen Steuerschuld bestimmt das Staatsministerium der Finanzen [2]). Dieses kann insbesondere anordnen, daß für einzelne Gattungen von Gewerbebetrieben die volle Jahressteuer bei Beginn des Rechnungsjahrs oder im Falle der Betriebseröffnung während des Rechnungsjahrs der treffende Teilbetrag der Jahressteuer bei Betriebsbeginn im Voraus sofort in einer Summe zu entrichten ist [3]).

Zeitpunkt der Steuerentrichtung.

Bek. § 60.

Auf Grund des Art. 62 wird bestimmt:

1. *Die vorläufige Gewerbsteuerschuld für ein Rechnungsjahr wird mit je einem Viertel ihres Betrags am 15. Mai, 15. August, 15. November und 15. Februar fällig.*
2. *Die gemäß Art. 13 Abs. I festgesetzte endgültige Gewerbsteuerschuld ist innerhalb vier Wochen nach Zustellung des Steuerbescheids zu entrichten, soweit sie den Betrag übersteigt, der auf die vorläufige Steuerschuld entrichtet ist.*

Steuerentrichtung.

Bek. § 61.

I *Die Schuldigkeiten an Gewerbsteuern sind — auch wenn der Schuldner eine öffentliche Kasse ist — Bringschulden und daher an der Finanzamtskasse zu bezahlen.*

II *Vorauszahlungen bereits berechneter Gewerbsteuerschuldigkeiten sind von den Finanzämtern jederzeit anzunehmen. Ebenso haben die Finanzämter nachträgliche Zahlungen an bereits abgeschriebenen oder niedergeschlagenen Steuern jederzeit anzunehmen. Die Verrechnung solcher nachträglicher Zahlungen erfolgt in der Zugangsliste und im Nachtragssollbuch (§§ 45 Abs. II, III, 53 Abs. VII).*

III *Wegen der Beitreibung der Steuern wird auf Art. 44 des Gesetzes vom 30. Juni 1921 zum Vollzuge des Landessteuergesetzes vom 30. März 1920 (GVBl. 1921 S. 361) und auf den zweiten Teil, fünften Abschnitt der Reichsabgabenordnung verwiesen.*

---

*) Dieser Abschnitt ist dem RGStG. gegenüber fast vollkommen unverändert. Eingefügt ist lediglich vom Landtag in Art. 65 die Bestimmung über das Inkrafttreten des Gesetzes in Coburg, der Abs. II des Art. 67 (inf. der Abänderung des Art. 30 und 39 RGStG.) und ferner der ganze Art. 69, der auf Antrag der StK. vom Landtag angefügt wurde.

IV *Die mit der Steuererhebung beauftragten Kassen haben auf Grund der ihnen zugegangenen Listen den rechtzeitigen Steuereingang in geeigneter Weise zu betreiben.*

V *Das Finanzamt oder die vom Finanzamt hiemit beauftragte Kasse hat Anfang Mai, August, November und Februar durch öffentliche Bekanntmachung oder in sonst geeigneter Weise zur Bezahlung der fälligen Teilzahlungen (§ 60, Art. 13 Abs. VII) aufzufordern. In der Bekanntmachung ist darauf hinzuweisen, daß durch die Einlegung von Rechtsmitteln die Erhebung der angeforderten Steuern nicht aufgehalten wird. Die Aufforderung soll tunlichst mit der Aufforderung zur Entrichtung der Einkommensteuerteilzahlungen verbunden werden.*

VI *Die Finanzämter sind befugt, zahlungswilligen Pflichtigen, die zur rechtzeitigen Entrichtung der Gewerbsteuer nicht imstande sind, Stundung zu gewähren. Stundungen über den Schluß des Rechnungsjahrs hinaus bedürfen der Genehmigung des Landesfinanzamts (der Landesmittelstelle). Die Stundung soll in der Regel nur gegen Sicherheitsleistung und unter Berechnung von Zinsen (§ 105 Abs. 2 RAO.) erfolgen.*

VII *Das Finanzamt kann außerdem die Entrichtung der Gewerbsteuer in Teilbeträgen (§ 106 RAO.) gestatten.*

VIII *Dem Eingang der im Rückstand gebliebenen Gewerbsteuern ist besondere Aufmerksamkeit zu schenken, insbesondere ist auch auf rechtzeitigen Eingang der gestundeten Beträge und bewilligten Teilzahlungen zu achten; die zur Beitreibung der rückständigen Steuern geeigneten oder erforderlichen Maßnahmen sind rechtzeitig zu treffen. Wegen der Behandlung der am Schlusse des Rechnungsjahrs verbliebenen Rückstände zu vgl. § 45 Abs. VII.*

Verzugszinsen.

Bek. § 62.

I *Zufolge der Bestimmung des Art. 63 findet § 104 RAO., wonach bei nicht rechtzeitiger Entrichtung von Zahlungen, die nach den Steuergesetzen geschuldet sind, Zinsen zu fünf vom Hundert von der Fälligkeit an zu zahlen sind, auch auf die Gewerbsteuer Anwendung. Zur Ausführung dieser Vorschrift wird angeordnet, daß Verzugszinsen für nicht rechtzeitig entrichtete Gewerbsteuer nur zu erheben sind*

1. *wenn der fällige Steuerbetrag länger als einen Monat vom Fälligkeitstag ab im Rückstande geblieben ist und*
2. *wenn die Verzugszinsen mindestens zehn Mark betragen. Eingezahlte Zinsbeträge unter zehn Mark werden nicht erstattet.*

Bei Berechnung der Verzugszinsen sind 5 v. H. vom fälligen Steuerbetrag zu rechnen und das Jahr zu 360 Tagen, der Monat zu 30 Tagen anzunehmen; der Tag, an dem die Zahlung erfolgt, ist bei Berechnung der Zahl der Tage nicht mitzuzählen. Die berechneten Verzugszinsen sind auf 10 Pfennige nach unten abzurunden.

II *Die Verzinsungspflicht gilt auch für hinterzogene Steuerbeträge. § 104 Abs. 1 Satz 2 RAO. findet Anwendung.*

III *Die Verzugszinsen sind im Einnahmebuch in einer besonderen Spalte nachzuweisen, in der Bemerkungsspalte des Einnahmebuchs ist die für die Berechnung der Verzugszinsen in Betracht kommende Zeit kurz zu vermerken. Die Vereinnahmung der Verzugszinsen hat auf Rechnung des Haushalts der direkten Steuern unter dem Titel „Verzugszinsen für nicht rechtzeitig eingezahlte Steuern“ zu erfolgen.*

IV *Von Festsetzung und Einziehung der Verzugszinsen kann auf Antrag des Schuldners in besonderen Fällen aus Billigkeitsgründen Abstand genommen werden, z. B. wenn der Schuldner nachweist, daß er durch Krankheit oder wirtschaftliche Notlage an der rechtzeitigen Zahlung der Steuer verhindert ist bezw. war; gegebenenfalls sind die bereits erhobenen Verzugszinsen wieder zu erstatten (§ 92 EStAB.).*

V *Die Bestimmungen über die Erhebung von Verzugszinsen kommen erst von dem nächsten, auf die erstmalige endgültige Veranlagung der Gewerbsteuer nach dem neuen Gewerbsteuergesetz folgenden Fälligkeitstage ab zur Anwendung (zu vgl. § 37 Abs. VII und § 60).*

Zinsvergütungen. *Bek. § 63.*

I *Ist ein Gewerbsteuerbetrag auf Grund der §§ 128, 129 RAO. mit Art. 63 zu erstatten und übersteigt der zu erstattende Betrag dreihundert Mark, so ist er von der Entrichtung an mit fünf vom Hundert zu verzinsen; Zinsbeträge unter zehn Mark werden nicht ausbezahlt.*

II *Die Zinsvergütungen für erstattete Beträge sind auf Rechnung des Haushalts der direkten Steuern unter dem Titel „Zinsvergütungen für erstattete Steuern" zu verausgaben.*

Steuerniederschlagung. *Bek. § 64.*

I *Gewerbsteuern dürfen niedergeschlagen werden, wenn feststeht, daß die Beitreibung keinen Erfolg haben wird, oder wenn die Kosten der Beitreibung außer Verhältnis zu dem Betrage stehen (Art. 63, § 107 RAO.).*

II *Zur Niederschlagung sind die Finanzämter zuständig. Übersteigt die Gewerbsteuer samt Kreisumlagen, deren Niederschlagung beabsichtigt ist, den Betrag von 300 Mark, so ist die Zustimmung des Landesfinanzamts (der Landesmittelstelle) erforderlich, wobei nach § 90 EStAB. zu verfahren ist und das dort vorgeschriebene Muster verwendet werden kann (zu vgl. auch § 45 Abs. II, III, VI, VII).*

III *Vor der Niederschlagung ist vom Finanzamt zu prüfen, ob nicht für einen Teil der Steuerschuld eine Haftung nach Art. 4, 5 oder 46 Abs. VIII gegeben ist.*

1. Vgl. A. 89 des bisherigen EStG.
2. a) **Steuerentrichtung**: Bek. § 61.
   b) **Verzugszinsen**: Bek. § 62.
   c) **Zinsvergütungen**: Bek. § 63.
   d) **Steuerniederschlagung**: Bek. § 64. Der sich in Art. 90 des bisherigen EStG. findende Grund, wenn „die zwangsweise Beitreibung die Steuerpflicht in ihrem wirtschaftlichen Fortkommen gefährden würde" fehlt in § 107 RAO. und ist nicht mehr aufrecht erhalten worden (Begr. zu Art. 63).
3. Gedacht ist dabei insbesondere an die Platzhausierer (Begr.).

Art. 63.

Außer den in diesem Gesetz ausdrücklich bezeichneten sind auch die übrigen Bestimmungen der Reichsabgabenordnung beim Vollzuge dieses Gesetzes insoweit anzuwenden, als sich nicht aus diesem Gesetz Abweichendes ergibt. In Ansehung der in der Reichsabgabenordnung vorgesehenen Zuständigkeiten treten, soweit veranlaßt, an die Stelle der Landesfinanzämter die Landesmittelstellen, an die Stelle des Reichsministers der Finanzen das Staatsministerium der Finanzen, an die Stelle des Reichsfinanzhofs die Oberberufungskommission. Das Staatsministerium der Finanzen ist ermächtigt, hierwegen nähere Anordnungen zu treffen.

Bek. § 65.

Zu den Bestimmungen der Reichsabgabenordnung, die beim Vollzuge des Gewerbsteuergesetzes nach Maßgabe des Art. 63 Satz 2 — soweit veranlaßt, sinngemäß — zur Anwendung kommen können, werden zu rechnen sein:

Einleitende Vorschriften: §§ 2 bis 6 einschließlich.

Erster Teil, erster Abschnitt: § 10.

Zweiter Abschnitt: § 13 vorbehaltlich etwaiger organisatorischer Änderungen.

Dritter Abschnitt: § 23, § 24 Abs. 2.

Fünfter Abschnitt: §§ 47 bis 49 einschließlich.

Zweiter Teil, erster Abschnitt, erster Titel: §§ 51 bis 53 einschließlich (zu vgl. § 19 dieser Bekanntmachung), §§ 57 bis 63 einschließlich, §§ 64 bis 70 einschließlich, § 71 mit der Erweiterung durch Art. 2 Abs. III, § 72, §§ 73 bis 75 einschließlich, § 76 Abs. 1 Nr. 2, Abs. 2, 3, §§ 77, 78.

Zweiter Titel: §§ 79, 81 Abs. 1, 3 bis 5, §§ 83 bis 89 einschließlich, § 90 mit der Maßgabe, daß als schadensersatzberechtigt der bayerische Staat in Betracht kommt, §§ 91 bis 94 einschließlich, § 95 mit der im Art. 5 Abs. II normierten Einschränkung, §§ 96 bis 100 einschließlich, § 102, § 103 mit der Maßgabe, daß die Aufrechnung gegen den Gewerbsteueranspruch des Staates nur mit unbestrittenen oder rechtskräftig festgestellten Gegenansprüchen gegen den Staat zulässig ist, § 104 nach Maßgabe des § 62 dieser Bekanntmachung, § 105 Abs. 2, §§ 106, 107, §§ 109 bis 119 einschließlich mit der Maßgabe, daß im § 109 Abs. 1 Nr. 7 und im § 110 die bayerische Staatsbank neben die Reichsbank und im § 116 an Stelle des Reichs der bayerische Staat tritt, §§ 120 bis 126 einschließlich, §§ 127 bis 136 einschließlich.

Zweiter Abschnitt, erster Titel: §§ 137 bis 151 einschließlich, jedoch mit den aus Art. 9 und § 11 dieser Bekanntmachung sich ergebenden Abweichungen.

Dritter Abschnitt, erster Titel: §§ 162 bis 169 einschließlich (zu vgl. zu § 168 Abs. 1 RAO. § 24 dieser Bekanntmachung, zu § 169 RAO. § 23 Abs. II dieser Bekanntmachung), § 170 Abs. 1 (zu vgl. hierzu § 23 Abs. I dieser Bekanntmachung), §§ 172 bis 176 einschließlich nach Maßgabe des § 28 Abs. IV und V dieser Bekanntmachung, §§ 177 bis 192 einschließlich (zu vgl. §§ 29, 30 dieser Bekanntmachung), §§ 200, 201, §§ 202, 203.

Zweiter Titel: §§ 204 bis 207 einschließlich, § 208 Abs. 1 Satz 1 (wegen Satz 2 zu vgl. § 28 Abs. IV dieser Bekanntmachung), Abs. 2, § 209, § 210 Abs. 1, 2, § 211, § 212 Abs. 1, 2, 4, §§ 213, 215, 216.

Vierter Abschnitt, erster und zweiter Titel: Zu vgl. § 35 Abs. II dieser Bekanntmachung.

Fünfter Abschnitt, erster Titel: Zu vgl. § 61 dieser Bekanntmachung.
Dritter Teil: Zu vgl. §§ 56 und 57 dieser Bekanntmachung.

Art. 64.

I Das Staatsministerium der Finanzen kann für einzelne Fälle Gewerbsteuern, deren Einziehung nach Lage der Sache sich als besondere Härte erweist, ganz oder zum Teil erlassen oder in solchen Fällen die Erstattung oder Anrechnung bereits entrichteter Steuern verfügen. Die Befugnis hierzu kann für bestimmte Arten von Fällen den Landesmittelstellen oder den Finanzämtern übertragen werden.

II Für Fälle bestimmter Art kann das Staatsministerium der Finanzen, soweit veranlaßt, im Benehmen mit beteiligten Staatsministerien, zur Vermeidung besonderer Härten allgemein Befreiungen von der Gewerbsteuer oder Ermäßigungen der Gewerbsteuer sowie die Erstattung oder Anrechnung bereits entrichteter Gewerbsteuern vorsehen.

Steuernachlass. *Bek. § 66.*

I Die Bestimmung des Art. 64 tritt für die Gewerbsteuer an die Stelle des § 108 RAO. Die Bestimmung soll auch dazu dienen, um Fälle, die bisher nach Art. 92 Abs. V des bayer. Einkommensteuergesetzes vom $\frac{\text{14. August 1910}}{\text{17. August 1918}}$ zur Abhilfe gelangten, in befriedigender Weise zu bereinigen, da Art. 92 Abs. V in das Gewerbsteuergesetz nicht übergegangen ist. Die allgemeine Befreiung des Abs. II ist gedacht für Fälle einer besonderen Notlage gewisser Gewerbe im ganzen Land oder in einzelnen Gegenden und für analoge Fälle.

II Anträge auf Erlassung, Erstattung oder Anrechnung von Gewerbsteuern nach Art. 64 Abs. I sind beim Finanzamt anzubringen und mit gutachtlichem Bericht des Finanzamts und des Landesfinanzamts (der Landesmittelstelle) samt den Akten dem Staatsministerium der Finanzen vorzulegen.

III Zufolge Landtagsbeschlusses vom 27. Juli 1921 (Sten. Ber. 1921 III. Bd. Nr. 74 S. 488) werden die Veranlagungsbehörden, um der durch die zunehmende Teuerung herbeigeführten Notlage kleiner Gewerbtreibender, die neben dem Ertrag ihres Gewerbes wesentliche Einkünfte aus anderen Quellen nicht beziehen, Rechnung zu tragen, auf Grund des Art. 64 Abs. II ermächtigt, solchen Steuerpflichtigen auf Antrag Steuerermäßigung oder Steuerbefreiung einzuräumen, und zwar:

bei einem Jahreseinkommen von nicht über

3000	ℳ	einen	Steuernachlaß	von	10/10,
4000	„	„	„	„	9/10,
5000	„	„	„	„	8/10,
6000	„	„	„	„	7/10,
7000	„	„	„	„	6/10,
8000	„	„	„	„	5/10,
9000	„	„	„	„	4/10,
10000	„	„	„	„	3/10,
11000	„	„	„	„	2/10,
12000	„	„	„	„	1/10.

Die Begründung bemerkt hiezu:

Die Bestimmung in Art. 64 ist dem § 108 RAO. nachgebildet. Die allgemeine Befreiung des Abs. II ist gedacht für Fälle einer besonderen Notlage gewisser Gewerbe im ganzen Land oder in einzelnen Gegenden und für analoge Fälle.

Art. 65.

Dieses Gesetz tritt sofort nach seiner Verkündigung mit Rückwirkung auf den 1. April 1920, für das Gebiet des ehemaligen Freistaates Coburg mit Rückwirkung auf den 1. Juli 1920 in Kraft.

Vgl. G. vom 2. Februar 1921 (GVBl. 1920) und FMBek. vom 21. April 1922 (FVBl. S. 26).

Art. 66.

I Mit Wirkung vom 1. April 1920 treten außer Kraft:

1. Das Einkommensteuergesetz vom 14. August 1910 samt den Abänderungsgesetzen hierzu vom 17. August 1918 und vom 16. August 1919,
2. das Kapitalrentensteuergesetz vom 14. August 1910 samt den Abänderungsgesetzen hierzu vom 17. August 1918 und vom 16. August 1919,
3. das Vermögenssteuergesetz vom 17. August 1918 mit dem Abänderungsgesetze hierzu vom 16. August 1919,
4. das Gewerbsteuergesetz vom 14. August 1910 und Art. 1 des Gesetzes vom 17. August 1918 zur Abänderung des Gewerbsteuergesetzes und des Einführungsgesetzes zu den Gesetzen über die direkten Steuern vom 14. August 1910,
5. § 9 des Finanzgesetzes vom 15. Juli 1916,
6. das Gesetz vom 29. Januar 1920 über die Gewährung steuerlicher Erleichterungen für die Kriegsteilnehmer,

jedoch vorbehaltlich der fortdauernden Anwendung der sachlichen Vorschriften dieser sämtlichen Gesetze auf frühere Fälle und vorbehaltlich der Vorschriften in Abs. II.

II Nachzahlungen an Einkommen-, Kapitalrenten-, Gewerb- und Vermögensteuern können hinsichtlich der unter der Herrschaft der früheren Gesetze entgangenen Steuerbeträge auch nach dem 1. April 1920 beansprucht werden, soweit sie nach jenen Gesetzen verfolgbar waren.

III Hinterziehungen an Einkommen-, Kapitalrenten- und Vermögensteuern, die vor dem 1. April 1920 unternommen worden sind, werden nach diesem Zeitpunkte nach den Strafbestimmungen der bisherigen Gesetze, Hinterziehungen an Gewerbsteuern, soweit die Voraussetzungen des Art. 80 Abs. I und II des Einkommensteuergesetzes vom 14. August 1910/17. August 1918 zutreffen, nach dieser Bestimmung, im übrigen nach jenen Strafbestimmungen bestraft, welche für den Beschuldigten die milderen sind.

Zu Abs. I. Wegen der fortdauernden Anwendung der sachlichen Vorschriften der außer Kraft tretenden Gesetzesbestimmungen zu vgl. Art. 5 Ziff. 1 des EG. vom 14. August 1910 zu den Gesetzen über die direkten Steuern.

Zu Abs. II siehe Art. 7 Abs. I des EG.

Zu Abs. III siehe Art. 7 Abs. II des EG.

Für die Einkommen-, Kapitalrenten- und Vermögenssteuer werden nur die bisherigen Stafbestimmungen in Betracht kommen können, da es jetzt keine solchen Gesetze als Landesgesetze mehr gibt (Begr.)[1]).

Art. 67.

I Den Zeitpunkt der Wahl der Mitglieder und der Ersatzmänner der Berufungskommissionen und der Oberberufungskommission nach diesem Gesetze, sowie Beginn und Ende der dreijährigen Wahlperioden (Art. 30 Abs. II Ziff. 2 und Art. 39 Abs. II Ziff. 2) bestimmt das Staatsministerium der Finanzen. Für die erstmalige Wahlperiode nach Inkrafttreten dieses Gesetzes kann auch ein Zeitraum von weniger als drei Jahren bestimmt werden.

II Solange die Berufungskommissionen und die Oberberufungskommission noch Entscheidungen über unerledigte Einkommen- und Kapitalrentensteuerfälle zu treffen haben, ist die Wahl der nichtständigen Mitglieder dieser Kommissionen noch vom Kreistag oder, wenn der Kreistag bis zu dem Zeitpunkt, an dem die Wahl erfolgen muß, nicht zusammengetreten ist, vom Kreisausschusse vorzunehmen.

III Das Verfahren bei den Steuerausschüssen und bei den Rechtsmittelkommissionen ist nicht deshalb unwirksam, weil die nach Maßgabe der bisherigen Vorschriften zusammengesetzten Steuer-

---

1) Wohl aber erscheinen die Best. des Geldstrafengeſ. vom 21. Dez. 1921 (GVBl. S. 1604) anwendbar. (Ebenso Ringelmann-Mühlfeld S. 279.)

ausschüsse und Rechtsmittelkommissionen ihre den bisherigen Gesetzen mit Einschluß des Gesetzes vom 27. März 1920 über die Steuererhebung für das 1. Vierteljahr 1920 entsprechende Tätigkeit auch über den in Art. 66 Abs. I bezeichneten Zeitpunkt hinaus fortgesetzt haben oder diese, sowie eine den Vorschriften des gegenwärtigen Gesetzes entsprechende Tätigkeit nach Inkrafttreten dieses Gesetzes bis zur Aufnahme der Tätigkeit der Reichs-Steuerausschüsse (Art. 21) und der nach diesem Gesetze zu bildenden Rechtsmittelkommissionen fortsetzen,

ferner weil Steuerfälle, die nach den bisherigen Gesetzen zu behandeln waren, schon vor dem Inkrafttreten dieses Gesetzes von den Reichs-Steuerausschüssen (Art. 21) behandelt worden sind.

IV Noch unerledigte und künftig sich noch ergebende Steuerfälle nach den gemäß Art. 66 außer Kraft tretenden Gesetzen sowie nach dem Gesetze vom 27. März 1920 über die Steuererhebung für das 1. Vierteljahr 1920 sind — vorbehaltlich der Bestimmung in Absatz III — von den Finanzämtern und den nach § 25 der Reichsabgabenordnung gebildeten Ausschüssen (Art. 21, 23), sowie von den nach diesem Gesetze gebildeten Rechtsmittelkommissionen (Art. 30, 39) zu erledigen.

Zu vgl. Art. 6 EG. vom 14. August 1910 (Begr.).

Zu **Abs. I**: Vgl. A. 38. 55 und 61 des bisherigen EStG.

Zu **Abs. II**: Die Übergangszeit von den Landessteuergesetzen zu den Reichssteuergesetzen hat hinsichtlich der Tätigkeit der Steuerausschüsse und der Rechtsmittelkommission einige Schwierigkeiten mit sich gebracht. Es ist im Interesse der Sache selbstverständlich unvermeidlich gewesen, die Steuerausschüsse, Berufungskommissionen und die Oberberufungskommission auf Grund der bisherigen Gesetze, die formell noch nicht aufgehoben sind, auch über den 1. April 1920 hinaus fortarbeiten zu lassen. Dies gilt insbesondere auch für die Veranlagung pro 1. Vierteljahr 1920 nach dem Gesetze vom 27. März 1920. Wenn nun die bisherigen Gesetze, wie es formell notwendig ist, nachträglich mit Wirkung vom 1. April 1920 aufgehoben werden, so könnte der Zweifel entstehen, ob die sämtlichen Festsetzungen und Rechtsmittelentscheidungen, die nach dem 1. April 1920 erfolgt sind, zu Recht bestehen. Es ist aber auch möglich, daß da und dort die Ausschüsse nach der RAO. schon vor Erlaß dieses Gesetzes ihre Tätigkeit aufgenommen haben und in ihre Tätigkeit auch Festsetzungen nach bayerischen Steuergesetzen einbezogen haben. Endlich ist es möglich, daß es im Interesse der ungestörten Veranlagung und Rechtsmittelbescheidung sich als zweckmäßig erweist, die bisherigen Ausschüsse und Rechtsmittelkommissionen auch zu Einsteuerungen und Rechtsmittelbescheidungen nach dem gegenwärtigen Gesetze weiter zu verwenden. Abs. II bezweckt, alle diese Festsetzungen als rechtsgültig erfolgt zu bestätigen, um formelle Einwände hintanzuhalten.

Zu **Abs. III**: Die Aufrechterhaltung der Landesinstanzen hat zur selbständigen Folge, alle noch unerledigten und weiter anfallenden Rechtsmittel gegen Einsteuerungen nach dem Landesgesetz auf diese Landesinstanzen zu übertragen. Noch rückständige und nachträglich anfallende Veranlagungen sind selbstverständlich den Finanzämtern und den dort gebildeten Ausschüssen zu übertragen (Begr.).

Art. 68.

Die zum Vollzuge dieses Gesetzes erforderlichen Vorschriften werden vom Staatsministerium der Finanzen im Benehmen mit den beteiligten Staatsministerien erlassen.

Erlassen wurden bisher die MB. vom 18. Januar 1922 (GVBl. § 19 ff.), die fortlaufend zu den einzelnen Art. als „Bek." abgedruckt ist.

Verwertbar sind ferner die Bekn. zur Ausf. des Ges. vom 30. Juni 1921 (GVBl. S. 361) zum Vollzug des LStG. vom 30. März 1920 (RGBl. S. 402) und die Bekm. des StM. der Finanzen vom 17. Mai 1922 zum Vollzug des LStG. (GVBl. S. 295).

Art. 69.

I Das Staatsministerium der Finanzen wird ermächtigt, im Bedarfsfalle die Aufgaben der Berufungskommissionen (Abschn. IV Ziff. 2 dieses Gesetzes) mit Zustimmung des Reichsfinanzministeriums bis auf weiteres den an die Landesfinanzämter angegliederten Finanzgerichten (§§ 14 ff. der Reichsabgabenordnung) zu übertragen und die Verwaltung der Gewerbsteuer, soweit hierfür nach dem Gesetze die Landesmittelstellen in Betracht kommen, durch die Landesfinanzämter unter der Oberaufsicht des Staatsministeriums der Finanzen besorgen zu lassen.

II Auf die Dauer dieser Regelung gelten für die Berufungen ausschließlich die Vorschriften der Reichsabgabenordnung in gleicher Weise und in gleichem Umfange wie für die von den Finanzgerichten zu behandelnden Berufungen in Einkommen- und Körperschaftsteuersachen. Berufungen, die an die Berufungskommission gerichtet sind, sind den Finanzgerichten zu überweisen.

III Auf die Dauer der Regelung nach Abs. I haben die Finanzgerichte auch die noch unerledigten und künftig sich noch ergebenden Steuerfälle nach den bisherigen bayerischen Steuergesetzen (Art. 66 und 67 Abs. IV) an Stelle der Berufungskommissionen zu behandeln.

IV Das Verfahren in der Berufungsinstanz ist nicht deshalb unwirksam, wenn eine nach den bisherigen Gesetzesvorschriften oder etwa eine nach den Bestimmungen des IV. Abschnitts dieses Gesetzes gebildete Berufungskommission ihre dem Gesetz entsprechende

Tätigkeit bis zur Aufnahme der Tätigkeit des Finanzgerichts fortsetzt (Art. 67 Abs. III).

V Auf die Dauer der Regelung nach Abs. I treten auch für das Gesetz vom 30. Juni 1921 zum Vollzuge des Landessteuergesetzes vom 30. März 1920 (GVBl. Seite 361) die Finanzgerichte an die Stelle der Berufungskommissionen.

Abs. II mit IV finden entsprechende Anwendung.

VI Gegen die Berufungsentscheidungen der Finanzgerichte ist die Beschwerde an die Oberberufungskommission nach Art. 37 ff. dieses Gesetzes zulässig; sie ist gemäß § 234 der Reichsabgabenordnung beim Finanzgericht, dessen Entscheidung angefochten wird, einzureichen. Das Finanzgericht hat für die Vorlage der Beschwerde an das Staatsministerium der Finanzen (Art. 40) Sorge zu tragen.

Die Bestimmung, die sich noch nicht im Entwurf fand, ist erst bei den Landtagberatungen eingefügt worden. Von der darin erholten Ermächtigung hat bisher das Finanzministerium noch keinen Gebrauch gemacht.

Diese sind zu den einzelnen Artikeln in Kursiv-Schrift abgedruckt. Die Bek. vom 28. Mai 1911 zum Vollzug des GewStG. vom 14. August 1910 (GVBl. 1911 S. 673) sind, soweit die Vollzugsvorschriften auf sie Bezug nehmen, jeweils in kleiner Schrift beigefügt.)

Anhang.

Anlagen der Bekanntmachung z. Vollzug d. GStG. v. 18. Jan. 1922.

Anlage 1
(zu § 8 Abs. I).

Hilfstafel

für die Berechnung der Betriebskapitalsanlage

nach Art. 7 Abs. I und III.

Das steuerbare gewerbliche Betriebskapital ist auf volle Tausend nach unten abzurunden.

Die hiernach sich berechnende Betriebskapitalsanlage ist ebenfalls auf volle Mark nach unten abzurunden.

Sie beträgt:

Steuerbares gewerbliches Betriebs-kapital ℳ	Betriebs-kapitals-anlage ℳ	Steuerbares gewerbliches Betriebs-kapital ℳ	Betriebs-kapitals-anlage ℳ	Steuerbares gewerbliches Betriebs-kapital ℳ	Betriebs-kapitals-anlage ℳ
1 000	—	18 000	14	35 000	30
2 000	1	19 000	15	36 000	31
3 000	2	20 000	16	37 000	32
4 000	3	21 000	17	38 000	33
5 000	3	22 000	18	39 000	34
6 000	4	23 000	19	40 000	35
7 000	5	24 000	20	41 000	36
8 000	6	25 000	21	42 000	37
9 000	7	26 000	21	43 000	38
10 000	7	27 000	22	44 000	39
11 000	8	28 000	23	45 000	40
12 000	9	29 000	24	46 000	41
13 000	10	30 000	25	47 000	42
14 000	11	31 000	26	48 000	43
15 000	12	32 000	27	49 000	44
16 000	13	33 000	28	50 000	45
17 000	13	34 000	29		

Für jedes weitere Tausend des steuerbaren gewerblichen Betriebskapitals beträgt die Betriebskapitalsanlage 1 Mark und ist in ihrem Gesamtbetrage um 5 Mark geringer als der Satz von 1 v. T.

Z. B.:

100000 ℳ	steuerb.	gew.	Betriebskap.	= 95 ℳ	Betriebskap.=Anlage	
150000 ℳ	"	"	"	= 145 ℳ	"	"
200000 ℳ	"	"	"	= 195 ℳ	"	"
300000 ℳ	"	"	"	= 295 ℳ	"	"
500000 ℳ	"	"	"	= 495 ℳ	"	"
1 000000 ℳ	"	"	"	= 995 ℳ	"	"

Anlage 2
(zu § 8 Abs. I).

Hilfstafel
für die Berechnung der Ertragsanlage
nach Art. 7 Abs. II und III.

Der steuerbare gewerbliche Reinertrag ist auf volle Hundert nach unten abzurunden.

Die hiernach sich berechnende Ertragsanlage ist ebenfalls auf volle Mark nach unten abzurunden.

Sie beträgt:

Gewerblicher Reinertrag ℳ	Ertragsanlage ℳ	Gewerblicher Reinertrag ℳ	Ertragsanlage ℳ	Gewerblicher Reinertrag ℳ	Ertragsanlage ℳ	Gewerblicher Reinertrag ℳ	Ertragsanlage ℳ
100	—	3 100	8	6 100	25	9 100	54
200	—	200	8	200	26	200	55
300	—	300	9	300	27	300	57
400	1	400	9	400	28	400	58
500	1	500	10	500	28	500	59
600	1	600	10	600	29	600	60
700	1	700	11	700	30	700	61
800	2	800	11	800	31	800	63
900	2	900	12	900	31	900	64
1 000	2	4 000	12	7 000	32	10 000	65
100	2	100	13	100	33	100	66
200	3	200	13	200	34	200	68
300	3	300	14	300	35	300	69
400	3	400	14	400	36	400	70
500	3	500	15	500	37	500	72
600	4	600	15	600	38	600	73
700	4	700	16	700	39	700	74
800	4	800	16	800	40	800	75
900	4	900	17	900	41	900	77
2 000	5	5 000	17	8 000	42	11 000	78
100	5	100	18	100	43	100	79
200	5	200	19	200	44	200	81
300	5	300	19	300	45	300	82
400	6	400	20	400	46	400	84
500	6	500	21	500	48	500	85
600	6	600	22	600	49	600	86
700	6	700	22	700	50	700	88
800	7	800	23	800	51	800	89
900	7	900	24	900	52	900	91
3 000	7	6 000	25	9 000	53	12 000	92

Gewerblicher Reinertrag ℳ	Ertragsanlage ℳ	Gewerblicher Reinertrag ℳ	Ertragsanlage ℳ	Gewerblicher Reinertrag ℳ	Ertragsanlage ℳ	Gewerblicher Reinertrag ℳ	Ertragsanlage ℳ
12 100	94	16 600	161	21 100	229	25 600	296
200	95	700	163	200	230	700	298
300	97	800	164	300	232	800	299
400	98	900	166	400	233	900	301
500	100	17 000	167	500	235	26 000	302
600	101	100	169	600	236	100	304
700	103	200	170	700	238	200	305
800	104	300	172	800	239	300	307
900	106	400	173	900	241	400	308
13 000	107	500	175	22 000	242	500	310
100	109	600	176	100	244	600	311
200	110	700	178	200	245	700	313
300	112	800	179	300	247	800	314
400	113	900	181	400	248	900	316
500	115	18 000	182	500	250	27 000	317
600	116	100	184	600	251	100	319
700	118	200	185	700	253	200	320
800	119	300	187	800	254	300	322
900	121	400	188	900	256	400	323
14 000	122	500	190	23 000	257	500	325
100	124	600	191	100	259	600	326
200	125	700	193	200	260	700	328
300	127	800	194	300	262	800	329
400	128	900	196	400	263	900	331
500	130	19 000	197	500	265	28 000	332
600	131	100	199	600	266	100	334
700	133	200	200	700	268	200	335
800	134	300	202	800	269	300	337
900	136	400	203	900	271	400	338
15 000	137	500	205	24 000	272	500	340
100	139	600	206	100	274	600	341
200	140	700	208	200	275	700	343
300	142	800	209	300	277	800	344
400	143	900	211	400	278	900	346
500	145	20 000	212	500	280	29 000	347
600	146	100	214	600	281	100	349
700	148	200	215	700	283	200	350
800	149	300	217	800	284	300	352
900	151	400	218	900	286	400	353
16 000	152	500	220	25 000	287	500	355
100	154	600	221	100	289	600	356
200	155	700	223	200	290	700	358
300	157	800	224	300	292	800	359
400	158	900	226	400	293	900	361
500	160	21 000	227	500	295	30 000	362

Gewerblicher Reinertrag ℳ	Ertragsanlage ℳ	Gewerblicher Reinertrag ℳ	Ertragsanlage ℳ	Gewerblicher Reinertrag ℳ	Ertragsanlage ℳ	Gewerblicher Reinertrag ℳ	Ertragsanlage ℳ
30 100	364	34 600	433	39 100	503	43 600	573
200	365	700	435	200	505	700	574
300	367	800	436	300	506	800	576
400	368	900	438	400	508	900	577
500	370	35 000	440	500	509	44 000	579
600	371	100	441	600	511	100	581
700	373	200	443	700	512	200	582
800	374	300	444	800	514	300	584
900	376	400	446	900	515	400	585
31 000	378	500	447	40 000	517	500	587
100	379	600	449	100	519	600	588
200	381	700	450	200	520	700	590
300	382	800	452	300	522	800	591
400	384	900	453	400	523	900	593
500	385	36 000	455	500	525	45 000	595
600	387	100	457	600	526	100	596
700	388	200	458	700	528	200	598
800	390	300	460	800	529	300	599
900	391	400	461	900	531	400	601
32 000	393	500	463	41 000	533	500	602
100	395	600	464	100	534	600	604
200	396	700	466	200	536	700	605
300	398	800	467	300	537	800	607
400	399	900	469	400	539	900	608
500	401	37 000	471	500	540	46 000	610
600	402	100	472	600	542	100	612
700	404	200	474	700	543	200	613
800	405	300	475	800	545	300	615
900	407	400	477	900	546	400	616
33 000	409	500	478	42 000	548	500	618
100	410	600	480	100	550	600	619
200	412	700	481	200	551	700	621
300	413	800	483	300	553	800	622
400	415	900	484	400	554	900	624
500	416	38 000	486	500	556	47 000	626
600	418	100	488	600	557	100	627
700	419	200	489	700	559	200	629
800	421	300	491	800	560	300	630
900	422	400	492	900	562	400	632
34 000	424	500	494	43 000	564	500	633
100	426	600	495	100	565	600	635
200	427	700	497	200	567	700	636
300	429	800	498	300	568	800	638
400	430	900	500	400	570	900	639
500	432	39 000	502	500	571	48 000	641

Gewerblicher Reinertrag ℳ	Ertragsanlage ℳ	Gewerblicher Reinertrag ℳ	Ertragsanlage ℳ	Gewerblicher Reinertrag ℳ	Ertragsanlage ℳ	Gewerblicher Reinertrag ℳ	Ertragsanlage ℳ
48 100	643	49 000	657	49 900	670	100 000	1 447
200	644	100	658	50 000	672	200 000	2 997
300	646	200	660			300 000	4 547
400	647	300	661	Von jedem weiteren Hundert des steuerbaren gewerblichen Reinertrags beträgt die Ertragsanlage 1 ℳ 55 ₰.		400 000	6 097
500	649	400	663			500 000	7 647
600	650	500	664			1 000 000	15 397
700	652	600	666				
800	653	700	667				
900	655	800	669				

Anlage 5*)
(Zu § 24 Abs. I).

Finanzamt

Gemeinde ...

Steuerbezirk ...

Steuerliste Nr. ...

Wann und wo sind sie **zuletzt veranlagt** worden?
(Jahr, Ort, Straße u. Hs.-Nr.)

a) zur Einkommensteuer:

b) zur Gewerbsteuer:

...

Natürliche Personen.

Zur Beachtung.

1. Diese Steuererklärung ist spätestens bis zum ... 192 beim Finanzamt ... ausgefüllt und eigenhändig unterschrieben einzureichen. Die Steuererklärung kann schriftlich eingereicht oder mündlich vor dem Finanzamt abgegeben werden.

2. Die Steuerklärungen sind für Personen, die unter Pflegschaft oder Vormundschaft oder unter elterlicher Gewalt stehen und selbständig zu veranlagen sind, von dem Pfleger, Vormund oder Träger der elterlichen Gewalt abzugeben. Wer durch Abwesenheit oder sonst verhindert ist, die Steuererklärung abzugeben, kann die Erklärung durch Bevollmächtigte abgeben lassen (§ 88 der Reichsabgabenordnung). Die schriftliche Vollmacht ist der Steuererklärung beizufügen, sofern sie nicht bereits zu den Akten des Finanzamts gegeben ist. Für einen Steuerpflichtigen, der nach dem Beginne des Rechnungsjahrs, aber vor Abgabe einer Steuererklärung verstorben ist, ist die Steuererklärung, soweit ein Testamentsvollstrecker oder ein Nachlaßpfleger die Verwaltung des Nachlasses übernommen hat, von diesen Personen, im übrigen von den Erben abzugeben. Sind mehrere Erben vorhanden, so ist jeder der Erben zur Abgabe der Erklärung verpflichtet. § 91 der Reichsabgabenordnung findet Anwendung.

3. Bei verspäteter Abgabe der Steuererklärung kann ein Zuschlag bis zu 10 v. H. der endgültig festgesetzten Steuer auferlegt werden (Art. 19 des Gewerbsteuergesetzes). Die Abgabe der Steuererklärung kann nach § 202 der Reichsabgabenordnung erzwungen werden. Die Prüfung, was steuerpflichtig ist und was nicht, steht dem Finanzamt, n i c h t dem Steuerpflichtigen zu.

4. Sämtliche Fragen sind zu beantworten!

---

*) Anl. 3 (Gewerbsteuer-Hauptliste), Anl. 4 (Aufforderung zur Steuererklärung) und Anl. 7 (Bek. über Einspruchsfrist) sind hier nicht abgedruckt.

Steuererklärung

zur Gewerbsteuerveranlagung für das Rechnungsjahr 192 .

Des Steuerpflichtigen
- a) Name ....
- b) Erwerbsart ....
- c) ledig? verheiratet? verwitwet? ....
- d) Staatsangehörigkeit ....
- e) Wohnung ....
- f) Geburtstag ....
- g) Geburtsort ....
- h) Glaubensbekenntnis ....

Glaubensbekenntnis der Ehefrau ....

I. Gewerblicher Reinertrag.

1. Geschäftsgewinn aus dem Betrieb eines Gewerbes oder des Bergbaues . . . . ℳ

Welches Gewerbe betreiben Sie? ....

Welches Gewerbe betreibt Ihre Ehefrau? ....

Welches Gewerbe betreiben Ihre minderjähr. Kinder? ......

(Zur Vermeidung von Rückfragen ist die Berechnung des Betriebsgewinns näher zu erläutern. Steuerpflichtige, die Handelsbücher im Sinne des Handelsgesetzbuchs führen, haben die Geschäftsberichte und Jahresabschlüsse (Bilanzen, Gewinn- und Verlustrechnungen) anzufügen, soweit sie nicht bereits zur Einkommensteuerveranlagung für das maßgebende Wirtschafts- (Geschäfts-, Betriebs-)jahr eingereicht worden sind.)

Welche Abschreibungen haben Sie im einzelnen gemacht? (Nötigenfalls in einer Anlage anzugeben) ....

Maßgebend ist das vor dem 1. Januar liegende letzte Wirtschafts- (Geschäfts-, Betriebs-, event. Kalender-)jahr.

Hiervon ab:

2. Werbungskosten (Betriebsausgaben), sofern nicht bereits unter 1 berücksichtigt . . . . ℳ

Unter den Werbungskosten sind enthalten (in Ziff. 1 abgezogen*) — nicht abgezogen*):

a) im Gewerbebetrieb angefallene Schuldzinsen: . . . . ℳ
(einzeln, nötigenfalls in einer Beilage auszuweisen)

b) im maßgebenden Wirtschafts (Geschäfts-, Betriebs-) jahr **bezahlte** Ertragsteuern,

---

*) Nichtzutreffendes ist zu durchstreichen.

Kreis-, Distrikts- und Gemeindeumlagen sowie Umlagen der Religionsgesellschaften und Religionsgemeinden, insoweit als sie zum Gewerbebetrieb in wirtschaftlicher Beziehung stehen: . . . . ℳ

Art der Steuer usw. und Tag der Zahlung sind in einer Beilage anzugeben.

c) Umsatzsteuer, insoweit als sie im Gewerbebetrieb angefallen und **bezahlt** ist: . . .. ℳ

d) Mehraufwendungen im Haushalte, welche durch eine Erwerbstätigkeit der Ehefrau im Gewerbebetrieb erwachsen sind: . . . . ℳ

Die Art der Aufwendungen ist kurz zu bezeichnen.

e) **Nur bei Unternehmern, welche den Geschäftsbetrieb in Räumen des eigenen Hauses in Miethaussteuergemeinden ausüben:**

Mit der Haussteuer veranlagter Mietertragsanschlag dieser Räume: . . . . ℳ

Sind die Angaben unter Ziff. 1 und 2 geschätzt oder ziffermäßig nachweisbar? (Antwort) ....

3. **Rein**erträge, die aus Grund- und Hausbesitz geflossen sind: . . . . ℳ

4. **Rein**erträge, aus gewerblichem Betriebskapital, aus denen Kapitalertragsteuer an das Reich zu entrichten ist: .... ℳ

Zu Ziff. 3 und 4:

Werbungskosten, die bereits unter Ziff. 1 oder 2 abgezogen wurden (insbesondere Grund-, Haus- und Kapitalertragsteuer) dürfen in den Reinerträgen nicht mehr enthalten sein.

5. Beiträge an inländische Vereinigungen, die ausschließlich wissenschaftliche, künstlerische, kirchliche, mildtätige oder gemeinnützige Zwecke verfolgen*) . . . . ℳ

(Beiträge dieser Art sind nur insoweit abzugsfähig, als sie zum Gewerbebetrieb in wirtschaftlicher Beziehung stehen und ihr Gesamtbetrag 10 v. H. des Einkommens des Steuerpflichtigen nicht übersteigt.)

An welche Vereinigung (Name, Firma, Sitz) ....

zu .... wurde der Beitrag entrichtet?

Halten Sie die Vereinigung für eine ausschließlich wissenschaftliche, künstlerische, kirchliche, mildtätige oder gemeinnützige? Zutreffendenfalls aus welchen Gründen?

(Antwort) ....

---

*) Die für das Rechnungsjahr 1920 gültige Vorschrift des § 13 Abs. 1 Nr. 7 des Einkommensteuergesetzes vom 29. März 1920 lautet:

7. Beiträge an kulturfördernde, mildtätige, gemeinnützige und politische Vereinigungen, soweit ihr Gesamtbetrag 10 v. H. des Einkommens des Einkommensteuerpflichtigen nicht überschreitet.

6. (Nur für das Rechnungsjahr 1920 bis 1926):

a) Rücklagen zur Bestreitung der Kosten, die zur Ersatzbeschaffung der zum gewerblichen oder bergbaulichen Anlagekapital gehörigen Gegenstände über den gemeinen Wert der Ersatzgegenstände hinaus voraussichtlich aufgewendet werden müssen (Mehrkosten)?

oder b) Mehrkosten für die unter a) genannte Ersatzbeschaffung, soweit Rücklagen für diesen Zweck nicht zur Verfügung stehen: . . . . M

Die Berechnung zu a) und b) ist in einer Anlage zu erläutern

Summe der Abzüge (2—6): ...... M

Steuerbarer gewerblicher Reinertrag: .... M

II. Gewerbliches Betriebskapital.

Das **gewerbliche Betriebskapital**, d. h. der Wert der sämtlichen dem **Gewerbebetriebe** gewidmeten eigenen oder anderen Personen gehörigen Gegenstände und Rechte — jedoch mit Ausnahme der Gebäude und Grundstücke — setzt sich nach dem Stande vom 31. Dezember bezw. nach der letzten vor dem 31. Dezember erstellten Bilanz und **ohne Schuldenabzug** zusammen, wie folgt:

a) Wert der Roh- und Hilfsstoffe einschließlich der in Bearbeitung befindlichen Stoffe, ferner der zum Verkaufe bestimmten Vorräte an Erzeugnissen und Waren . . . . M

b) Wert der Vorräte an barem Gelde, Papiergeld, Wechseln, Wertpapieren, vom Gewerbebetriebe herrührende Ausstände einschließlich der Kontokorrentguthaben, jedoch mit Ausnahme jener, aus deren Erträgnissen Kapitalertragsteuer an das Reich zu entrichten ist . . . . M

c) Wert aller sonstigen dem **Gewerbebetriebe** gewidmeten Gegenstände und Rechte, z. B. Wert der benützbar gemachten Wasserkräfte nebst den zugehörigen Wasserbauten und Anlagen, der Mineralquellen, der Maschinen, Werkzeuge, Gerätschaften, Vorräte an Beheizungs- und Beleuchtungsmaterial, der für den Gewerbebetrieb bestimmten Tiere und Futtervorräte, etwaiger Realgewerbeberechtigungen, Patentrechte usw. . . . . M

Summe des gewerblichen Betriebskapitals: .... M

Wie groß sind die Kapitalschulden d. h. die **gewerblichen Geschäftsschulden,** die aus der Inanspruchnahme von Warenbezugskredit oder Bankkredit oder sonst unmittelbar aus dem **laufenden Geschäftsbetriebe** herrühren? . . . . ℳ

(Schulden, die von der Gründung, Erwerbung oder Erweiterung des Geschäfts herrühren, gehören nicht hierher. Für den Grundstückshandel, die Pfandbriefanstalten, Darlehenskassen, Kreditinstitute und Versicherungsanstalten zu vgl. die Sondervorschriften in Art. 8 Abs. II Ziff. 6, Abs. III, IV des Gewerbsteuergesetzes.)

Wert der Betriebskapitalsbestandteile, aus deren Erträgnissen Kapitalertragsteuer an das Reich zu entrichten ist (zu vgl. oben unter b): . . . . ℳ

Ich versichere hiermit, daß die vorstehenden Angaben nach bestem Wissen und Gewissen gemacht sind.

.................................., den .... 192......

....

Eigenhändige Unterschrift.
(Vor- und Zuname des Steuerpflichtigen.)

Steuererklärungen ohne Unterschrift gelten als nicht abgegeben.

Etwaige sonstige Bemerkungen über die Aufstellung und Berechnung des gewerblichen Reinertrags und des gewerblichen Betriebskapitals usw.; bei offenen Handelsgesellschaften und einfachen Kommanditgesellschaften: Benennung der Gesellschafter und Angabe, wo die geschäftsleitende Stelle, bei Mangel einer solchen die Hauptbetriebsstätte gelegen ist (Straße? Hausnummer?).

....

....

Bei Erträgen, die nur durch Schätzung zu ermitteln sind, genügt es nach Art. 18 des Gewerbsteuergesetzes, statt der ziffernmäßigen Angaben die zur Schätzung benötigten tatsächlichen Nachweisungen (Merkmale) aufzunehmen. Als solche gelten z. B.:

bei kleineren gewerblichen Betrieben vor allem Bezeichnung des Gewerbes, dann Umfang und Art der zum Gewerbebetriebe verwendeten Räumlichkeiten, die Mengen der verbrauchten Hilfsstoffe und der hergestellten und abgesetzten Erzeugnisse, Art und Zahl der im Gebrauche stehenden Maschinen, Verwendung etwaiger mechanischer Kräfte (Wasser-, Dampf-, elektrische Kraft), Zahl der im Betriebe verwendeten fremden Personen und deren durchschnittliche Entlohnung, Zahl der im Betriebe tätigen Familienangehörigen, deren Lebensalter und Entlohnung, Zahl und Art der im Betriebe verwendeten Tiere, Umsatz, Art und Umfang etwaiger Nebenbetriebe, Absatzgebiete, etwaige Verwertung von Patenten, Erwerbspreis und Verkaufswert des Geschäfts, Schuldenbelastung, Zahl der geschlachteten Tiere bei Metzgereien, Zahl der verkauften Viehstücke (Groß- und Kleinvieh) bei Viehhändlern usw.

Anlage 6
(Zu § 24 Abs. I.)

Finanzamt ....

Gemeinde

Steuerbezirk ....

Steuerliste Nr. ....

Wann und wo ist die Gesellschaft zuletzt veranlagt worden?
(Jahr, Ort, Straße und Haus.-Nr.)

a) zur Körperschaftssteuer:

....

b) zur Gewerbsteuer:

....

Juristische Personen und nichtrechtsfähige Vereinigungen.

Zur Beachtung.

1. Diese Steuererklärung ist spätestens bis zum .... 192...... beim Finanzamt .... ausgefüllt und von den zur Abgabe der Steuererklärung Verpflichteten eigenhändig unterschrieben einzureichen.

2. Bei verspäteter Abgabe der Steuererklärung kann ein Zuschlag bis zu 10 v. H. der endgültig festgesetzten Steuer auferlegt werden (Art. 19 des Gewerbsteuergesetzes). Die Abgabe der Steuererklärung kann nach § 202 der Reichsabgabenordnung erzwungen werden. Die Prüfnng, was steuerpflichtig ist und was nicht, steht dem Finanzamt, **nicht** dem Steuerpflichtigen zu.

3. Sämtliche Fragen sind zu beantworten!

Steuererklärung

d .... (Name, Firma)

in .... (Ort der Leitung, Sitz)

zur Gewerbsteuerveranlagung für das Rechnungsjahr 192.....

Wann hat das Geschäftsjahr begonnen? ....

Wann hat das Geschäftsjahr geendet? ....

An welchem Tage ist der Abschluß für das Geschäftsjahr von der Mitgliederversammlung oder den sonst zuständigen Organen genehmigt worden? ....

I. Gewerblicher Reinertrag.

1. Geschäftsgewinn aus dem Betrieb eines Gewerbes oder des Bergbaues . . . . ℳ

Welches Gewerbe betreiben Sie? ....

(Zur Vermeidung von Rückfragen ist die Berechnung des Betriebsgewinns näher zu erläutern. Steuerpflichtige, die Handelsbücher im Sinne des Handelsgesetzbuches führen, haben die Geschäftsberichte und Jahresabschlüsse (Bilanzen, Gewinn- und Verlustrechnungen) anzufügen, soweit sie nicht bereits zur Körperschaftssteuerveranlagung für das maßgebende Wirtschafts- (Geschäfts-, Betriebs-)jahr eingereicht worden sind).

Welche Abschreibung haben Sie im einzelnen gemacht? (Nötigenfalls in einer Anlage anzugeben) ....

Maßgebend ist das vor dem 1. Januar liegende letzte Wirtschafts- (Geschäfts-, Betriebs-, event. Kalender-)jahr.

Hiervon ab:

2. Werbungskosten, sofern nicht bereits unter 1 berücksichtigt: . . . . ℳ

Unter den Werbungskosten sind enthalten (in Ziff. 1 abgezogen*) — nicht abgezogen*);

a) Im Gewerbebetrieb angefallene Schuldzinsen: .... ℳ (einzeln, nötigenfalls in einer Beilage auszuweisen).

b) Im maßgebenden Wirtschafts- (Geschäfts-, Betriebs-) jahr **bezahlte** Ertragsteuern, Kreis-, Distrikts- und Gemeindeumlagen sowie Umlagen der Religionsgesellschaften und Religionsgemeinschaften, insoweit als sie zum Gewerbebetrieb in wirtschaftlicher Beziehung stehen: . . . . ℳ

Art der Steuer usw. und Tag der Zahlung sind in einer Beilage anzugeben.

c) Umsatzsteuer, insoweit als sie im Gewerbebetrieb angefallen und **bezahlt** ist: . . .. ℳ

d) **Nur bei Unternehmern, welche den Geschäftsbetrieb in Räumen des eigenen Hauses in Miethaussteuergemeinden ausüben:**

Mit der Haussteuer veranlagter Mietertragsanschlag dieser Räume: . . . . ℳ

Sind die Angaben unter Ziff. 1 und 2 geschätzt oder ziffermäßig nachweisbar? (Antwort) ....

3. Anteile jeder Art am Gewinne einer Erwerbsgesellschaft, deren Aktien, Anteile und Genußscheine seit Beginn des Geschäftsjahrs zu mindestens einem Fünftel im Besitze des Steuerpflichtigen sind, sofern die Anteile unter Ziff. 1 enthalten sind: . . . . ℳ

---

*) Nichtzutreffendes ist zu durchstreichen.

4. **Rein**erträge, die aus Grund- und Hausbesitz geflossen sind: . . . . M

5. **Rein**erträge aus gewerblichem Betriebskapital, aus denen Kapitalertragsteuer an das Reich zu entrichten ist: .... M

Zu Ziff. 4 und 5:

Werbungskosten, die bereits unter Ziff. 1 oder 2 abgezogen wurden (insbesondere Grund-, Haus- und Kapitalertragsteuer) dürfen in den Reinerträgen nicht mehr enthalten sein.

6. Zuwendungen an Unterstützungs-, Wohlfahrts- und Pensionskassen des eigenen Betriebs, deren dauernde Verwendung für die Zwecke dieser Kassen gesichert ist: M

7. (Nur bei Aktiengesellschaften, Kommanditgesellschaften auf Aktien, Gesellschaften mit beschränkter Haftung)
Die zur Deckung von Unterbilanzen (Verlusten an Grund- und Stammkapital) verwendeten Beträge: . M

8. (Nur bei Versicherungsvereinen a. G.)
Die zur Deckung von Betriebsverlusten verwendeten Beträge, soweit sie aus den gewerblichen Einkünften entnommen wurden '. . . . . M

Zu Ziff. 6 bis 8:

Die Abzüge sind hier nur zulässig, soweit sie nicht schon unter 1 berücksichtigt sind.

9. Beiträge an inländische Vereinigungen, die ausschließlich wissenschaftliche, künstlerische, kirchliche, mildtätige oder gemeinnützige Zwecke verfolgen*) . . . . . M

(Beiträge dieser Art sind nur insoweit abzugsfähig, als sie zum Gewerbebetrieb in wirtschaftlicher Beziehung stehen und ihr Gesamtbetrag 10 v. H. des Einkommens des Steuerpflichtigen nicht übersteigt.)

An welche Vereinigung (Name, Firma, Sitz) . ...

zu.................... ....wurde der Beitrag entrichtet?

Halten Sie die Vereinigung für eine ausschließlich wissenschaftliche, künstlerische, kirchliche, mildtätige oder gemeinnützige? Zutreffendenfalls aus welchen Gründen?

(Antwort) ....

***) Die für das Rechnungsjahr 1920 gültige Vorschrift des § 13 Abs. 1 Nr. 7 des Einkommensteuergesetzes vom 29. März 1920 lautet:**

7. Beiträge an kulturfördernde, mildtätige, gemeinnützige und politische Vereinigungen, soweit ihr Gesamtbetrag 10 v. H. des Einkommensteuerpflichtigen nicht übersteigt.

10. Sonstige Zuwendungen, die auf Grund der Satzung oder sonstigen Verfassung ausschließlich inländischen gemeinnützigen oder mildtätigen Zwecken zugeführt wurden, insoweit, als sie zum Gewerbebetrieb in wirtschaftlicher Beziehung stehen: . . . . ℳ

11. Vergütungen jeder Art, die auf Grund des Jahresabschlusses an Mitglieder des Vorstandes und des Aufsichtsrats, an Angestellte oder Arbeiter als Entschädigung oder Belohnung für ihre Tätigkeit zugewandt wurden: . . . . ℳ

12. (Nur bei Kommanditaktiengesellschaften)
An persönlich haftende Gesellschafter als Gewinnanteil für ihre nicht auf das Stammkapital gemachten Einlagen oder als Vergütung ausgeschüttete Beträge: . . ℳ

Zu Ziff. 9 bis 12:

Die Abzüge sind nur insoweit zulässig, als sie nicht auf die Anteile und Reinerträge unter Ziff. 3 bis 5 entfallen.

Summe der Abzüge (2 bis 12): .... ℳ

Steuerbarer gewerblicher Reinertrag: ....ℳ

II. Gewerbliches Betriebskapital.

Das **gewerbliche Betriebskapital,** d. h. der Wert der sämtlichen dem **Gewerbebetriebe** gewidmeten eigenen oder anderen Personen gehörigen Gegenstände und Rechte — jedoch mit Ausnahme der Gebäude und Grundstücke — setzt sich nach dem Stande vom 31. Dezember bezw. nach der letzten vor dem 31. Dezember erstellten Bilanz und **ohne Schuldenabzug** zusammen, wie folgt:

a) Wert der Roh- und Hilfsstoffe einschließlich der in Bearbeitung befindlichen Stoffe, ferner der zum Verkaufe bestimmten Vorräte an Erzeugnissen und Waren . . . .ℳ

b) Wert der Vorräte an barem Gelde, Papiergeld, Wechseln, Wertpapieren, vom Gewerbebetriebe herrührende Ausstände einschließlich der Kontokorrentguthaben, jedoch mit Ausnahme jener, aus deren Erträgnissen Kapitalertragsteuer an das Reich zu entrichten ist . . . .ℳ

c) Wert aller sonstigen dem **Gewerbebetriebe** gewidmeten Gegenstände und Rechte, z. B. Wert der benützbar gemachten Wasserkräfte nebst den zugehörigen Wasserbauten und Anlagen, der Mineralquellen, der Maschinen, Werkzeuge, Gerätschaften, Vorräte an Beheizungs- und Beleuchtungsmaterial, der für den Gewerbebetrieb bestimmten Tiere und Futtervorräte, etwaiger Realgewerbeberechtigungen, Patentrechte usw. .... ℳ

Summe des gewerblichen Betriebskapitals: .... ℳ

Wie groß sind die Kapitalschulden d. h. die **gewerblichen Geschäftsschulden,** die aus der Inanspruchnahme von Warenbezugskredit oder Bankkredit oder sonst unmittelbar aus dem **laufenden Geschäftsbetriebe** herrühren? . . . . ℳ

(Schulden, die von der Gründung, Erwerbung oder Erweiterung des Geschäfts herrühren, gehören nicht hieher. Für den Grundstückshandel, die Pfandbriefanstalten, Darlehenskassen, Kreditinstitute und Versicherungsanstalten zu vgl. die Sondervorschriften in Art. 8 Abs. II Ziff. 6 Abs. III, IV des Gewerbsteuergesetzes.)

Wert der Betriebskapitalsbestandteile, aus deren Erträgnissen Kapitalertragsteuer an das Reich zu entrichten ist (zu vgl. oben unter b): . . . . ℳ

Ich versichere hiermit, daß die vorstehenden Angaben nach bestem Wissen und Gewissen gemacht sind.

............................., den .... 192.....

....

(Unterschriften der zur Abgabe der Steuererklärung Verpflichteten.)

Steuererklärungen ohne Unterschrift gelten als nicht abgegeben.

Sachregister.

(Die Zahlen ohne Zusatz verweisen auf Artikel des Gesetzes, die Paragraphenangaben auf die Vollzugsvorschriften. Den Seitenangaben ist jeweils ein S. vorgesetzt.)

A.

B.

10*

F.

G.

H.

J.

N.

O.

S.

T.

U.

V.

W.

Z.

FSC
www.fsc.org
MIX
Papier | Fördert
gute Waldnutzung
FSC® C083411

Kolibri 360 GmbH
Ferdinand-Jühlke-Straße 7
99095 Erfurt, Deutschland
produktsicherheit@kolibri360.de